Frida Michelson

Ich überlebte Rumbula

EVROPA

Frida Michelson, geb. 1906, lebte und arbeitete zur Zeit der deutschen Besetzung als Schneiderin in Riga. Ihr unglaublicher Bericht über das Schicksal der jüdischen Bevölkerung, über Zwangsarbeit, Ghettoisierung und den anschließenden Massenmord im Wald von Rumbula, dem sie knapp entkam, ist ein einzigartiges authentisches Dokument. Ende 1971 konnte Frida Michelson mit ihren beiden Söhnen nach Israel auswandern. Sie starb dort im Jahr 1982.
(*Aufnahme n.d. Krieg*)

Frida Michelson
Ich überlebte Rumbula

Europäische Verlagsanstalt

Dieses Buch wurde mit Unterstützung der Plattform Latvian Literature sowie des Ministeriums für Kultur der Republik Lettland veröffentlicht.

LATVIAN LITERATURE

Ministry of Culture
Republic of Latvia

Bibliografische Information der Deutschen Nationalbibliothek
Die Deutsche Nationalbibliothek verzeichnet diese Publikation in der Deutschen Nationalbibliografie; detaillierte bibliografische Daten sind im Internet über http://dnb.d-nb.de abrufbar.

Deutsche Fassung nach der Übersetzung von Matthias Knoll herausgegeben vom Harro von Hirschheydt Verlag, Riga
Einbandgestaltung: Uwe Melichar
Gestaltung der Karten von Riga und Lettland: Inga Rusmāne
Satz und Gestaltung: Susanne Schmidt, Leipzig
Druck und Bindung: CPI books GmbH, Leck
Coverabbildung: Frida Michelson in einem selbstgenähten Kostüm in Jūrmala, 1934
Signet: Dorothee Wallner nach Caspar Neher „Europa", 1945

Printed in Germany

ISBN 978-3-86393-093-6
Auch als e-book erhältlich.

Informationen zu unserem Verlagsprogramm finden Sie im Internet unter www.europaeische-verlagsanstalt.de

Inhalt

Editorischer Hinweis:
Der vorliegenden deutschen Fassung liegt die Übersetzung der 2014 erschienenen lettischsprachigen Ausgabe „Es izdzīvoju Rumbulā" (Ich überlebte in Rumbula) von Matthias Knoll zugrunde. Die lettische Übersetzung aus dem Russischen von Ilze Eris basiert auf der dritten Fassung der russischsprachigen Ausgabe „Фрида Михельсон: Я пережила Румбулу" (Moskau/Riga 2011). Mit Zustimmung des Co-Autors David Silberman (s. auch in dieser Ausgabe sein Nachwort „Zur Entstehung des Buches") wurde der Text anhand der 1979 in den USA erschienenen erweiterten englischsprachigen Ausgabe „I survived Rumbuli" (Holocaust Library, New York 1979) ergänzt.

Der Beginn der Tragödie

Der 22. Juni 1941 ist ein warmer und sonniger Sonntag, meine jüngere Schwester Necha[1] und ich sind in fröhlicher Stimmung, denn heute kommt unsere Mutter zu uns nach Riga zu Besuch. Sie lebt mit ihrem Mann, unserem Stiefvater, in Līvāni[2]. Wir bereiten alles für ihren Empfang vor, und wollen ihr Rigas schönste Ecken zeigen und sie danach nach Jūrmala[3] bringen.

Während wir auf dem Bahnsteig stehen und auf den Zug warten, können wir unsere Freude über das bevorstehende Wiedersehen kaum bändigen. So lange ist sie nicht bei uns gewesen … Sieh nur, da kommt der Zug, unsere Mutter steigt aus, und wir laufen ihr entgegen. Doch Mutter ist in einer merkwürdig gedrückten Stimmung, sie umarmt uns und beginnt, ohne wie üblich alle möglichen Fragen zu stellen, gleich über ihre Sorgen zu sprechen:

„Ach Kinder, ich habe in letzter Zeit so schreckliche Vorahnungen und das Gefühl, dass ich mich beeilen müsste, euch zu sehen."

Wir versuchen, sie zu beruhigen, und gehen gemeinsam in meine Wohnung in der Krišjāņa Barona iela.[4] Das Essen ist schon vorbereitet, wir bewirten unsere Mutter, erzählen ihr Neuigkeiten und sprechen über Bekannte. Dann lassen wir sie ein wenig ausruhen und sie schläft ein.

Ich gehe derweil zum Laden, um Eiscreme zu kaufen. Auf der Straße herrscht ganz ungewohnter Lärm. Irgendetwas ist passiert. Plötzlich ertönt eine aufgeregte laute Stimme aus der Menge:

„Hitler hat die Sowjetunion angegriffen! Es ist Krieg! Gerade wurde es im Radio gemeldet, ich habe es selbst gehört!"

Ich bleibe stehen wie vom Donner gerührt. Also doch Krieg … und was bedeutet das für uns? Ich renne nach Hause, um die schreckliche Nachricht zu überbringen. Damit ist unser Fest zu Ende und auch die Freude über unser Wiedersehen. Es beginnen Stunden des Wartens, die ganze Zeit verfolgen wir beunruhigt die Nachrichten im Radio.

Zwei Tage später, am Nachmittag des 24. Juni, taucht ein deutsches Bombergeschwader über der Stadt auf, etwa dreißig Flugzeuge. Irgendwo in einiger Entfernung detonieren die ersten Bomben. Aus Flakgeschützen werden Salven auf die Flugzeuge abgefeuert, aber ohne Erfolg – keines von ihnen fängt Feuer. Pausenlos heulen die Sirenen, im Radio verkündet eine Stimme monoton: „Luftangriff! Luftangriff!"

Der Hausmeister klopft an die Wohnungstür: Alle Hausbewohner müssen sich unverzüglich in den Schutzraum im Keller begeben. ‚Was soll das schon für ein Schutzraum sein', überlege ich. ‚Wenn das Haus getroffen wird, würden wir darunter ohnehin alle bei lebendigem Leibe begraben werden.'

Am nächsten Tag macht sich Mutter bereit, zurück nach Līvāni zu fahren. Als wir sie zum Bahnhof begleiten, ist uns schwer ums Herz; wer weiß, wo, wann und ob wir uns überhaupt wiedersehen werden, wenn die Erde unter den Füßen brennt.

Mein Bruder Schalom[5] ist als Freiwilliger zur Roten Armee gegangen. Ich beschließe, für eine Weile in Varakļāni bei unseren Verwandten unterzuschlüpfen. Ich bin davon überzeugt, dass die Rote Armee rasch mit dem Feind fertig wird. Meine Schwestern Sarah[6] und Necham wollen jedoch in Riga bleiben. Beim Abschied schärfe ich ihnen ein, dass sie, wenn die Front näher rückt, Riga sofort verlassen und nach Russland fliehen sollten.

Varakļāni

Ich habe noch eine Fahrkarte ergattert und es geschafft, einen Zug nach Varakļāni[7] zu bekommen, zu unseren Verwandten, den Talvinskis. Wie es sich zeigt, fahren viele Menschen in diese Richtung. Der Zug ist dermaßen überfüllt, dass die Türen der Wagen offen bleiben – sogar auf den Stufen stehen Leute. Als der Zug losfährt und Geschwindigkeit aufnimmt, strömt frische Luft in den Wagen, aber auch Rauch von der Lokomotive. Es herrscht Gedränge, die Reisenden haben besorgte Gesichter. Keiner spricht, nur hin und wieder ist das Aufschluchzen von Kindern zu hören. An den Bahnhöfen steigt weder jemand ein noch aus. Ich werde von der Menge fast erdrückt, vom Gewicht des Koffers fangen Hüften und Rippen an zu schmerzen. Erst in Krustpils steigt endlich ein großer Teil der Fahrgäste aus, und ich kann mich hinsetzen.

Meine Sitznachbarin schaut aus dem Fenster und überlegt laut für sich: „Ich glaube, hier steigen die Leute in einen anderen Zug um und fahren weiter nach Daugavpils oder Zilupe, um über die Grenze nach Russland zu gehen." Ohne jede Vorwarnung fährt der Zug plötzlich los und wir lassen den überfüllten Bahnhof von Krustpils hinter uns.

Ich überlege, ob es die richtige Entscheidung war, nach Varakļāni zu fahren. Was passiert, wenn die Deutschen Lettland einnehmen und besetzen?

So erreichen wir Stirniene[8], und ich haste in Richtung Ausstieg. Am Bahnhof stehen Pferdegespanne bereit, um die Passagiere je nach Bedarf weiterzubefördern. Abends gegen acht treffe ich in Varakļāni ein.

Die Talvinskis freuen sich über mein Kommen, doch auch hier wird die Wiedersehensfreude von dem Auftauchen deutscher Bomber über Varakļāni überschattet.

Es vergehen Tage voller Unruhe. Auf der Hauptstraße sind Lastwagen und Kriegsgerät unterwegs – die Roten treten den Rückzug an.[9] Unter ihnen sieht man auch Fahrzeuge der einheimischen Bevölkerung – alle ziehen in einem großen Strom gen Osten.

Bald lässt der Verkehr nach, und ein Meer übermüdeter Fußgänger taucht auf – sowohl Rotarmisten als auch Zivilisten, Familien mit Kindern. Einige von ihnen frage ich, woher sie kommen und wohin sie gehen. Niemand weiß etwas Sicheres zu sagen, man vermeidet, direkte Antworten zu geben.

Es ist klar, dass die Front näher gerückt ist und diese Soldaten als Letzte geblieben waren. Demnach rücken die Deutschen vor. Aufregung und Panik machen sich breit. Wir wissen nun, dass es hier nicht mehr sicher ist und man irgendwohin fliehen, sich retten muss. Alle packen ihre Koffer, andere machen sich schon auf den Weg, dennoch geschieht alles in großer Heimlichkeit. Niemand spricht darüber.

Auch meine Tante Talvinska packt, von der allgemeinen Stimmung angesteckt, ihre Sachen. Ihr Sohn hat ein Pferd besorgt, spannt es ein und lädt allerlei Gebrauchsgegenstände auf. Ich sitze auf dem Wagen und warte auf die Übrigen. Die Tante kann sich einfach nicht von ihren Bekannten losreißen, die sie umzustimmen versuchen:

„Wo wollen Sie denn hin? Wir sind doch alte Leute und haben niemandem Böses getan, uns wird man in Ruhe lassen."

Die Tante beginnt zu zweifeln. In diesem Augenblick kommt ein jüdisches Mädchen zu uns und berichtet, sie sei mit dem Zug nach Zilupe gefahren, aber nicht über die Grenze gekommen. Niemand von der großen Masse an Flüchtlingen sei nach Russland reingelassen worden, deshalb sei sie nach Varakļāni zurückgekehrt. Nun wir wissen nicht mehr, was wir tun sollen.

Es vergeht eine Stunde, zwei … Wir erfahren, dass man mit Pferdegespannen nirgendwo mehr hinkommt und dass die Straßen unter dem Beschuss einheimischer Kollaborateure stehen würden.

Meine Verwandten wollen nun außerhalb der Stadt bei einer befreundeten Bauernfamilie das Ende der Gefechte abwarten. Das Dörfchen liegt etwa drei Kilometer hinter Varakļāni. Dorthin fahren wir mit unserem Gespann. Gegen Abend sind wir da. Der Bauer führt uns ins Haus und hilft uns, uns für die Übernachtung einzurichten.

Am nächsten Morgen verlassen wir das Haus, um uns ein Bild von der Lage zu machen. Aus dem nahen Wald kommt ein etwa zwanzig Jahre alter, breitschultriger Mann mit rosigem Gesicht und Bastschuhen an den Füßen. Ohne uns eines Blickes zu würdigen, tritt er an den Bauern heran. Sie gehen ein Stück abseits und unterhalten sich flüsternd. Danach sagt uns der Bauer, dass wir in die Stadt zurückkehren könnten – dort sei wieder alles ruhig und niemand würde uns behelligen.

Der junge Mann wirkte wenig vertrauenerweckend, und wir sind nicht so richtig überzeugt, ob das stimmt. Der Bauer verspricht, selbst nach Varakļāni zu gehen, um sich einen Eindruck von der dortigen Lage zu machen. Mehrere Stunden später kehrt er zurück und bestätigt, dass in der Stadt tatsächlich alles friedlich sei, und rät uns, unverzüglich aufzubrechen.

Zum Abschied werden wir noch üppig verköstigt, die Tante dankt dem Bauern, bezahlt großzügig für die Aufnahme, und wir kehren nach Varakļāni zurück. Tatsächlich ist dort alles ruhig.

Ich schaue, wie es unseren Verwandten und Bekannten geht. Aber die meisten verstecken sich noch irgendwo. Einem meiner Cousins, Gūtmans, ist es offenbar noch gelungen, mit seiner Familie das Land zu verlassen. Ich erfahre, dass manche lediglich in die Dörfer der Umgebung geflüchtet sind und andere sich in Kellern versteckt haben. Insgesamt weiß keiner von dem anderen, jeder steht für sich allein.

Am nächsten Tag tauchen die ersten Deutschen in der Stadt auf. Gerüchte gehen um, dass es sich um Fallschirmspringer handelt. Sie stoßen auf keinerlei Widerstand. Ganz im Gegenteil – es finden sich Einheimische, die sich anbieten, sie mit der Gegend vertraut zu machen, und ihnen zeigen, wo Juden wohnen. Die Deutschen beginnen sich in der Stadt einzurichten und machen auch Runden durch die Häuser der Juden, wobei sie Lebensmittel und nicht selten auch Schmuck fordern.

Ein deutscher Soldat tritt an den Brunnen gegenüber von unserem Haus, und bevor er Wasser schöpft, ruft er uns zu:

„Wenn das Wasser vergiftet ist und auch nur ein einziger Deutscher Schaden nimmt, werden Hunderte von Juden dafür mit dem Leben bezahlen!"

Am nächsten Morgen besuche ich ein paar entfernte Verwandte, die gleich hinter der Stadtgrenze wohnen. Sie haben eine sechzehnjährige Tochter. Die Sonne scheint, und wir beide machen es uns vor dem Haus auf dem Rasen bequem. Ich versuche, die Anspannung der vergangenen Tage abzuschütteln, doch auf einmal wird unser Frieden von einer lauten Stimme auf Deutsch gestört: „Fräuleins! Fräuleins!"

Das junge Mädchen wird schreckensbleich, schmiegt sich an mich und versteckt sich hinter meiner Schulter. Ein betrunkener Deutscher kommt auf uns zu gestolpert und fragt:

„Sind Sie zu haben, Fräuleins?"

Das arme Mädchen zittert noch mehr vor Angst, doch ich antworte ihm ruhig und kaltblütig:

„Gehen Sie dort zu diesem Haus, da gibt es viele Frauen. Die werden Ihnen gefallen, glauben Sie mir, sie werden Ihnen sofort um den Hals fallen. Sie werden wirklich zufrieden sein –", und zeige dabei auf ein großes Wohnhaus.

Der Deutsche, der sich kaum noch auf den Beinen halten kann, droht, er würde mit mir abrechnen, falls ich ihn belogen haben sollte, begibt sich aber dennoch in die angegebene Richtung. Wir laufen schnell ins Haus und verstecken uns auf dem Dachboden. Durch einen Spalt beobachten wir die Straße und warten ab, was nun passiert. Der Deutsche betritt tatsächlich das bewusste Haus, kommt aber bald wieder herausgewankt und schießt mit der Pistole in die Luft. Er sucht uns und fragt Passanten, wo wir geblieben sind. Jetzt zittere auch ich vor Angst. Erst als er die Suche abbricht und davonstiefelt, beruhigen wir uns einigermaßen.

Am gleichen Tag beobachten wir, wie ein Lette, indem er auf ein großes Roggenfeld zeigt, einem deutschen Offizier verrät, wo sich sowjetische Soldaten versteckt halten. Kurz darauf tauchen mehrere bewaffnete Deutsche auf. Sie gehen in Richtung Kornfeld und führen bald eine Gruppe verletzter und erschöpfter Rotarmisten als Kriegsgefangene ab.

Solche Szenen wiederholen sich auch am folgenden Tag. Eine Gruppe Gefangener nach der anderen wird durch die Straßen getrieben. Wir blicken ihnen mitleidig nach, ohne den Blick von den Todgeweihten abzuwenden. Ich werde das Gefühl nicht los, dass uns dasselbe Schicksal bevorsteht.

Nach einigen Tagen wird bekannt gegeben, dass Juden keine Verbindung mehr zu Nichtjuden unterhalten dürfen – sie dürfen nicht mit ihnen in einer Schlange anstehen, keinen nichtjüdischen Arzt konsultieren oder anderweitig „arische“ Dienstleistungen in Anspruch nehmen. Lebensmittel können Juden fortan nur noch in einem speziell ihnen zugewiesenen Laden auf dem Marktplatz einkaufen.

Vor diesem Laden bilden sich jetzt jeden Tag lange Schlangen, doch mit Ware wird er schlechter beliefert als die übrigen Geschäfte – und so werden wir nie richtig satt. Dadurch kommt es vor, dass in der Schlange um den Platz und um die Zuteilung der Lebensmittel gestritten wird oder einfach nur aus heiterem Himmel. Die deutschen und einheimischen

Passanten lachen dann hämisch, wenn sie das sehen, und machen spöttische Bemerkungen.

Einmal stand ein psychisch krankes jüdisches Mädchen in der Schlange – um die neunzehn, zwanzig Jahre alt. Sie konnte ihr Mienenspiel nicht kontrollieren. Es sah so aus, als würde sie Fratzen schneiden und ohne Grund lachen. Ihr Verhalten zog die Aufmerksamkeit der Deutschen auf sich. Sie beobachteten das Mädchen eine Weile, dann befahlen sie ihm, aus der Schlange hervorzutreten und zu singen und zu tanzen. Als sich das Mädchen weigerte, schlugen die Deutschen sie erbarmungslos mit ihren Peitschen. Das Mädchen fing an, bestialisch zu schreien, und die Deutschen bogen sich vor Lachen.

Jeden Tag werden von den Deutschen auf der Straße willkürlich jüdische Passanten, vorwiegend ältere Menschen, rausgegriffen und gezwungen irgendwelche Arbeiten zu verrichten. Meistens lassen sie sie wieder und wieder ein und dieselben Straßen, Höfe und Räume fegen …

Von Zeit zu Zeit veranstalten sie auch „Säuberungen" in den Häusern wohlhabender Juden. Sie raffen Lebensmittel zusammen, stopfen sich die Taschen mit wertvollen Dingen voll und nehmen sich alles, was sie wollen. Hin und wieder verschleppen sie auch junge Jüdinnen in ihr Hauptquartier. Dort werden sie vergewaltigt, zusammengeschlagen und aus dem Fenster im ersten Obergeschoss geworfen. Um sich möglichst unattraktiv zu machen, waschen und kämmen sich die jüdischen Mädchen nicht mehr und tragen schmutzige Kleidung. So sahen die ersten Tage der Nazi-Okkupation in Varakļāni aus.

Eine offizielle Verordnung fordert, dass alle Bauern aus der Umgebung von Varakļāni sich am folgenden Sonntag auf dem Marktplatz versammeln sollen. Auch ich gehe hin, um zuzuschauen, verkleide mich aber so, dass mich niemand erkennen kann.

Dann fangen die Deutschen an, verschiedene Waren in die Menge zu werfen, hauptsächlich allerlei Kleinigkeiten – Zigarettenpäckchen, Streichhölzer, Kaffee, Nähzeug. Die Leute versuchen, die Sachen zu ergattern, reißen sie sich gegenseitig aus den Händen, manche prügeln sich und es kommt zu einem Handgemenge, Schreie ertönen – jemand wird sogar zu Tode getrampelt.

Die Deutschen schießen mehrfach in die Luft und verteilen nichts mehr. Die Menge murrt unzufrieden, die Situation ist bis aufs Äußerste aufgeheizt. Alle warten, dass noch etwas passiert.

Wahrscheinlich wollten sie damit ein Kennenlernen mit den Einwohnern organisieren und sich mit blumigen Reden als Befreier präsentieren. Mit Geschenken und Versprechungen wollten sie die Bevölkerung gewogen stimmen und gegen „Bolschewiken und Juden" aufhetzen. Doch sie verloren die Kontrolle über die Menge, so dass die Reden ausblieben und die Veranstaltung scheiterte. Anschließend wurde verkündet, dass das Kennenlernen zu Ende sei und die Leute sich unverzüglich zu zerstreuen und nach Hause zu gehen hätten.

In der Stadt gehen Gerüchte um, dass alle Juden ermordet werden. Die lettischen Bekannten, Freunde, Nachbarn sprechen nicht mehr mit uns, gehen auf der Straße mit abgewandtem Kopf vorbei, als würde es uns nicht mehr geben. Die Freundschaft ist vorbei.

Alle Anzeichen deuten auf einen unausweichlichen Tod hin, und mich überkommt Verzweiflung und quälende Angst. Es ist unmöglich, an irgendetwas anderes zu denken, bei jedem Klopfen an der Tür oder einer fremden Stimme erbebe ich. Wahrscheinlich kommen sie uns jetzt holen, gleich ist es so weit …

Wir beschließen, uns zu vergiften, bevor man uns zur Ermordung führt. Die Tante hat ein wenig Rattengift, das sie für alle verteilt. Wir wollen nicht, dass Deutsche nach uns hier einziehen und sich wohlfühlen, deshalb zerkratzen wir die Möbel, reißen die Tapeten herunter, schütten Tinte auf den Teppich, verwüsten den gesamten Haushalt und schlachten die Hühner …

So vergehen mehrere Tage. Am 15. Juli wird bekannt gegeben, dass alle, die als Flüchtlinge nach Varakļāni gekommen sind, an ihren Wohnort zurückkehren können. Ich gehe aufs Polizeirevier, um mich zu erkundigen, ob es wahr sei, dass man nach Hause zurückkehren dürfe und ob ich eine Bescheinigung bekommen könne, die mir gestattet, nach Riga zu fahren. „Sie können fahren, wohin Sie wollen", antwortet mir der Polizist, „aber wir stellen keinerlei Genehmigungen aus und übernehmen keine Garantie für die Fahrt."

Ich bin fest entschlossen, sofort loszufahren, muss aber irgendwie zum Bahnhof kommen. Ich gehe zum örtlichen lettischen Fuhrunternehmer mit der Bitte, mich für einen guten Preis zum Bahnhof zu bringen, aber er lehnt kategorisch ab: Ariern sei es strengstens untersagt, mit Juden zu sprechen, geschweige denn sie zu befördern.

Ich muss also einen jüdischen Fuhrmann finden. Ich bekomme die Adresse eines Juden und wende mich mit derselben Bitte an ihn, doch er hat Angst zu fahren: Unterwegs könne man uns beide erschießen, er aber habe Frau und Kinder. Endlich gelingt es mir, einen anderen Juden, der ein Pferd besitzt, zu finden und zu überreden. Am Nachmittag bringt er mich zum nächstgelegenen Bahnhof – nach Stirniene, acht Kilometer hinter Varakļāni.

Auf dem Bahnhof sind bereits viele Menschen versammelt – Männer, Frauen, Kinder, offensichtlich gestrandete Flüchtlinge.

„Wie sind Sie denn hergekommen?", frage ich einige.

„Genauso wie Sie", wird mir unwillig geantwortet.

Sie sind verschlossen, und jede Familie bleibt für sich, von keinem ist Genaueres herauszubekommen. Bald fährt der Zug nach Krustpils ein. Die Menschen steigen ein, und der Zug fährt weiter.

Nicht weit von mir sitzen zwei Jüdinnen, Mutter und Tochter. Die Mutter weint, schnieft und jammert – möglicherweise wurde einer ihrer Angehörigen ermordet. Die Tochter versucht, sie zu beruhigen. Die neben ihnen sitzenden Lettinnen stellen unverhohlen ihr Missfallen zur Schau und setzen sich demonstrativ auf andere Plätze.

Am Abend erreichen wir Krustpils, doch der Zug fährt nicht weiter: Endstation. Der größte Teil der Fahrgäste bleibt jedoch im Wagen; erst morgen soll ein Zug nach Riga fahren.

Die Zeit verstreicht nur langsam. Ich schaue aus dem Fenster und sehe, wie im Bahnhofsgebäude Juden in einer Schlange am Fahrkartenschalter stehen und registriert werden. Mir scheint, dass einige von ihnen mit demselben Zug wie ich aus Varakļāni gekommen sind. Die Frage, was das alles zu bedeuten hat, lässt mir keine Ruhe. Ich steige aus dem Zug und gehe in Richtung Fahrkartenschalter, doch eine Frau in der Schlange bedeutet mir mit der Hand, ich solle nicht näherkommen. Unauffällig gehe ich weiter.

Eine meiner Mitreisenden kommt mir entgegen und sagt mit gedämpfter Stimme: „Weißt du, was ich gesehen habe?" Und ohne eine Antwort abzuwarten, fährt sie fort: „Ich habe gesehen, wie Juden in einen Güterwaggon gepfercht wurden. Als sie drinnen waren, wurde er mit Brettern zugenagelt. Dort …" Sie weist in die Richtung.

Tatsächlich steht dort ein mit Brettern vernagelter Waggon, der an zwei Stellen auf Deutsch mit Kreide mit „183 Juden" beschriftet ist.

Als wir wieder im Zug sind, erzählt sie es auch den übrigen Reisenden. Ihre Worte jagen mir kalte Schauer über den Rücken, doch ich verrate mich nicht. Ich beginne ein ungezwungenes Gespräch mit meinen Sitznachbarinnen. Allmählich versiegen die Gespräche. Ich tue so, als sei ich müde, und schließe die Augen. Der Gedanke, dass sich in dem Güterwaggon Menschen befinden, geht mir nicht aus dem Kopf. Immer wieder sehe ich die Aufschrift „183 Juden“ vor mir. So viele Menschen können nur stehend in so einen Waggon passen. Welches Schicksal steht ihnen bevor? Sie werden ersticken und zugrundegehen. Ich bekomme Gewissensbisse. Ist es richtig, dass ich mich hier als Arierin maskiere, während mein Volk in Agonie stirbt? Aber einer muss doch überleben, um von dem Geschehenen zu berichten! Vielleicht hat der Allerhöchste mich dazu ausersehen, Zeugin zu sein? Ja, ich muss alles tun, was in meinen Kräften steht, um zu überleben – vom Verrat natürlich abgesehen! Ich muss um mein Leben kämpfen!

Die Vorstellung, dass ich wundersamerweise verschont werde, um als Zeugin zu überleben, stärkte mich in den schweren Momenten der Verzweiflung und gab mir die Kraft, um meine Existenz zu kämpfen, als der Tod schon ganz nahe war.

Es wird bereits heller. Vor Aufregung habe ich die ganze Nacht nicht geschlafen. Es dämmert und dann geht strahlend die Sonne auf, doch mein Herz ist von Dunkelheit und Hoffnungslosigkeit bedrückt.

Die Mitreisenden erwachen, machen sich zurecht und warten auf den Zug nach Riga. Meine Nachbarinnen folgen dem Beispiel anderer, indem sie sich auf einem grünen Rasenplatz hinter dem Bahnhofsgebäude niederlassen, ihren Proviant auswickeln, essen, trinken, sich unterhalten und fröhlich sind. Ich beschließe, mich ihnen anzuschließen, um nicht aufzufallen. Eine von mehreren Frauen umringte Lettin in mittleren Jahren hat ein Kartenspiel in der Hand und legt auf einer auf dem Gras ausgebreiteten Decke die Karten: Sie möchte die Karten fragen, ob ihr Sohn noch am Leben sei. Eine der Umstehenden fragt, ob die Karten nicht auch verraten können, ob ihrem

Mann und ihrer Tochter nichts Schlimmes zugestoßen sei und wo sie sich derzeit befänden.

Ich mische mich in das Gespräch ein und sage, dass ich wahrsagen könne. Sie freuen sich und bitten mich in ihre Mitte. Das Kartenspiel wird mir gereicht, und ich lege los. Natürlich lege ich die Karten zum Guten aus: Ihre Angehörigen seien am Leben, bald würden sie sich alle wiedersehen und glücklich sein, allen Frauen prophezeie ich eine sonnige Zukunft. Mit dieser Beschäftigung vergeht die Zeit. Gegen ein Uhr mittags wird der Zug nach Riga bereitgestellt und es kommt Bewegung in die Reisenden, sie begeben sich zum Zug. Trotz des Gedränges bleiben die einzelnen Gruppen zusammen. Ich weiche nicht von der Seite der Lettinnen und ergattere neben ihnen einen Fensterplatz.

Ein Pfiff ertönt, die Lokomotive faucht, und der Zug setzt sich langsam in Bewegung. Wir sind unterwegs in Richtung Riga. Das eintönige Rattern der Räder, das Schaukeln des Wagens und die schlaflos verbrachte Nacht tun das ihre – ich gleite allmählich in den Schlaf.

„Kindchen, du hast wohl einen Albtraum gehabt?“, weckt mich meine Sitznachbarin. „Du hast furchtbar gestöhnt im Schlaf.“

„Was habe ich gesagt?“ Sofort bin ich hellwach.

„Du hast ‚Nein, nein!‘, gerufen, als ob dich jemand schlagen würde.“

Ich bemerke, dass ein Mitreisender, der an der Tür steht, mich nicht aus den Augen lässt. Ich versuche, ihn nicht anzusehen, wende mich ab und schaue aus dem Fenster. Doch als sich unsere Blicke für einen Moment treffen, überkommt mich eisige Kälte und Angst. Ich spüre seinen Wunsch, mich für jeden hörbar als Jüdin zu entlarven, dann bin ich erledigt. Ich reiße mich zusammen und beginne mit meinen lettischen Nachbarinnen ein Gespräch:

„Danke, dass Sie mich geweckt haben! Keine Ahnung, was in mich gefahren ist. Normalerweise schlafe ich tagsüber nicht."

Meine Sitznachbarin bietet mir etwas zu essen an. Ich sage, ich müsse auf meine Figur achten, und wir lachen. Ich sehe, dass auch der Blick meines Bedrohers weich wird, er setzt sich hin und löst den Blick von mir. Erleichtert atme ich auf.

Der Zug läuft in Gostiņi ein. Aus Riga kommt uns ein langer Zug mit offenen Plattformwaggons entgegen, auf denen sich Hunderte lettischer Freiwilliger befinden, überwiegend junge Burschen in den graugrünen Uniformen der Selbstschutzeinheiten und der Armee der Ulmanis-Ära. An ihren Ledergürteln sind Waffen befestigt. Ich höre sie rufen:

„Sind bei euch im Wagen irgendwelche Juden?"

Mein Herz bleibt stehen vor Angst, das Blut schießt mir ins Gesicht – gleich werden sie hereinstürzen und mich ergreifen. Doch in diesem Augenblick ertönt am Fenster eine laute Antwort:

„In unserem Wagen sind keine Juden."

Der Mitreisende, der mich mit seinem durchdringenden Blick so misstrauisch beobachtet hat, wiederholt ebenfalls diese Worte. Ich atme erleichtert auf, unser Zug fährt wieder weiter. Einige Stunden später bin ich endlich in Riga und mache mich sofort auf den Weg nach Hause.

Die Rigaer Präfektur / Zwangsarbeit

Es ist der 16. Juli. Auf dem Weg zu meiner Wohnung gehe ich durch die bekannten Rigaer Straßen, die immer von so vielen Juden bevölkert waren, doch jetzt ist nur selten einer zu sehen. Zusammengesackt und mit bekümmerten Gesichtern ziehen sie dahin, niedergedrückt von der Last der Sorgen und der Angst. Hingegen sieht man auf Schritt und Tritt geschniegelte deutsche Soldaten. Mit strahlenden Gesichtern spazieren sie mit lettischen Fräuleins herum, die sich mit hellen Kleidchen und weißen Hüten herausgeputzt haben. Sie genießen das Leben, scherzen, lachen und flirten.

Meine Seele ist von Kummer und Trauer erfüllt. Ich besteige eine Straßenbahn. In ihr befindet sich kein einziger Jude. Vielleicht ist es uns untersagt, mit der Tram zu fahren? Bald habe ich mein Haus in der Krišjāņa Barona iela erreicht. Weil ich keinen Schlüssel habe, komme ich nicht in die Wohnung hinein, also gehe ich zum Hausmeister Koslowski hinunter, der im selben Aufgang wohnt. Seine Frau öffnet die Tür. Ohne jede Einleitung, sogar ohne sie überhaupt begrüßt zu haben, frage ich sie, ob sie etwas von meinen Schwestern weiß.

„Das letzte Mal habe ich sie ein paar Tage vor dem Einmarsch der Deutschen gesehen", antwortet sie. „Als sie die Wohnung verließen, wollten Ihre Schwestern den Schlüssel bei uns hinterlegen, aber ich habe ihn nicht angenommen."

„Haben sie mir nichts ausrichten lassen?"

„Nein. Sie haben auch nicht gesagt, wo sie hingehen. Aber falls sie versucht haben, nach Russland zu fliehen", die Koslowski zögert kurz, „dann wurden sie wahrscheinlich festgenommen und getötet. Hier sind entsetzliche Dinge geschehen."

„O Gott!"

Ich bringe kein Wort mehr heraus. Stehe da wie angewurzelt. Mir wird schwarz vor Augen, ich drohe ohnmächtig zu werden. Die Hauswartsfrau nimmt mich bei der Hand, führt mich in die Wohnung und setzt mich auf einen Stuhl. Als ich wieder bei Kräften bin, bieten mir Nachbarn an, bei ihnen in einem freien Zimmer zu übernachten.

Nachdem ich am nächsten Morgen meinen Koffer bei den Hauswartsleuten untergestellt habe, gehe ich in die Stadt;

vielleicht treffe ich Bekannte und kann die Lage klären. Doch sowie ich die Straße überquert habe, ergreifen mich zwei bewaffnete lettische Polizisten mit rot-weiß-roten[10] Armbinden.

„In der Falle, Vögelchen!“, ruft der eine aus. „Bringen wir sie weg!“

„Was soll ich denn für ein Vögelchen sein?“, frage ich unwillkürlich, verblüfft von dem unerwarteten Zugriff. „Sie werden mich wohl mit jemandem verwechselt haben.“

„Red’ nicht so viel und beweg’ dich!“, herrscht mich der zweite Polizist an.

Sie zerren mich an den Armen durch die Straße, als drohte ich zu fliehen. Wir erreichen die Präfektur. Die Polizisten bringen mich in einen Keller, erst dann lassen sie mich los. In dem Raum befinden sich bereits zahlreiche Festgenommene – Männer und Frauen, junge und alte.

Ich bitte die Wachleute, rasch nach Hause laufen zu dürfen, um das Allernotwendigste zu holen – ich hatte nichts am Leib als ein dünnes Kleidchen. Meine Worte treffen auf taube Ohren, niemand wird hinausgelassen – nicht einmal Mütter, deren Säuglinge zu Hause geblieben sind: Die Frauen weinen und flehen, sie nur für einen Moment hinauszulassen, damit sie jemanden beauftragen können, die Kinder zu beaufsichtigen und zu füttern. Nichts vermag die harten Herzen der Polizisten zu erweichen – weder Worte noch Tränen …

In der Präfektur berichten mir Rigaer Juden von den Gräueltaten der Nazis in den ersten Tagen der Okkupation: Tausende von Frauen und Männern seien auf den Straßen aufgegriffen oder bei der Arbeit oder zu Hause festgenommen und ins Zentralgefängnis oder andere Gefängnisse gebracht worden. Die meisten Verhaftungen seien in der Nacht vorgenommen worden, wobei die Täter die Menschen ohne Bekleidung, im bloßen Nachthemd aus den Betten holten …

Insbesondere sei die jüdische Intelligenz in den Fokus geraten: Ingenieure, Juristen, Ärzte, Architekten, die Leiter von Produktions- und Handelsunternehmen. Sobald die Nazis jemanden dieser Berufsgruppen erkannten, holten sie ihn aus der Menge der Festgenommen heraus und erschossen ihn auf der Stelle.

Tausende von Juden, darunter auf den Straßen aufgegriffene Kinder, zwangen sie, die Ermordeten fortzuschaffen und zu begraben sowie Straßen und Gebäude zu reinigen. Vielen wurde befohlen, sinnlose Arbeiten zu verrichten, um die nationalsozialistischen Täter zu belustigen und ihre Opfer zu erniedrigen. Die Zwangsarbeit dauerte vom frühen Morgen bis zur Dunkelheit, und die Menschen mussten in der glühenden Sonne ohne Essen und Trinken arbeiten.

Nur ein Teil der zum Arbeiten Gezwungenen durfte nachts nach Hause zurückkehren. Sie erhielten aber den Befehl unter Androhung von Strafe, morgens wieder auf der Präfektur zu erscheinen, um dort für weitere Arbeiten eingeteilt zu werden. Die meisten aber wurden nach der Arbeit wieder direkt zur Präfektur gebracht, wo sie, ohnehin schon völlig erschöpft, auch noch die Nacht in unerträglicher Enge und stickiger Luft auf dem Boden hockend zubringen mussten und im Morgengrauen erneut zu schwer Sklavenarbeit genötigt wurden.

Gleich in den ersten Tagen nach der Besetzung seien Hunderte von Juden zur Präfektur gebracht und gefoltert worden. Greise mit langen Bärten zwang man, Tallit und Tefillin anzulegen und sowjetische Lieder zu singen und dazu zu tanzen. Bei Weigerung drohte man ihnen mit Erschießung. Mädchen und junge Frauen wurden gezwungen, sich vor ihren Verwandten und Bekannten nackt auszuziehen und unzüchtige Geschlechtsakte zu vollziehen, viele wurden von den Selbstschutzleuten vergewaltigt. Durch das Erlittene verloren einige den Verstand.

Manche Opfer zwang man auch, in mörderischem Tempo unter Knüppelschlägen eine Treppe hinauf und hinunter zu rennen, bis sie, besonders Ältere und Kranke, tot zusammenbrachen.

Bestialisch gepeinigt wurden insbesondere diejenigen, die in die Folterkammern der lettischen Faschistenorganisation Pērkonkrusts in der Valdemāra iela 19 gerieten. Die Pērkonkrustler taten sich in besonderem Maße durch antisemitische Hetze hervor, sie waren die aktivsten Mörder bei den Massenvernichtungsaktionen und begingen als Erste Raubzüge in den Wohnungen ihrer Opfer.

Entsetzen packt mich, als ich von der unfassbaren Barbarei der Deutschen und ihrer Handlanger erfahre. Mir wird erzählt, dass vor einigen Tagen eine ganze Gruppe jüdischer Frauen nach der Arbeit auf einem offenen Feld lediglich deshalb erschossen wurde, weil sie „schlecht" gearbeitet hätten.

Ob das vielleicht eine Falle ist? Vielleicht wurden wir hergebracht, damit sie morgen wieder jemanden zum Erschießen haben? Was soll ich tun? Ich beginne, eine Lücke zu suchen, durch die ich entkommen könnte, doch vergeblich, alle Türen sind verriegelt und bewacht.

Mehrere Stunden vergehen unter zermürbendem Warten. Dann wird die Tür geöffnet, ein Polizist tritt ein und verkündet: Zwölf Frauen werden zum Arbeiten aufs Land gebracht. Er beginnt mit der Selektion, und auch ich werde ausgewählt. Auch auf ein gebrechliches und gebeugtes Mütterchen fällt die Wahl. Die Angst steigt. Es heißt, dass die alten Leute gar nicht erst zur Arbeit gebracht werden, sondern gleich zu den Gruben.

Der Schutzmann[11] befiehlt, uns in einer Kolonne aufzustellen. Wir werden über die Daugava zum Bahnhof Zasulauks gebracht. Ein Güterzug fährt ein. Uns wird befohlen, einzusteigen, und die Waggontüren werden verriegelt. Nach etwa einer Stunde hält der Zug, die Türen werden geöffnet, und wir müssen uns in Reih und Glied aufstellen. Wir sind von Polizisten umzingelt, unsere Namen werden auf irgendeiner Liste eingetragen. Das ist ein gutes Zeichen – also sind wir nicht zur Erschießung hergebracht worden.

Als ich mich umsehe, erkenne ich die Gegend, wir befinden uns in Jelgava, wo ich viele Bekannte hatte: Vielleicht entdecke ich ja ein bekanntes Gesicht. Doch in der Stadt sieht man nur ganz wenige Zivilisten, es kommen uns fast ausschließlich deutsche Soldaten und Polizisten entgegen. Dann sehe ich einen Konvoi von Einheimischen, offenbar festgenommene kommunistische Aktivisten. Sie wirken erschöpft und gequält, ihr Anblick ist mitleiderweckend.

Nach der Registrierung befiehlt ein Polizist, uns in Bewegung zu setzen. Übernächtigt schleppen wir uns die staubige Straße entlang. Einige Frauen sind schon völlig entkräftet. Hinter einem Wald geht prachtvoll die Sonne unter. Wohin wir marschieren, wissen wir nicht.

Nach einem Marsch von etwa zehn Kilometern gelangen wir endlich an einen Einsiedlerhof wohlhabender Bauern. Es ist bereits später Abend. Aus dem Haus kommt uns der Wirt entgegen, ein Lette in mittleren Jahren. Nachdem er mit dem Aufseher etwas besprochen hat, weist er uns einen Platz im Stall auf dem Heuboden an, wo wir übernachten sollen.

Erschöpft von dem langen Marsch und verängstigt von allem Erlebten, kriechen wir hinauf. Die meisten von uns haben seit über vierundzwanzig Stunden nichts gegessen, der Durst ist quälend, und wir haben Angst. Was erwartet uns?

Eine Lage Heu bedeckt den Boden. Es gibt nichts, womit man sich zudecken kann. Wir sammeln das Stroh zu einem Häufchen zusammen, lassen uns eng zusammengezwängt irgendwie darauf nieder und fallen vor enormer Erschöpfung bald alle in Schlaf. Noch vor Sonnenaufgang werden wir mit einem lauten Anschnauzer geweckt:

„Aufstehen, Zeit zum Arbeiten!"

Wir krabbeln hinunter, wo uns der Aufseher schon erwartet und zu einer Küche bringt. Endlich gibt man uns zu essen. Wir erfahren, dass wir ein Zuckerrübenfeld jäten müssen.

Das riesige Feld ist von Unkraut überwuchert, die Blätter der Rüben sind kaum noch zu erkennen. Der Boden ist lehmig und hart, es ist schwer, das Unkraut herauszuziehen. Für uns Städterinnen, die wir an solche Arbeit nicht gewöhnt sind, zu schwer und anstrengend. Bald haben alle blutige und schwielige Hände. Der Aufseher überprüft häufig, ob wir auch schnell genug arbeiten.

Jeden Tag teilt er uns ein bestimmtes Stück von dem Feld zu – das Pensum, welches wir zu schaffen haben – und schärft uns mit Nachdruck ein, dass wir, wenn wir schlecht arbeiten, erschossen werden. Uns ist klar, dass er seine Drohungen jederzeit wahr machen kann, und wir bemühen uns, alles zu seiner Zufriedenheit zu machen – wir arbeiten so gut wir können, wenn auch mit letzter Kraft. Als wir mit den Äckern des einen Bauern fertig sind, werden wir zu einem anderen Bauern gebracht. Die Arbeit ist dieselbe.

Unser Arbeitstag dauert von der Morgendämmerung bis zum Sonnenuntergang. Weder uns noch unsere einzigen verschwitzten Kleider, die wir am Leibe tragen, dürfen wir waschen. Schmutz und Schweiß haben sich in den Körper eingefressen, die Haut juckt, und es tauchen schon Läuse auf. Auch die Haare können wir uns nicht kämmen – weder haben wir einen Kamm, noch wird uns eine Arbeitspause gewährt. Zumindest werden wir verköstigt.

Manchmal sind die Nächte frostig. Dann drängen wir uns eng aneinander, doch auch das hilft nicht – es ist derart kalt, dass man nicht einschlafen kann. Die Schinderei und die unmenschlichen Verhältnisse, die glühende Sonne auf dem offenen Feld und die kalten Nächte bewirken das ihrige – wir sind entkräftet und Krankheiten breiten sich aus.

Unser altes Mütterchen wird auf dem Acker plötzlich ohnmächtig. Wir ziehen sie in den Schatten, legen sie ins Gras, verdecken sie, damit sie vom Aufseher nicht bemerkt wird, und versuchen, sie mit kaltem Wasser wieder zu sich zu bringen.

Am nächsten Tag bekommt ein junges Mädchen einen Sonnenstich. Sie hat unerträgliche Kopfschmerzen, muss sich ununterbrochen übergeben, und wir befürchten, dass sie stirbt. Es gelingt uns aber, den Aufseher zu überreden, dass er uns erlaubt, sie in den Schatten zu legen und ihr zu helfen – natürlich nur unter der Bedingung, dass wir übrigen Frauen das Pensum der Kranken übernehmen.

Einmal wurde auch mir beim Arbeiten schlecht und schwarz vor Augen, mir wurde schwindelig vor Schmerzen und ich bekam Nasenbluten. Ich drückte die Nase mit der Hand zu, brachte die Blutung mit einem in kaltes Wasser getauchten Lappen zum Stillstand, sammelte mich ein wenig und ging weiterjäten. Sich hinlegen oder ausruhen darf man nicht, dafür kann man mit dem Leben bezahlen. So ziehen sich die Tage dahin.

Einmal fährt ein fremder Aufseher auf dem Fahrrad an uns vorbei. Als er jüdische Frauen auf dem Feld arbeiten sieht, wird er hysterisch. „Wo kommen diese Jüdinnen her? Wer hat sie hergebracht? Wer ist der Verantwortliche?!“, poltert er und richtet die Waffe auf uns. „Ich!“, ruft unser Aufseher und eilt mit seinen Papieren auf ihn zu.

Nach einem scharfen Wortwechsel ist es „unserem Verteidiger“ gelungen, den Fremden zu überzeugen, dass er der bevollmächtige Aufseher dieser Gruppe Jüdinnen sei. Der zornige Radfahrer fährt unzufrieden weiter. Unsere Bäuerin sagte später: Wenn unser Aufseher nicht in der Nähe gewesen wäre oder seine von der Präfektur ausgestellte Vollmacht nicht hätte vorweisen können, dann wären wir alle wahrscheinlich auf der Stelle erschossen worden.

Nach diesem Zwischenfall sprach es sich in der Gegend herum, dass auf den Feldern Jüdinnen aus der Stadt arbeiten. Da sie uns nicht einfach erschießen konnten, lauerten die örtlichen Speichellecker der Nazis auf Gelegenheiten, uns erniedrigen zu können. Rudelweise versammelten sie sich vor dem Stall, in dem wir übernachteten, schossen in die Luft, randalierten und grölten herum, als hätten sie den Verstand verloren. Das belastete unsere ohnehin schon angeschlagene Gesundheit und die angespannten Nerven noch zusätzlich.

In unserer Gruppe gab es eine Lehrerin, die alle Hoffnung aufgegeben und die Beherrschung verloren hatte, und die wieder und wieder sagte, dass man uns hier halb zu Tode schinden und danach abschlachten würde, und dass es besser sei, dem gleich selber ein Ende zu machen. Ich hielt dagegen und versuchte, die Übrigen zu beruhigen, insbesondere die Geschwächten, indem ich darauf hinwies, dass zurzeit die Arbeit unsere Rettung sei, sie helfe uns, über unsere unglückliche Lage hinwegzukommen, und dass wir nach Hause zurückkehren würden.

Die Lehrerin war beleidigt und redete nicht mehr mit mir, weil es mir gelungen war, die Frauen zu überzeugen. Auch mit einem achtzehnjährigen Mädchen aus Krāslava stritt ich mich; sie drückte sich systematisch vor der Arbeit und versteckte sich im hohen Gras, um zu schlafen. Das machte mich so zornig, wo doch unser greises Mütterchen jätete, ohne auch nur einmal aufzublicken. Alle waren über dieses Verhalten empört, aber niemand wollte sich mit ihr anlegen. Darum beschloss ich, ihre Taktik zu durchkreuzen, und bat den Aufseher, er möge jeder Einzelnen von uns einen bestimmten Abschnitt zu jäten zuweisen. Er war einverstanden. So war denn auch die junge Frau gezwungen, zu arbeiten wie alle anderen.

Inzwischen ging mir die Arbeit ganz gut von der Hand, ich jätete schnell und ordentlich. Nachdem ich mit dem eigenen

Pensum fertig war, half ich dem Großmütterchen und auch dann hatte ich noch Zeit übrig. Denjenigen, die ihr Pensum erledigt hatten, erlaubte der Aufseher, zu einem Flüsschen hinunterzugehen, um uns und unsere Kleider zu waschen, die wir dann am Leibe trocknen ließen. So arbeiteten wir etwa sechs Wochen lang, bis wir sämtliche Rübenfelder der Umgebung fertig gejätet hatten.

Am Tag, an dem wir die Arbeit beendeten, teilte uns der Aufseher mit, dass eine neue Anordnung ergangen sei: Alle Juden müssten einen sechsstrahligen gelben Davidstern tragen, der gut sichtbar an der Kleidung angenäht ist.

Da wir keinen gelben Stoff hatten, befestigen wir Kartonsterne an unseren Kleidern. Als wir uns zum ersten Mal die gelben Brandmarkungen der „minderwertigen Rasse" anstecken, brechen manche in Tränen aus, auch die Lehrerin fällt sofort über mich her:

„Ich hab's doch gesagt, dass uns so oder so ein furchtbarer Tod erwartet. Wozu mussten wir uns für die noch abschuften, bevor wir eine Kugel in den Kopf bekommen?"

Der Aufseher bringt die Frauengruppe zum Fluss[12], wo ein kleiner Flussdampfer auf uns wartet.

„Ihr werdet schon sehen", ereiferte die Lehrerin sich wieder, „sie bringen uns hin, wo es niemand sieht, und ersäufen uns!"

„Hört nicht auf sie, nur keine Panik, das wird nicht geschehen", unterbreche ich die Lehrerin, „wir haben doch gut gearbeitet. Wir werden nach Hause zurückkehren."

Nachdem er ein paar Worte mit dem Steuermann gewechselt hat, befiehlt uns der Aufseher, den Dampfer zu besteigen. Sobald wir uns alle hingesetzt haben, legt das Schiffchen ab.

„Wo werden wir hingebracht?", fragen die zu Tode geängstigten Frauen eine nach der anderen den Aufseher.

Er weicht einer Antwort aus. Bedrückt sitzen wir da und ängstigen uns, dass jeden Augenblick etwas Schreckliches passieren kann. Aber das Schiffchen fährt und fährt, der Motor brummt monoton, bis schließlich in der Ferne die bekannten Türme von Riga auftauchen. In diesem Moment erfasst uns eine so große Freude, als ob es in dieser Stadt keine Nazis mehr geben würde. Der Dampfer legt an, der Aufseher sagt, dass wir nach Hause gehen können. Vor Glück fallen wir einander um den Hals, selbst die Lehrerin ist wie neugeboren – sie weint vor Freude, es scheint, als könne sie den Worten des Aufsehers immer noch nicht glauben. Herzlich verabschieden wir uns voneinander und gehen auseinander.

Ich gehe wieder zu meiner Wohnung – in der Hoffnung, meine Schwestern dort anzutreffen oder zumindest irgendein Zeichen oder einen Hinweis, aus denen sich schlussfolgern ließe, ob sie tatsächlich wegfahren und fliehen konnten. Mit diesen Gedanken erreiche ich meine Wohnung, doch an der Tür ist eine Bekanntmachung mit der Überschrift „Beschlagnahmt" befestigt.

Heißt das, dass meine Wohnung und meine Habe jetzt den Deutschen gehören? Was tun? Ich nehme allen Mut zusammen und gehe auf die Präfektur. Dort wende ich mich forsch an den Diensthabenden mit der Armbinde. Ich erkläre ihm, dass ich heute aus Jelgava zurückgekommen sei, wo ich zusammen mit anderen Jüdinnen anderthalb Monate zur Zufriedenheit Feldarbeit verrichtet habe, und nun käme ich nicht in meine Wohnung, weil jemand sie beschlagnahmt habe. Ich wolle nur ein paar Habseligkeiten und Kleidung holen: einen Mantel, Kleider und Handtücher; alles andere – Gebrauchsgegenstände, Möbel und die Wohnung selbst – möge ihnen überlassen bleiben. Nachdem der Diensthabende mich sorgfältig gemustert hat, beginnt er in verschiedenen Büchern herumzublättern und vergleicht die Einträge.[13] Schließlich sagt er:

„Ja, tatsächlich, es stimmt alles, Sie haben gut gearbeitet. Warten Sie einen Augenblick, ich werde Sie begleiten und nachsehen, was da los ist."

Im Unterschied zu anderen Schutzleuten erscheint mir dieser Mann mit Armbinde menschlich. Er stellt sich sogar mit Namen vor und verhält sich höflich mir gegenüber.

Ich bringe ihn bis vor meine Wohnungstür. Nachdem er sich kurz die Bekanntmachung angesehen hat, drückt er sogleich entschlossen den Klingelknopf. Die Tür wird geöffnet, und auf der Schwelle steht eine junge lettische Dame von etwa dreißig Jahren – gekleidet in mein schwarzes Kostüm (das ich als Erinnerungsstück bis auf den heutigen Tag aufgehoben habe)!

„Guten Tag, meine Dame!", beginnt der Polizist Svipste das Gespräch.

„Krisone", stellt sich die junge Frau vor.

„Wer hat die Beschlagnahmung an der Tür angebracht?"

„Ich!", antwortet die Krisone.

„Mit welcher Berechtigung?"

„Einige deutsche Offiziere, meine Freunde ... Sie haben gesagt, dass ich hier wohnen kann. Übrigens, ich bin jetzt auch die Verwalterin dieses Hauses."

„Gibt es einen Grund für die Großzügigkeit der deutschen Offiziere Ihnen gegenüber?"

„Nun, ich bin ihnen hier und da, sagen wir, ein bisschen gefällig."

Auf dem Gesicht des Polizisten zeigt sich ein Grinsen.

„Sie haben gesetzeswidrig gehandelt, Frau Krisone, und sich eigenmächtig etwas angeeignet, was Ihnen nicht gehört. Können Sie denn eine Genehmigung vorweisen?"

„Nein."

Ich nutze die peinliche Situation aus und mische mich in das Gespräch.

„Übrigens, das Kostüm, das sie trägt, gehört mir."

Die Krisone errötet und wird verlegen wie ein aufgeschrecktes Vögelchen.

„Treten wir ein und schauen uns um!“, bittet Svipste mich in die Wohnung.

Die Krisone ist eine ziemlich schlechte Hausfrau. Noch nie war meine Wohnung derart verludert – leere Flaschen, benutzte Gläser, Geschirr mit Essensresten, Zigarettenstummel auf Sofa und Parkett … Offenbar hat hier nicht nur eine feucht-fröhliche Feier stattgefunden.

Sarahs Schlafzimmer ist mit Kleiderschachteln, Pelzen und Schuhen vollgestopft.

„Das sind nicht unsere Sachen“, erkläre ich dem Polizisten.

Die stammen wahrscheinlich aus anderen Wohnungen von Juden. In Svipstes Augen taucht ein Fünkchen Habgier auf. Für einen Augenblick sehen sich die beiden Kontrahenten an: Svipste voller Neid und Gier, die Krisone hingegen voll Angst und Hass.

„Frau Krisone, Sie müssen diese Wohnung noch heute verlassen! Rühren Sie nichts an, was nicht Ihnen gehört, und geben Sie auf der Stelle das schwarze Kostüm seiner Eigentümerin zurück!“, so die entschiedene Anweisung.

Svipste gestattet mir, in der Wohnung zu bleiben. Er fügt hinzu, er würde bald jemanden herschicken, um alle fremden Sachen abzuholen. Ich danke ihm, habe jedoch Angst, in meiner Wohnung zu bleiben – man kann ja nicht wissen, was die Verwalterin alles anstellen kann. Schnell packe ich eine Tasche: etwas Wäsche, ein paar Kleider, den Mantel, ja, auch mein schwarzes Kostüm, und verlasse die Wohnung, ohne mit ihr noch ein einziges Wort zu wechseln.

Bevor ich das Haus verlasse, schaue ich noch beim Hauswart vorbei. Als die Koslowskis mich erblicken, werden sie überaus verlegen. Die Hauswartsfrau erblasst, dann errötet sie … Es scheint, als würde sie ein Gespenst sehen – Schweißperlen treten ihnen auf die Stirn.

„Ich habe nichts damit zu tun! Mein Mann … Ihm wurde

befohlen … So ist das Gesetz. Sie haben sogar deinen Koffer mitgenommen!“, rechtfertigt sie sich.

Wir wissen beide, dass sie lügt. Trotzdem fährt sie fort:

„Deine Sachen sind nicht bei uns. Die Krisone, diese Schlampe, die sich in deiner Wohnung breitgemacht hat …“

Die Koslowska holt Luft und wechselt erleichtert das Thema:

„Sie hat sämtliche jüdischen Wohnungen im Haus ausgeraubt. Sie veranstaltet Feiern und führt ein wüstes Leben, alle Nachbarn beschweren sich. Warum bekommt die Krisone all die guten Sachen, und wir nur irgendwelchen Krempel?“

„Das wissen Sie selber am besten!“, antworte ich, schlage die Tür hinter mir zu und verlasse das Haus.

‚Wohin soll ich jetzt gehen? Wer könnte mich wohl aufnehmen? Ich werde zu Sonja Bobrowa gehen‘, überlege ich, ‚sie ist eine gute Freundin und wird mich nicht wegschicken.‘

Sonja Bobrowa wohnt mit ihrem Mann und ihrer Tochter in der Bruņinieku iela auf Höhe der Kreuzung Avotu iela.[14] Als sie mich sieht, freut sie sich wirklich von Herzen. Wir haben uns lange nicht gesehen. Ich fange an zu weinen, Sonja beruhigt mich. Ich berichte von meinen Sorgen und Nöten, erzähle alles, was ich erlebt habe. Sonja fühlt mit mir und wischt sich hin und wieder eine Träne ab.

Später bereitet sie mir ein Bad. Nach langer Zeit kann ich endlich meine langen Haare kämmen. Ich lebe regelrecht auf. Das Kleid, das ich bei der Feldarbeit getragen habe, muss weggeworfen werden – es war schon fast aufgelöst und verrottet an meinem Leib. Nach all dem Durchgemachten, den Nächten über dem Stall in ständiger Todesangst, ausgezehrt von der übermäßig schweren Arbeit, bedeutet selbst eine einzige Nacht im Warmen bei lieben, gastfreundlichen Freunden in einem bequemen Bett eine wahre Glückseligkeit für mich. Vor dem Krieg hätte ich das nicht zu schätzen gewusst.

Doch meine beschwingte Stimmung verfliegt schon bald, als ich Sonja bitte, mir zu erzählen, was in Riga während meiner Abwesenheit vorgefallen ist. Ich will wissen, wie die Lage für die Juden ist, was wir zu erwarten haben. Sie empfiehlt mir, mich lieber zu erholen und das Gespräch auf den nächsten Tag zu verschieben, doch ich gebe nicht nach.

„Es gibt nur Schreckliches zu berichten", beginnt Sonja. „Fast alle Synagogen sind geschändet und zerstört. Du kennst doch die große Choral-Synagoge in der Gogoļa iela.[15] Sie existiert nicht mehr. Ein solches Baudenkmal! So viele alte Kunstschätze wurden in dieser Synagoge aufbewahrt! Nichts ist übrig geblieben … Das Gebäude und der Innenhof waren voller Menschen – Männer, Frauen, Kinder, alte und junge Leute … Flüchtlinge aus Litauen. Weiter als bis nach Riga sind sie nicht gekommen. Sie fanden Zuflucht in der Synagoge, doch dann … Eines Tages haben die Pērkonkrustler[16] das Gotteshaus umzingelt, aus dem Hof, von der Straße und aus den umliegenden Häusern Juden hineingetrieben, rundherum Bretter und Stroh aufgestapelt und sie in Brand gesteckt. Meine Freunde, die das Ganze gesehen haben, berichteten von unmenschlichen und herzzerreißenden Schreien. Auf alle, die versuchten, aus den Fenstern zu springen, wurde sofort geschossen.

Dasselbe machten sie mit der Synagoge in der Stabu iela 63. Sie warteten, bis der beliebte Rabbi Kilow hingebracht wurde, trieben ihn in den Tempel zu seinen Gemeindemitgliedern und setzten das Gotteshaus in Brand.

Auch in die alte Synagoge in der Maskavas iela wurden die Juden aus den umliegenden Häusern zusammengetrieben. Als im Gebäude kein Platz mehr war, zwangen sie Juden, indem sie ihnen mit Erschießung drohten, Bretter und Stroh um die Synagoge zu legen, Petroleum darüberzuschütten und alles in Brand zu stecken. Als der Tempel in Flammen stand, haben die Pērkonkrustler auch sie erschossen. Mein Gott, wird das jemals jemand erfahren und diese furchtbaren Ereignisse ins Buch der Geschichte schreiben – die Flammen, die Schüsse und die Schreie, die sich mit dem Gelächter der betrunkenen Mörder vermischten?"

Sie erzählt, dass auch andere jüdische Heiligtümer in Riga ein ähnliches Schicksal ereilte – auf beiden jüdischen Friedhöfen wurden die Gebetshäuser niedergebrannt.

Auf dem Neuen Jüdischen Friedhof in Šmerlikamen in den Räumen, die für die Totenwäsche vorgesehen waren, kamen die Chewra-Kadischa[17]-Mitarbeiter und ihre Familien in den Flammen ums Leben.

Auch auf dem Alten Jüdischen Friedhof in der Moskauer Vorstadt wurden sämtliche Gebäude mitsamt Dutzenden von Menschen, die in sie hineingetrieben wurden, niedergebrannt. Mich erfasst das Grauen angesichts dieser Barbarei, die an meinem Volk verübt wurde. Obwohl ich schrecklich müde bin, kann ich nicht einschlafen. Der Verstand weigert sich, das Gehörte zu akzeptieren. Das, was die Menschen vor ihrem qualvollen Tod erleiden mussten, übersteigt alles Vorstellbare.

Ich erfahre, dass es den Juden außerhalb Rigas nicht besser ergeht. Auch wenn die Nachrichten über das, was in Kleinstädten und Dörfern vor sich geht, noch bruchstückhaft und unzusammenhängend übermittelt werden, ist bekannt, dass die Juden dort auf Befehl der SS-Leute und von den einheimischen Handlangern der Nazis durchgeführten Massenermordungen vollständig vernichtet wurden. Lediglich in den größeren Städten wie Liepāja[18] und Daugavpils[19] sollen noch einige wenige Juden übrig geblieben sein, ebenso dass die Ortsschilder von Tukums, Jelgava, Bauska und anderen Städten bereits mit dem Zusatz „judenrein"[20] versehen wurden.

Schon in den ersten Tagen der NS-Okkupation hatte sich

zwischen den Juden und der sie umgebenden Welt eine Wand der Entfremdung und Isolation gebildet. Juden durften ihre Wohnorte nicht verlassen. Ariern wurde jeglicher Kontakt zu Juden untersagt. Jede Berührung zwischen Letten und Juden wurde vermieden und so erfuhren die Juden nichts.

Insofern ist es sehr schwer herauszufinden, was in der näheren Umgegend von Riga vor sich geht, ganz zu schweigen von weiter entfernten Orten. Einige Juden, die von der Zwangsarbeit in anderen lettischen Städten zurückgebracht wurden und wussten, was in den Kleinstädten und Dörfern vor sich ging, sprachen jedoch nicht darüber – entweder um nicht noch weitere Trauernachrichten zu überbringen, von denen es Riga schon mehr als genug gab, oder um nicht Panik zu verbreiten. Weshalb wurden in der Provinz sämtliche Juden ermordet, in Riga hingegen nur ein Teil? Vielleicht waren sie Opfer derselben Massakerwelle, die in den ersten Julitagen auch mehrere Tausend Rigaer Juden fortgerissen hat? Oder aber … Man darf gar nicht daran denken! Erwartet uns wirklich auch ihr furchtbares Schicksal?

Ghetto

Ende August leuchtete für die Rigaer Juden am finsteren Himmel ein kleiner Hoffnungsstrahl auf – aus dem Zentralgefängnis wurden mehrere Dutzend jüdischer Ärzte und Handwerker entlassen, die unmittelbar nach dem Einmarsch der Deutschen verhaftet worden waren. Man wollte so gern hoffen, dass auch Tausende anderer Inhaftierter noch am Leben waren und nach Hause zurückkehren würden.

Doch das, was die wenigen Überlebenden und aus dem Gefängnis Entlassene berichteten, gab leider keinen Anlass für Hoffnungen. Die Gefangenen waren ohne Unterbrechung in großen Gruppen aus dem Zentralgefängnis weggebracht worden, aber keiner von ihnen wurde jemals wiedergesehen. Später erfuhr man durch die Einwohner der Gegend um den Wald von Biķernieki von ihrem Schicksal – den ganzen Juli über seien Lastwagen voller Menschen an ihren Häusern vorbeigefahren, und aus dem Wald seien ununterbrochen Schüsse zu hören gewesen. Bei der Rückfahrt seien die Lastwagen leer gewesen. Danach zweifelte niemand mehr daran, dass die Nazis sie dort im Wald von Biķernieki ermordet hatten.[21]

Doch was hatte es zu bedeuten, dass Schneider, Schuhmacher und andere Handwerker freigelassen werden? Vielleicht benötigen die Deutschen sie in ihren Armeewerkstätten? Aber die Ärzte? Jüdischen Ärzten ist es doch untersagt, Arier medizinisch zu behandeln und umgekehrt.

Verschiedene Theorien gingen herum. Vielleicht gestatteten die Nazis aus Furcht vor dem Ausbruch von Epidemien unter den Juden, die keinen Zugang mehr zu Krankenhäusern und anderer medizinischer Versorgung hatten, die Einrichtung einer kleinen Ambulanz für Juden am südlichen Ende des Ghettos an der Ecke Maskavas und Līvānu iela?

Alle Maßnahmen zur Isolierung der Juden von der „arischen" Welt werden mithilfe der sogenannten Judenräte durchgeführt, die vermeintlich als Selbstverwaltungsinstanzen gebildet wurden.[22] Um das Los der terrorisierten Juden zu erleichtern, wenden sich einige Mitglieder des Judenrates an die deutschen Behörden; bald jedoch stellt sich heraus, dass schon die Idee der Bildung eines Judenrates selbst eine insgesamt betrügerische Scheinaktion war, die nur dazu dient, die Vernichtung der Todgeweihten besser zu organisieren.

Am nächsten Tag nehme ich allen Mut zusammen, noch einmal in meine Wohnung zu gehen. Es ist ein beklemmendes Gefühl. Die Juden, die unterwegs sind, gehen mit auf Brust und Rücken aufgenähten Sternen auf der Fahrbahn. Wie gewohnt benutze ich den Gehsteig. Ein Jude hält mich an und belehrt mich:

„Sie sind wahrscheinlich gerade erst in Riga eingetroffen und wissen noch nicht, dass es uns Juden schon lange untersagt ist, den Gehsteig zu benutzen. Nehmen Sie sich in Acht, jemand könnte Sie sehen und melden! Dafür droht die härteste Bestrafung!"

Ich verlasse den Fußweg und sehe mich vorsichtig um. Die Juden gehen auf dem Kopfsteinpflaster, genauer gesagt, im Rinnstein zwischen Fahrbahn und Gehweg, um nicht unter die Räder von Fuhrwerken oder Automobilen zu geraten. Es ist gefährlich und erniedrigend und vermittelt den Ariern unmissverständlich, dass sie im neuen Europa über der „minderwertigen Rasse" stehen.

Gebrandmarkt mit dem gelben Zeichen, das wie ein Herbstblatt an ihnen haftet, schreiten die Juden getrennt von den anderen in einer langen Reihe wie im Gänsemarsch dahin. Als ich dieses Bild zum ersten Mal erblicke, muss ich unwillkürlich lächeln, obwohl die Situation todtraurig ist.

Ich stehe vor meiner Wohnungstür und horche – alles ist still. Ich klingele. Die Verwalterin Krisone öffnet, übergibt mir entsprechend der Order von Polizist Svipste den Schlüssel und verlässt die Wohnung.

Ich beginne, meine Habe durchzusehen, und versuche herauszufinden, was mit meinen Schwestern geschehen sein könnte. In den Schränken finde ich Kleider von Sarah und Nechama, die sie beim Verlassen des Landes mit Sicherheit mitgenommen hätten. In der Wohnung herrscht große Unordnung, alles ist schmutzig und stinkt. Unsere besten Sachen und auch die Kisten mit der gestohlenen Kleidung in Sarahs Zimmer sind weggeschafft worden.

Ich habe Angst, mich länger dort aufzuhalten, und überlege, zu welcher meiner lettischen Bekannten ich gehen könnte, um ihnen meine Sachen anzubieten. Die Gedanken bleiben bei Frau Mežule stehen – ich kenne sie gut, sie ist eine meiner Vorkriegskundinnen. Ich beschließe, zu ihr zu gehen.

Als ich ankomme, begrüßt sie mich herzlich, und ich berichte ihr meinen Kummer. Ich zeige ihr Muster von Kleiderstoffen, sie müsse nur zur Krisone gehen und sich als meine Kundin ausgeben, die ihre Stoffe abholen wolle. Nachdem sie sich für Stoffart und -farbe entschieden hat, geht Frau Mežule zur Verwalterin und erhält das Geforderte auch.

Nach einer Weile will ich noch mal in meine Wohnung gehen, klingele zuerst aber an der gegenüberliegenden Wohnungstür bei Frau Lamberte[23]. Als sie mich erblickt, wird sie ganz aufgeregt und berichtet, dass es in der vergangenen Nacht hier ein fürchterliches Spektakel gegeben habe – man hätte mich gesucht. Gegen meine Wohnungstür sei so laut gehämmert worden, dass alle Nachbarn wach geworden seien und sie im Treppenhaus nachgesehen habe, was da los ist. Vor der Tür hätten zwei „Bebänderte" gestanden und sie angeschnauzt, sie solle augenblicklich verschwinden, sonst würden sie schießen. Am Morgen habe sich herausgestellt, dass es sich um die Brüder der Verwalterin gehandelt habe, zwei freiwillige Handlanger der Nazis – Pērkonkrustler. Sie waren gekommen, um mich zu verhaften, angeblich als Kommunistin. Die Krisone habe später mit ihren prominenten Verwandten geprahlt und dem Status, den ihre Brüder unter dem neuen Regime innehätten.

„Sie haben Glück gehabt", beendet die mitfühlende Nachbarin ihren Bericht, „dass Sie nicht zu Hause übernachtet haben – diese Bestien hätten Sie nicht am Leben gelassen."

Mir ist nun klar, dass ich mich hier nicht mehr blicken lassen darf.

Ein nächster Erlass ordnete an, dass alle arbeitsfähigen Juden arbeiten müssen. Ich muss also schleunigst Arbeit finden. Sonja

Bobrowa vermittelt mich als Dienstmagd an einen deutschen Offizier, der sich in der ehemaligen Wohnung ihres Bruders Dāvids in der Elizabetes iela Ecke Jumaras iela[24] mit seinem Adjutanten einquartiert hatte. Sonjas Bruder Dāvids wurde in den ersten Tagen der Okkupation festgenommen und erschossen, seine Frau Šeina hingegen schaffte es, zusammen mit dem Kind, dem kleinen Ābrams, das Land zu verlassen. So war von der ganzen Familie nur noch Sonjas alte Mutter Estere in der Wohnung zurückgeblieben.[25]

Zu meinen Pflichten gehört es, die Wohnung des Offiziers sauber zu halten, die Wäsche zu waschen und andere Hausarbeiten zu verrichten. Am Anfang war das nicht so einfach, weil ich mich erst an die Pedanterie und Gepflogenheiten der Deutschen gewöhnen musste. Der Adjutant brachte mir aber bei, alles nach deutscher Art und Weise zu verrichten. Wie alle anderen Juden auch, erhielt ich für meine Arbeit weder Lohn noch Brot. Und trotzdem konnten mich viele um meine neue Arbeitsstelle beneiden, beispielsweise diejenigen, die den ganzen Tag unter freiem Himmel Reparaturarbeiten machen oder Schutt wegräumen mussten, oder auch die vielen Juden, die in verschiedenen deutschen Militäreinrichtungen schwere Zuchthausarbeit leisten mussten.

Als ich einmal von der Arbeit heimging, kam mir ein Junge in Schuluniform entgegen. Er kam näher und trat mir plötzlich so kräftig in den Unterleib, dass ich zu Boden aufs Pflaster fiel. Ich fing an zu weinen – nicht so sehr aus körperlichem Schmerz als wegen der erlittenen Erniedrigung. Nachdem ich wieder aufgestanden war, wandte ich mich an einen Polizisten, der an der Straßenecke stand, um mich zu beschweren.

„War er ein Jude oder ein Nichtjude?“, erkundigte sich der Polizist, offenbar gewillt, mich in Schutz zu nehmen.

„Das ist doch einerlei, er ist ein Rabauke. Schauen Sie, dort ist er, dieser Junge da in Schuluniform“, rief ich entrüstet aus.

Der Polizist lachte auf und erklärte:

„Er kann mit dir machen, was er will – dir ins Gesicht spucken, dich erwürgen, das ist sein Recht. Er ist hier der Herr!"

Mich packte das Entsetzen. In seinen Augen war ich weniger als ein Hund – ein Insekt, das jeder ohne jede Konsequenzen einfach zertreten konnte.

Mein Arbeitgeber, der Offizier, führt ein gutes Leben. Jeden Tag kommen lettische Fräuleins zu ihm. Sie schließen sich ein, lachen und vergnügen sich.

Eines Morgens, als ich zur Arbeit komme, treffe ich drei auffällig gekleidete junge Frauen an. Als sie mich sehen, fangen sie an zu lachen. „Die Jüdin ist zum Arbeiten gekommen? Na, heute wirst du eine Menge zu tun haben. Geh' gleich mal zur Toilette, da wartet schon schöne Arbeit auf dich."

Lachend schlagen die Mädels die Tür hinter sich zu. Sie hatten die Toilette absichtlich dermaßen besudelt, dass ich es nicht zu beschreiben vermag. Das alles spurlos in Ordnung zu bringen, war einfach ekelhaft. Ein derart niederträchtiges Verhalten hatte ich nie zuvor erlebt.

Eines Tages teilt mir der Offizier mit, dass ich ihn verlassen müsse, da eine neue Order ausgegeben worden sei: Alle bei Privatpersonen beschäftigten Juden sind zu entlassen. Ihm passt das gar nicht und er läuft im Zimmer auf und ab, wobei er laut überlegt:

„Schade, schade, eine sehr fleißige Frau. Hör' mal, vielleicht bist du gar keine echte Jüdin? Vielleicht fließt ein ganz klein wenig arisches Blut in deinen Adern? Dann könnte ich erreichen, dass man dich bei mir lässt, ich würde sagen, dass du meine Geliebte bist. Du bist doch eine schöne Frau!"

„Nein, wo denken Sie hin!" Ich schüttele den Kopf. „Ich bin durch und durch Jüdin."

„Schade, wirklich schade, dann werden wir uns wohl trennen müssen", wiederholt er mehrere Male.

So verlor ich meinen Arbeitsplatz und gleichzeitig auch den Passierschein für die Stadt – den sogenannten *„ausveis"*.[26]

Einige Tage später erfuhr ich, dass die Entlassung mit dem Befehl zur Zwangsumsiedlung aller Juden ins Ghetto in der Moskauer Vorstadt in Verbindung stand.[27] Zu diesem Zeitpunkt wusste kaum jemand, was das Wort „Ghetto" bedeutet. Es war ein abstrakter Begriff, obwohl niemand über etwas anderes sprach.

Sonja und ich beschlossen zusammenzubleiben. Wir gingen los, um das Ghetto in Augenschein zu nehmen und uns nach einer passenden Behausung umzusehen.

Wir sahen, dass für die Anlage des Ghettos das Gebiet von der Lāčplēša iela die Ludzas iela entlang bis hin zum Alten Jüdischen Friedhof mit einem Stacheldrahtzaun abgetrennt worden war.[28] Ein düsterer und heruntergekommener Bezirk, in dem überwiegend arme Leute wohnen – russische Arbeiter und Handwerker sowie einige einheimische jüdische Familien.

Die Lebensumstände sind hier sehr viel schlechter als in anderen Rigaer Bezirken – viele Häuser haben weder fließend Wasser, noch sind sie ans Abwasser- oder Stromnetz angeschlossen – von Gas oder Zentralheizung ganz zu schweigen. Die kleinen Holzhäuser sind alt, niedrig und viele von ihnen stark heruntergekommen.

Da Juden nicht mehr in der Nachbarschaft von Nichtjuden wohnen dürfen, werden die bisherigen Einwohner der Gegend in die den Juden weggenommenen Wohnungen in „arischen" Bezirken umgesiedelt.[29]

Es wird bekannt gegeben, dass im Ghetto pro Person nicht mehr als vier Quadratmeter Wohnfläche vorgesehen sind. Dreißigtausend Menschen müssen in den Gebäuden einiger weniger Häuserblocks untergebracht werden.[30] Die Juden sind gezwungen, ihre gesamte Habe zurückzulassen, und dürfen nur das Allernotwendigste mitnehmen. Die Arier, die deren leere Wohnungen beziehen, sind die großen Gewinner.

Sonja und ich laufen durch die Straßen des Ghettos und entdecken ein Lebensmittelgeschäft. Aus allen Ecken von Riga sind schon viele Juden zusammengekommen. Einige stehen nach Lebensmitteln an. Dies ist das einzige Geschäft, wo Juden einkaufen dürfen. Im Laden sind viele Regale leer und die wenigen erhältlichen Lebensmittel sind von minderer Qualität. Manchen gelingt es, auf illegalem Wege von Ariern Lebensmittel zu erwerben.

In der antisemitischen Tageszeitung »Tēvija«[31] wird das Warschauer Ghetto[32], das bereits seit zwei Jahren existiert, als jüdisches Paradies dargestellt: Dort gebe es allen Komfort, sogar Cafés und ein Theater. Angesichts dessen, was hier vor sich geht – wie Familien und Waisen, denen alles genommen wurde, hierher umziehen müssen – sind wir der Ansicht, dass der Zeitungsartikel Hohn und Lüge ist.

Sonja Bobrowa ist verzweifelt: Sie hat eine kleine Tochter und eine schon sehr betagte Mutter – wie soll sie in derartigen Verhältnissen leben? Ich bin auch äußerst beunruhigt, Hunderte von Fragen peinigen mich, aber ich bin bemüht, meine Freundin zu beruhigen, sage, dass wir uns allmählich einrichten würden, wir werden genauso leben wie Tausende anderer Juden auch, einander helfen, arbeiten und das Beste hoffen.

Endlich haben wir eine kleine Wohnung in der Ludzas iela 37 gefunden und ziehen einige Tage später ein.[33] Neben Wohnzimmer, Küche und Trockentoilette gibt es dort nur ein Schlafzimmer. Statt eines Badezimmers gibt es nur eine Spüle und einen Ofen in der Küche. Die Wohnung liegt im Erdgeschoss und hat nur ein einziges Fenster, zu dem Sonjas Mutter hinausschauen kann, um sich die Zeit zu vertreiben.

Ich raffe mich noch einmal auf und gehe in meine alte Wohnung, um ein paar Sachen zu holen. Frau Krisone ist nicht zu Hause. Ich schnappe mir ein paar Decken, Bettwäsche, ein Tischtuch, Kleidung. Meine gutherzige Nachbarin, Frau Lamberte, ermuntere ich, zu nehmen, was ihr gefällt, solange die Krisone noch nicht wieder zurück ist – Möbel, Kleidung und andere Dinge.

Die Wohnung im Ghetto ist verdreckt und voller Parasiten. Die Wände wurden seit dem Bau des Hauses nicht mehr gestrichen. Die Dielenbretter sind ungepflegt und abgetreten. In diesem ganzen Schmutz haben sich Kakerlaken, Spinnen, Flöhe und Mäuse häuslich eingerichtet. Es vergehen mehrere Tage, bis Sonja und ich die Wohnung vollständig gereinigt und von Ungeziefer befreit haben. Der Geruch von Petroleum und Putzmitteln durchzieht das Haus. Mit Vorhängen, einem Tischtuch und einigen Bildern an den Wänden gelingt es, ein Gefühl von Häuslichkeit zu erzeugen.

Schließlich haben wir uns eingerichtet. Jeden Tag verbringen wir lange Stunden damit, nach frischen Lebensmitteln anzustehen. Noch mehr Zeit erfordert es, heimlich Konserven und geräucherte oder gedörrte Lebensmittel von wohlwollend gestimmten Ariern zu erstehen. Wir zahlen den doppelten Preis, da uns das Risiko, das sie eingehen, bewusst ist.

Durch das Wohnzimmerfenster beobachte ich, wie jeden Tag Männer- und Frauen-Kolonnen unter strenger Bewachung durch Zivilisten und deutsche Soldaten aus dem Ghetto zu verschiedenen Arbeitsstellen gebracht werden.

Wir haben uns noch nicht zum Arbeiten registrieren lassen. Wir warten so lange wie möglich damit ab. Niemand erhält Lohn für die Arbeit, auch keine Lebensmittel.

Am 24. Oktober ist das Ghetto mit einem hohen doppelten Stacheldrahtzaun vollständig von der Außenwelt abgetrennt.

Das zentrale Zugangstor am Anfang der Sadovņikova iela wird geschlossen, in einer neben ihm aufgestellten Bude befindet sich die Wache. Von diesem Tag an ist der freie Verkehr zwischen der „arischen“ Welt und dem Ghetto unter Todesstrafe verboten.[34]

Abends statten häufig betrunkene SS- und Pērkonkrusts-Leute dem Ghetto einen Besuch ab und verursachen großes Chaos. Wehe dem, der ihnen über den Weg läuft! Die Opfer werden zusammengeschlagen und häufig auch an Ort und Stelle erschossen. Oft dringen sie in Häuser ein, rauben sie aus, schlagen die Einwohner zusammen und verschleppen den einen oder anderen. Keiner von ihnen kehrt zurück.

Die Wache überprüft penibel die Kolonnen, die ins Ghetto zurückkehren. Wenn die Nazis Lebensmittel bei jemandem entdecken, werden sie ihm abgenommen, und die Schutzleute lassen einen Hagel von Schlägen auf den Schuldigen niederprasseln. Viele werden zu Tode geprügelt, andere erschossen. Die Versorgungslage wird immer schlechter, im Laden gibt es kaum noch Lebensmittel, hauptsächlich nur verfaultes Gemüse. Bislang können die Menschen noch auf ihre Vorräte zurückgreifen, die sie als sie ins Ghetto zogen noch mitbringen konnten, doch in vielen Häusern herrscht bereits Hunger.

Der Winter 1941 bricht früh an und ist streng. Es gibt kein Brennholz. So kommt zum Hunger noch fürchterliche Kälte hinzu. Die Menschen fangen an, die wenigen dort wachsenden Bäume zu fällen, und verheizen ihre Möbel, um sich aufzuwärmen.

Wie können wir weiterleben? Diese Frage quält uns alle. Doch schon sehr bald „erlösen“ die Nazis die Ghettobewohner von dieser Sorge …

Die erste Aktion

Am 28. November erteilen die deutschen Verwaltungsbehörden den Befehl zur Liquidierung des Ghettos: Frauen mit Kindern, Greise und Arbeitsunfähige würden in ein anderes Lager verlegt werden, die arbeitsfähigen Männer wiederum in einem abgesonderten Teil des Ghettos bleiben und Arbeiten in der Stadt verrichten. Gleichzeitig wird bekannt gemacht, dass sich ein jeder reisefertig zu machen habe, wobei pro Person höchstens 25 Kilogramm Gepäck und Lebensmittel mitgenommen werden dürften. Dieser Befehl kommt wie ein Blitz aus heiterem Himmel und verursacht Panik und Chaos. Wohin sollen bei dem strengen Winterwetter so viele Menschen gebracht werden – und obendrein fast ohne Habe? Würden die Familien die Strapazen der ungewissen Reise ohne die Hilfe der Ehemänner, großen Brüder und Väter überstehen?

Doch zum Nachdenken ist keine Zeit – morgen, am 29. November, hat man bereit zu sein, das Ghetto zu verlassen und in ein anderes Lager umgesiedelt zu werden – so lautet die Anordnung.

Im Ghetto herrscht großer Tumult. Die Menschen wimmeln umher wie Ameisen in einem Ameisenhaufen – sie beginnen, fieberhaft Bündel und Rucksäcke mit den allernotwendigsten Dingen und Lebensmitteln zu packen. Die Leute heben die Gepäckstücke an, probieren, wie es sich damit gehen lässt, schätzen ab, wie viel zu tragen ein jeder die Kraft hat. Besonders tragisch ist die Situation für Mütter, die ihre Säuglinge auf dem Arm tragen müssen.

Es war eine grauenvolle Nacht vom Freitag, dem 28. November, auf den Samstag – die letzte Nacht vor der Trennung von den nächsten Angehörigen, den Vätern, Söhnen und Brüdern. Die Menschen begriffen, dass es eine Trennung für alle Zeit sein würde. Sie vermochten weder zu essen noch zu schlafen, aber auch Gespräche wollten nicht in Gang kommen. Gegen Morgen hatte man schon keine Tränen mehr zum Weinen, und alle waren von Hoffnungslosigkeit ergriffen.

Beim ersten Morgengrauen werden die Männer, die im Ghetto bleiben sollten, an der Ecke Ludzas iela und Sadovņikova iela zusammengetrieben. Sie müssen sich in einer Kolonne aufstellen und bei der bitteren Kälte stundenlang warten. Gegen ein Uhr mittags kommt die Anordnung, alle Männer innerhalb einer halben Stunde zu kasernieren. Dabei handelt es sich um einen mit Stacheldraht abgetrennten Teil des Ghettogeländes, der später die Bezeichnung „Kleines Ghetto“ erhielt. Es ist unmöglich, das Durcheinander und das Entsetzen zu beschreiben, die diese Anordnung auslöst. Die Männer laufen zu ihren Familien, um sich zu verabschieden, um ihnen Lebensmittelpakete zu übergeben oder in Empfang zu nehmen. Aufgrund der Erfahrungen der ersten Tage der NS-Okkupation dachten die meisten von uns, alles werde vorbereitet, die arbeitsfähigen Männern zu liquidieren, weshalb sie auf jede erdenkliche Weise versuchten, ihre halbwüchsigen Söhne und jüngeren Brüder ins Große Ghetto zu schleusen – ohne zu ahnen, dass genau das ihren Tod bedeutete.

Auch in unserer Wohnung sind alle beim Packen, bitten um Rat, was man unterwegs am meisten benötigen würde, alle sind außerordentlich beunruhigt, und trotzdem bemühen wir uns, logisch zu denken: Wenn man uns an einen Ort bringt, wo wir leben sollen, dann können wir so oder so nicht alles Nötige mitnehmen, wenn man uns hingegen … dann ist gar nichts mehr nötig.

Wir beschließen, nur das Allernotwendigste mitzunehmen – möglichst viele warme Kleidungsstücke übereinander anzuziehen und alles andere außer dem Reiseproviant seinem Schicksal zu überlassen.

In sämtlichen Häusern herrscht Aufregung und fiebrige

Geschäftigkeit. Einige sind sich unschlüssig, was sie mit ihrem Schmuck machen, ob sie ihn mitnehmen oder verstecken sollen. Die einen nähen ihr Gold in die Kleidung der Kinder, andere wiederum suchen Verstecke in den Wänden, unter den Dielenbrettern oder im Hof, wo sie alles Wertvolle in der Erde vergraben.

Es wird Abend. Die Stimmung ist extrem angespannt. Kolonnen bewaffneter Schutzleute überschwemmen das Ghetto. Einige von ihnen sehen merklich angetrunken aus. Hier und da sind Schüsse zu hören. Es beginnt zu dämmern, immer häufiger ertönen Schüsse.

Gegen sieben Uhr abends kommen Schutzleute in unser Haus gestürmt und befehlen brüllend, sofort auf die Straße hinauszugehen und uns in Fünferreihen zu einer Kolonne aufzustellen. Die Ludzas iela ist bereits voller Menschen. Wir werden von der endlosen Kolonne aufgesogen.

Es herrscht klirrender Frost. Wir, die wir uns zu einer Fünferreihe aufgestellt haben, drängen uns eng aneinander, um ein wenig die Wärme zu halten. In der Nähe wird ununterbrochen geschossen. Nachdem wir so ein paar Stunden dagestanden haben, sind wir bis auf die Knochen durchgefroren. Schutzleute sind keine mehr da, sie sind weitergestürmt, wahrscheinlich treiben sie die Menschen aus anderen Teilen des Ghettos zusammen.

Vorsichtig schlüpfen wir zurück ins Haus, um uns aufzuwärmen. Auch andere folgen uns auf dem Fuß. Bald ist unsere Wohnung so voller Menschen, dass man weder herumlaufen noch sich hinsetzen kann. Alle drängen sich in der Wärme, irgendwie gegen die Wände und Fenster gelehnt, sogar ohne die warme Winterkleidung und die Rucksäcke abgelegt zu haben, denn jeden Moment kann der Befehl zum Aufbruch ertönen.

Stunde um Stunde vergeht mit Warten. Die Kinder fallen vor Erschöpfung in den Schlaf, auch der eine oder andere Erwachsene nickt ein, und allmählich werden alle vom Schlaf übermannt. Nie zuvor habe ich Menschen im Stehen schlafen sehen.

Gegen sieben Uhr morgens werden alle vom Gebrüll der Schutzleute geweckt:

„Alle raus auf die Straße!"

Draußen ist es noch dunkel. Verwirrt und verschlafen eilen die Menschen sich drängelnd aus dem Haus und stellen sich wieder in Fünferreihen auf. Bald darauf erscheinen Schutzleute mit Armbinden und geben bekannt, dass heute nur diejenigen abmarschieren würden, die im Teil des Ghettos zwischen der Lāčplēša iela und der Daugavpils iela wohnen.[35] Die Übrigen dürften nach Hause gehen.

Wir laufen zurück, glücklich, dass wir noch eine Weile zu Hause bleiben und uns von der entsetzlichen Nacht erholen können. Man möchte so schnell wie möglich den Rucksack ablegen, sich hinlegen und aufwärmen.

Es beginnt zu dämmern. Ich trete ans Fenster, um nachzusehen, was draußen vor sich geht. Eine von bewaffneten Schutzleuten begleitete endlose Kolonne von Menschen zieht vorüber. Junge und Alte, Frauen mit Säuglingen auf dem Arm, Knaben und Mädchen, Geschwächte, die sich auf die neben ihnen Gehenden stützen – sie alle marschieren irgendwohin … Da höre ich plötzlich mehrere Schüsse und sehe unmittelbar vor unserem Fenster eine entsetzliche Szene. Ein deutscher SS-Mann schießt wahllos in die Reihen der Kolonne. Die von den Kugeln niedergemähten Menschen brechen auf dem Pflaster zusammen. Die Kolonne gerät ins Stocken, Panik bricht aus, die Leute drängen gegen die vorderen Reihen, steigen über die Verletzten hinweg, um schneller an dem bestialischen SS-Mann vorbeizukommen. In der Angst und Hast werden die am Boden Liegenden zertrampelt. Um voranzukommen, werfen einige ihre Bündel fort.

„Schneller, schneller!", brüllen die Schutzleute unablässig, wobei sie mit ihren Peitschen fuchteln.

Ich beginne unbändig zu schreien:

„Sie erschießen Juden! Sie erschießen Juden! Kommt her, schaut, wie entsetzlich!"

Mit meinem Geschrei schrecke ich die Mitbewohnerinnen auf. Eine nach der anderen kommen sie zu mir und versuchen mich zu beruhigen. Sie fordern mich auf, vom Fenster wegzukommen, sonst würde man mich noch entdecken und auf uns schießen.

Ich kann mich nicht rühren, stehe da wie angewurzelt, als würde eine unsichtbare Macht mir sagen: „Du musst es sehen! Du bist Zeugin. Vor deinen Augen vollzieht sich die Tragödie deines Volkes. Präge dir die Ereignisse ein und vergiss sie nicht!"

Die Kolonne flutet ohne Ende dahin – halb laufen die Menschen, halb marschieren sie, dann stürzen sie wieder rennend vorwärts … Einer fällt hin, der Nächste fällt … Die Leute steigen über sie weg, von den Schutzleuten zur Eile getrieben: „Schneller, schneller!"

Ich bleibe bis mittags am Fenster stehen, bis der Zug des Grauens endet. Plötzlich herrscht Stille, keine lebende Seele ist mehr auf der Straße. Überall tote Menschen, das Blut sickert aus den reglosen Körpern. Es sind überwiegend Greise, Schwangere, Kinder und Behinderte – alle, die das unmenschliche Tempo des Zuges nicht durchhalten konnten.

Die Männer aus dem Kleinen Ghetto erhalten den Befehl, die Straßen innerhalb weniger Stunden zu säubern. Sie legen die Getöteten auf Schlitten und bringen sie zum Alten Jüdischen Friedhof. Ohne Abschied, ohne Segen … Die Leichen werden am Zaun auf einen Haufen gestapelt. Als der Frost ein wenig nachlässt, hebt man zwischen den alten Grabstätten eine große Grube aus und begräbt die Opfer. Uns ist untersagt, dort hinzugehen.

Am nächsten Tag fahren SS-Offiziere in einem offenen Pkw durch die Ghettostraßen. Es sind noch immer Blutlachen zu sehen, nur sind sie jetzt gefroren. Niemand verlässt das Haus. Zufrieden mit dem Ergebnis, fahren die Offiziere wieder weg.

Wohin wurden die Leute gebracht? Es ist nicht möglich, so viele Leute auf einmal zu töten! Genaues weiß niemand, aber jeder hat irgendeine Vermutung. Gerüchte machen die Runde, die Ghettobewohner seien in ein Lager in der Gegend von Salaspils gebracht worden. Wir glauben es und hoffen, dass man auch uns in das Lager bringen wird. Wir, die im Ghetto Gebliebenen, waren immer noch so naiv! Die Menschen dachten, dass es am wichtigsten sei, das Marschtempo durchzuhalten und ans Ziel zu gelangen. Deshalb war jeder bemüht, sich so gut wie möglich auf den Weg vorzubereiten, indem man trainierte schnell zu marschieren und zu rennen.

Seit mehreren Tagen liegt eine ungewöhnliche Stille wie in einer Geisterstadt über dem Ghettogelände. Man sieht weder Deutsche noch Schutzleute, es wird nicht geschossen … Bald tauchen aber wieder die ersten Menschen in den Straßen auf. Sie kommen zusammen und besprechen das Vorgefallene. Man kommt zu dem Schluss, dass sich etwas Derartiges schließlich nicht wiederholen könne, und nach und nach kommen alle in den gewohnten Ghettoalltag zurück. Obwohl sich die Menschen nur langsam von dem Schock erholen, stellt sich die Alltagsroutine wieder ein. Aus Furcht vor Hunger werden die Lebensmittel streng und sparsam auf Tage und Wochen im Voraus eingeteilt.

So wie die anderen haben auch wir das Haus aufgeräumt und geputzt, lassen aber dennoch für alle Fälle die Rucksäcke unausgepackt.

Auch der Ghettoladen hat wieder geöffnet, nur jetzt hat sich die Situation verändert. Vor der „Massenevakuierung" konnte man nur begrenzte Mengen und die auch nur mit Lebensmittelkarten kaufen. Jetzt werden diese nicht mehr verlangt: Kohl, Kartoffeln, Rüben, Möhren – alles ist in der benötigten Menge erhältlich. Zwar sind die Lebensmittel qualitativ minderwertig, aber die ausgehungerten Leute kaufen sie trotzdem.

Durch Öffnungen in der Umzäunung kommen immer häufiger Männer heimlich aus dem Kleinen Ghetto, ihre Angehörigen zu besuchen, und erzählen, wie verzweifelt die Leidensgenossen sind, die niemanden mehr haben, zu dem sie kommen können.

Am 3. Dezember erreichen uns Gerüchte, dass in der Stadt Näherinnen benötigt werden. Sie würden im Ghetto bleiben können und nicht ins Lager geschickt. Viele Frauen suchen so eine Chance auf Rettung, indem sie vorgeben, Näherinnen zu sein, auch wenn sie nicht die geringste Fertigkeit in diesem Handwerk haben. Mehrere Frauen kommen zu mir, um zu lernen, wie man mit einer Nähmaschine umgeht, zuschneidet und näht. – Am selben Tag beginnt in der Mazā Kalna iela die Registrierung der Näherinnen. Als ich eintreffe, stehen bereits 300 oder 400 Frauen in einer langen Schlange an. Nach der Registrierung werden alle nach Hause geschickt, um Proviant für zwei Tage zu holen und sich zu festgesetzter Stunde an derselben Stelle zu versammeln, danach würden sie in die Stadt gebracht.

Als wir mit unseren Bündeln eintreffen, werden wir bereits von den Schutzleuten erwartet. Wir werden in einer Kolonne aufgestellt und ziehen los. Während wir durch die „arische" Stadt marschieren, beobachte ich, dass viele Passanten stehen bleiben und uns mit traurigen Blicken nachsehen. Einige weinen sogar, wischen sich die Tränen ab. Offenbar wussten die Stadtbewohner bereits von dem traurigen Ende der verschleppten Juden.

Wir werden durch die ganze Stadt zum Termingefängnis[36] am Bahnhof Brasa geführt. Nach einem kurzen Aufenthalt im Gefängnishof werden wir auf einen Dachboden gebracht, der völlig überfüllt ist. Dort treffen wir auf Jüdinnen, die schon vor uns aus dem Ghetto hergebracht worden sind. Wir stehen dicht aneinandergedrängt da, hinsetzen kann man sich nur auf die Knie der Nebenstehenden. Die Tür wird geöffnet, und einige weitere Neuankömmlinge werden noch in den Raum geschoben. Es ist derart stickig, dass einige Frauen ohnmächtig werden. Wasser haben wir nicht, und es gelingt uns nur mit Müh' und Not, die Ärmsten wieder zur Besinnung zu bringen.

Bei diesem Luftmangel verbringen wir die Nacht. Von den Wachleuten taucht keiner mehr auf. Wir teilen den mitgebrachten Proviant miteinander, leiden aber schrecklichen Durst. Es scheint, als seien wir eigens hergebracht worden, um gequält zu werden. Am nächsten Tag öffnet sich endlich die Tür, und der Wachtposten fragt:

„Wer möchte in eine Zelle? Es gibt 50 Plätze!"

Viele wollen, auch ich melde mich. Der Wachposten zählt fünfzig Frauen ab und führt uns in eine kleine Gefängniszelle. Die Beengtheit und das Gedränge sind hier nicht geringer als auf dem Dachboden, doch es kommen noch Feuchtigkeit und der kalte Betonfußboden hinzu. Das einzige zugeklebte Fensterchen der Zelle ist vergittert, die Tür verriegelt.

Indem sie auf eine der Sitzenden weist, flüstert mir eine Frau ins Ohr, dass man sich vor ihr besser vorsehen und sich nicht verplappern solle, sie sehe verdächtig aus – die Deutschen werden eine Spionin oder Provokateurin eingeschleust haben.

Diesmal wird die Zelle nicht von einem Schutzmann, sondern von einem gewöhnlichen Gefängniswärter bewacht. Hier bekommen wir ebenfalls weder zu essen noch zu trinken. Pritschen gibt es keine, sondern nur einen einzigen großen Tisch, auf den sich in der Nacht einige von uns zu dritt oder viert dicht nebeneinander zum Schlafen legen. Da der Tisch nicht groß genug ist, verbringen die meisten die Nacht auf dem Fußboden.

Am Morgen betritt ein Aufseher die Zelle und fordert, Meldung zu machen. Wir begreifen überhaupt nicht, was er will, und stellen ihm Fragen. Es folgt eine scharfe Reaktion mit groben Schimpfwörtern. Wir seien „undisziplinierte Jüdinnen", die man erschießen müsse. Nachdem er eine Weile getobt hat, geht er wieder.

Ein zweiter Tag vergeht. Der unerträgliche Zustand setzt uns schwer zu und die Kräfte lassen nach. Wie lange wird sich das noch hinziehen? Jede Stunde, die wir in der dunklen Gefängniszelle verbringen, kommt uns wie eine quälende Ewigkeit vor. Nach einem weiteren halben Tag rasselt plötzlich das Schloss, die Tür wird geöffnet und ein Aufseher befiehlt uns, die Zelle zu verlassen.

Eine Frau fängt vor Angst an zu schreien, dass wir zur Erschießung gebracht werden. Panik bricht aus und die Frauen haben Angst, die Zelle zu verlassen.

Ich glaube nicht, dass man uns jetzt erschießen wird: Um das zu tun, hätten sich die Deutschen nicht so große Mühe mit uns machen müssen. Erschießen hätten sie uns auch früher können. Ich fange an, die aufgeregten Frauen zu beruhigen, und verlasse als Erste die Zelle. Das ermutigt die Übrigen, und die ganze Gruppe kommt heraus und stellt sich auf.

Wir überqueren den Hof, betreten ein Verwaltungsgebäude des Gefängnisses und kommen auf einen breiten Korridor. Hier stehen bereits viele Jüdinnen in einer Schlange. Am Fenster sitzen Deutsche und selektieren – einen Teil der Frauen schicken sie nach rechts, einen Teil nach links. Für die Näharbeiten sind diejenigen bestimmt, die nach rechts geschickt werden. Die Übrigen sollen zurück ins Ghetto gebracht werden.

Als ich an die Reihe komme, zeige ich dem Leiter der Selektierungskommission, einem deutschen Offizier, mein Zuschneiderinnendiplom, doch er schickt mich nach links, ohne überhaupt einen Blick darauf geworfen zu haben. Ich versuche ihm noch zu erklären, dass ich eine langjährige und erfahrene Schneiderin sei und jeglichen Auftrag ausführen könne, doch umsonst – er hört gar nicht hin und wendet sich der Nächsten zu. Bald darauf werden wir, die „Linken“, zurück ins Ghetto gebracht. Das war am 5. Dezember.

Im Ghetto herrscht weiterhin ungewöhnliche Stille. Das ist so merkwürdig! Auf den Straßen wenige Menschen, die Fensterläden alle geschlossen, ohne Not geht niemand aus dem Haus. Ich freue mich, Sonja wiederzutreffen, wir unterhalten uns stundenlang. Einige Männer aus dem Kleinen Ghetto sind zu ihren Familien zurückgekehrt. Sie holen Wasser aus dem Brunnen, hacken Brennholz, wechseln gelegentlich ein Wort mit einem Passanten. Still und friedlich vergehen zwei weitere Tage.

Die zweite Aktion

Es ist Sonntag, der 7. Dezember. Um vier Uhr nachmittags eilt eine Nachricht durch das Ghetto wie ein wütender Wirbelsturm: Heute Abend werden alle, die noch übrig sind, fortgebracht. Die arbeitsfähigen Männer müssen ins Kleine Ghetto zurückkehren, die übrigen haben mit ihrem Gepäck reisefertig zu sein.

Wieder Angst und Erschütterung, Panik bricht aus. Wieder verabschieden sich die Leute von ihren Angehörigen, weinen und klagen. Männer geben ihren Familien den Rat, unterwegs zusammenzubleiben, einander zu helfen, weniger Gepäck mitzunehmen und um Gottes Willen in der Kolonne zu marschieren und das Marschtempo durchzuhalten. Ebenso wie am Vorabend der ersten „Umsiedlung“ betäubt der Lärm von Schüssen die Ghettobewohner, offenbar um sie einzuschüchtern.

Es ist sechs Uhr abends und schon dunkel. Die Befehle von Selbstschutzleuten ertönen: Alle raus aus den Häusern! Hastig schnappen wir uns die vorbereiteten Rucksäcke und eilen auf die Straße. Lettische Polizisten schreien, drohen und schubsen uns, wobei sie befehlen, uns in Fünferreihen zu einer Kolonne aufzustellen. Ich weiß bereits, was danach passieren wird. Es gibt nur einen einzigen Unterschied – diesmal stehe ich selbst in der Kolonne und sehe nicht nur zu. Ich fasse nach der Hand von Sonjas kleinem Töchterchen. An der einen Hand hat Sonja ihre Tochter, an der anderen ihr greises Mütterchen. So stehen wir etwa eine Stunde lang da, ohne uns zu rühren.

Gut, dass der Frost nachgelassen hat, es ist nicht mehr ganz so fürchterlich kalt. Ein Schutzmann verkündet, dass Mütter mit kleinen Kindern und alte Leute mit Schlitten gefahren werden, sie sollen sich in einer gesonderten Kolonne aufstellen. Meine Freundin, ihre Mutter und Schwiegermutter beschließen zu fahren. Schweren Herzens und mit fürchterlichen Vorahnungen verabschieden wir uns voneinander. Ich schärfe ihnen noch ein, immer zusammenzubleiben und einander keinesfalls aus den Augen zu lassen.

Wir, die in der Kolonne Gebliebenen, werden nun ohne Gnade wie Vieh vorwärtsgetrieben – unter Peitschenschlägen und gelegentlichen Schüssen. Eilig marschieren wir die Ludzas iela hinunter. Dann lässt man die Kolonne in die Līksnas iela einbiegen, und wir werden in ein großes, dreigeschossiges Gebäude getrieben. Das Haus ist überfüllt, die Menschen stehen dicht aneinandergedrängt da. So bleiben wir die ganze Nacht stehen, wobei wir fürchten einzuschlafen. Wenn jemand umfällt, könnte ihn die Menge zertrampeln.

Am frühen Morgen des 8. Dezember hören wir die von Schutzleuten gebrüllten Befehle, dass alle aus dem Haus kommen sollen. In diesem Augenblick geht ein Beben durch die ganze Menge, sie setzt sich in Bewegung und beginnt auf die Straße hinauszuströmen. An der Tür stehen zwei Schutzleute und fordern, die Wertgegenstände herauszugeben. Eine Frau zieht vor Angst ihren Ring vom Finger, gibt Ketten und Geld ab. Der größte Teil der Juden ignoriert die Forderung der Schutzleute und zwängt sich an ihnen vorbei. Dieser illegale Raub geschieht ohne Wissen der SS-Vorgesetzten.

Wir sind wieder auf der Straße. Wie gut es tut, frische Luft zu atmen! Draußen ist es noch dunkel. An der Ecke Līksnas und Ludzas iela steht ein Deutscher mit einem Holzknüppel und befiehlt, alles Gepäck auf einen Haufen zu werfen. Es gibt bereits mehrere solcher Haufen. Auch ich entledige mich meines Gepäcks … Das ganze Planen, Packen und Vorbereiten war vollkommen sinnlos. Es war ein Täuschungsmanöver. Unser Schicksal ist entschieden – wir werden vernichtet, geopfert auf dem Altar des gewaltigen Deutschlands … Diese Vorahnung habe ich schon lange aufgrund des zuvor Erlebten gehabt, wollte ihr aber keinen Glauben schenken.

Eine junge Mutter mit ihrem Säugling bittet einen Deutschen, er möge ihr erlauben, ihren Rucksack zu behalten. Sie erklärt, darin sei Nahrung für ihr Kind.

„Dort werdet ihr alle aus einem Kessel fressen!“, herrscht der Deutsche sie an, reißt ihr den Rucksack aus den Händen und treibt sie mit dem Knüppel zu den Übrigen.

Wir werden in Richtung des Alten Jüdischen Friedhofs geführt, an beiden Seiten bewachen bewaffnete Schutzleute die Kolonne.

Brüllend verlangen sie, dass wir diszipliniert und schnell in Reihen marschieren. Es ist noch dunkel und fürchterlich glatt. Viele fallen hin, die neben ihnen Gehenden richten sie sogleich wieder auf, befürchtend, dass man wie vor einer Woche anfangen könnte, auf sie zu schießen. Hinter der Kolonne bleiben die Hingefallenen auf dem Weg zurück, vorwiegend Kinder, die wegen dieses irrsinnigen Tempos in der Dunkelheit zertrampelt wurden. Aber die Schutzleute brüllen nur und treiben an: „Schneller! Schneller! Sonst schießen wir!", und bringen gnadenlos ihre Knüppel zum Einsatz.

Besonders blutig ist der Wegabschnitt am Friedhof entlang und die vereiste, abschüssige Žīdu iela bzw. Judenstraße hinunter bis zur Maskavas iela.

Wir werden fast rennend über die breite Maskavas iela vorwärtsgetrieben. Es beginnt zu dämmern. Die ersten Straßenbahnen und Passanten tauchen auf.

„Wie weit ist es noch?", frage ich einen neben mir gehenden Schutzmann.

„Noch sieben Kilometer", stößt er zwischen den Zähnen hervor.

Hinter der *Kvadrāts*-Fabrik[37] biegt unsere Kolonne nach links in Richtung des Rangierbahnhofs Šķirotava ab und kurz darauf nach rechts in Richtung Rumbula. Beim Abbiegen werfe ich kurz einen Blick auf die Kolonne. Sie ist unglaublich lang: Während ihre Spitze bereits bei Rumbula im Wald verschwunden ist, strömt noch immer ein unendlicher Menschenfluss die Maskavas iela entlang.

Als wir uns dem Wald nähern, ist deutlich der Lärm von Schüssen zu hören. Was tun? Von allen Seiten sind wir von bewaffneten Polizisten und Schutzleuten umzingelt. Der Wald wird von deutschen SS-Leuten bewacht. Wir sind verloren! Die Menschen werden von Entsetzen gepackt.

Unsere Reihe taucht mit dem Menschenstrom in den Wald ein. Am Eingang steht ein großer Holzkasten und daneben ein untersetzter deutscher SS-Mann mit einem Knüppel in der Hand – er befiehlt, alle Wertgegenstände abzugeben. In den Kasten fallen goldene Ringe, Ohrringe, Armreifen, Uhren, Geld. Alles geschieht in Eile, wir werden weitergetrieben. Am nächsten Punkt befiehlt ein lettischer Schutzmann, alle Mäntel auszuziehen und auf einen Haufen zu werfen, der bereits einem Berg gleicht.

Fieberhaft durchrast mich nur ein einziger Gedanke: Was tun, um mich zu retten? Ein unbändiger Überlebenswillen packt mich. Ich verlasse die Reihe und laufe zu einem Schutzmann:

„Schauen Sie, ich bin eine Spezialistin, eine Schneiderin, ich kann sehr nützlich sein, hier ist mein Diplom“, sage ich und zeige ihm meine Papiere.

„Geh' zu Stalin mit deinem Diplom!“, brüllt mich der Schutzmann an und schlägt mit aller Wucht mit der Faust auf meine Hand. Von dem Schlag fliegt mein Päckchen Papiere in alle Richtungen – der Pass, das Diplom …

Ich ziehe den Mantel aus und werfe ihn auf den Haufen. Die Selbstschutzleute treiben uns weiter. Mich erfasst eine so grenzenlose Angst und Kopflosigkeit, dass ich anfange mir die Haare auszureißen und hysterisch zu schreien, um den Lärm der Schüsse nicht hören zu müssen. Die Menschen neben mir sind empört, aber ich kann mich einfach nicht beherrschen. Ich beginne, den Verstand zu verlieren.

Ein weiterer Kleiderberg. Dort wird befohlen, sich bis auf die Unterwäsche zu entkleiden. Ich trage drei Schichten Unterwäsche und über dem Kleid ein weißes Nachthemd. Ich werfe mich auf den Kleiderhaufen und versuche, mich darin zu verstecken, erhalte aber sofort einen schmerzhaften Schlag auf den Rücken.

„Steh' sofort auf und zieh' dich aus!“

„Ich bin schon ganz ausgezogen“, antworte ich dem Schutzmann weinend, „ich habe nur ein Nachthemd an.“

„Dann geh' weiter und mach' kein Theater!“

Ich gehe weiter, schreie wieder und raufe mir die Haare, ohne zu fühlen, dass ich sie mir büschelweise ausreiße.

Ein anderer Schutzmann fängt an mich zu beschimpfen, weshalb ich noch nicht ausgezogen sei, doch im selben Moment kommt aus der Kolonne halbnackter Menschen eine weinende Frau zu ihm gerannt und sagt:

„Mein Mann ist Lette, sehen Sie, dieser Schutzmann dort kennt ihn gut", und zeigt mit der Hand auf einen Wachposten. „Weshalb muss ich sterben?!"

Ich nutze den Moment, da der Schutzmann durch das Gespräch mit der Frau abgelenkt ist, indem ich mich mit dem Gesicht nach unten zu Boden werfe und reglos wie tot im Schnee liegen bleibe. Kurz darauf höre ich, wie in der Nähe Zwei auf Lettisch miteinander reden:

„Was liegt da?"

„Ist sicher tot", antwortet der andere.

‚So', denke ich, ‚jetzt werde ich weggezerrt und in die Grube geworfen.' Ich bleibe stumm und starr wie ein Stein. Dann höre ich wieder die Stimmen der Schutzleute:

„Schneller! Schneller!"

Ich spüre das ununterbrochene Dröhnen von Schritten. Die Menschen laufen und laufen … ins Grab hinein. Eine Frau eilt jammernd an mir vorüber: „Oh weh, oh weh!", und wirft einen Gegenstand auf meinen Rücken, dann einen zweiten. Immer mehr prasseln auf mich herab. Mir ist klar, dass es Schuhe sind, weil sie paarweise geworfen werden. Bald bin ich von einem Berg aus Stiefeln, Filzstiefeln und Schuhen bedeckt. Die Last ist schwer, aber ich darf mich nicht rühren. Immer noch höre ich, was ringsumher geschieht – der Boden dröhnt von eiligen Schritten, es erklingen Rufe im Angesicht des Todes:

„Schma Jisrael![38]", schreit ein alter Mann tränenerstickt das Gebet heraus.

„Ihr Unmenschen, erlaubt wenigstens den Kindern angezogen zu bleiben, es ist doch kalt!"

Peitschenschläge sind zu hören.

„Ich sterbe für Deutschland!", ruft eine Frau auf Deutsch, vermutlich ein jüdischer Flüchtling aus Deutschland.

„Dann lieber den Tod als ein solches Leben!"

„Erlauben Sie mir, auf meine Angehörigen zu warten und mich von ihnen vor dem Sterben zu verabschieden!", höre ich die Stimme einer älteren Frau flehen.

Die Menschen weinen bitterlich, verabschieden sich voneinander, Tausende rennen in den Tod …

Die Waffen dröhnen unablässig,[39] die Schutzleute hören nicht auf, zur Eile anzutreiben: „Schneller! Schneller!", wobei sie mit Gummiknüppeln und Peitschen auf die Menschen einprügeln. So geht das über viele Stunden. Schließlich lassen Schreie und Klagen nach, das Dröhnen der Schritte hört auf und der Lärm der Schüsse verstummt. Ich höre, wie in der Nähe geschaufelt wird. Wahrscheinlich vergraben sie die Erschossenen. Die Arbeiter werden auf Russisch zur Eile angetrieben. Wahrscheinlich wurden sowjetische Kriegsgefangene hergetrieben, um diese Arbeit zu verrichten. Später werden sicher auch sie erschossen.

Der Stiefelberg erdrückt mich fast, der ganze Körper ist taub vor Kälte und Reglosigkeit, doch ich bin bei vollem Bewusstsein. Der Schnee unter mir ist von meiner Körperwärme geschmolzen, ich liege in einer Pfütze.

Plötzlich erklingen ganz nah Stimmen auf Lettisch:

„Rauchen wir eine!"

„Das war perfekte Arbeit!"

„Sie haben Erfahrung."

„Hoffentlich bekommen wir unseren Anteil."

„Die Deutschen haben Vortritt."

„Es reicht für alle."

„Ich bin müde. Ich werde nach Hause gehen."

„Ich auch."

Demnach haben die Schutzleute ihre Arbeit getan und

beginnen sich zu zerstreuen. Kurz darauf höre ich Stimmen auf Deutsch:

„Was suchst du da?"

„Ein Paar Strümpfe für meine Frau."

Eine Weile ist wieder alles still. Plötzlich zerschneidet von der Grube her das Weinen eines Kindes die Stille:

„Mama! Mama!"

Mehrere Schüsse ertönen. Das Weinen des Kindes verstummt. Stille. Jemand verkündet selbstzufrieden auf Deutsch:

„Niemand entkommt lebendig aus unserem Kessel!"

Für längere Zeit tritt Stille ein. Wahrscheinlich ist es bereits Nacht. Wäre es nicht an der Zeit, aus meinem Versteck zu kriechen? Ich habe Angst, mich zu rühren, und beginne, das Geschehene zu überdenken. Ich bin am Leben! Der Allerhöchste hat mich errettet, damit ich sein Zeuge bin – dieses Bewusstsein verlässt mich nicht. Es hilft und gibt Kraft weiterzuleben. Ich war nicht religiös und hatte mich bis dahin nicht wirklich mit Glaubensfragen beschäftigt. Zu den jüdischen Festen pflegte ich in die Synagoge zu gehen und Gebete zu sprechen, doch maß ich dem keine tiefere Bedeutung bei. So war es üblich, und ich hielt unsere Traditionen in Ehren.

Als ich in der kalten Pfütze lag, veränderten sich meine Ansichten hinsichtlich des Glaubens entschieden. Mir war ein Wunder widerfahren! Nach den langen Stunden, die ich bei eisiger Kälte in der Pfütze verbracht hatte, spürte ich eine innere Wärme. Ich muss leben, um anderen das Gesehene zu berichten! Ich muss um mein Leben kämpfen, und der Allerhöchste wird mir helfen!

Ich beginne, langsam unter dem Stiefelhaufen hervorzukrabbeln. Ja, es ist tatsächlich schon dunkel. Ich lausche auf jedes Rascheln, jedes Geräusch. Stille. Ich krieche zu den Kleiderhaufen. Da höre ich: Schritte kommen näher. Im Handumdrehen verstecke ich mich zwischen den Kleidern. Die Schritte werden leiser, bis sie nicht mehr zu hören sind. In der Dunkelheit betaste ich die Kleidungsstücke. Ich finde drei übereinandergezogene Jacken und ziehe sie an. In der Tasche einer Männerhose ertaste ich einen metallischen Gegenstand, wahrscheinlich ein Schmuckstück – nein, das brauche ich nicht. In einer anderen Tasche finde ich drei Stück Würfelzucker, die nehme ich wohl. Außerdem finde ich zwei Wollschals – einen wickele ich mir um den Hals, den anderen um die Hände. So oder so sind die Hände schrecklich kalt. Handschuhe kann ich einfach nicht finden – sie sind wahrscheinlich zusammen mit den Mänteln weggeworfen worden. Dorthin zu kriechen fürchte ich mich, ich werde auch ohne Mantel und Handschuhe irgendwie zurechtkommen. Mein weißes Nachthemd ziehe ich über die Jacken, es wird mir im Schnee zur Tarnung dienen. Wie ein Tier auf der Pirsch krieche ich vorsichtig tiefer in den Wald. Wieder ertönen Schritte. Ich stelle mich hinter einen Baum und warte, bis sie verstummt sind. Die Schritte entfernen sich, in der Ferne sind Schüsse zu hören. Wieder Stille. Ich krieche aus dem Wald. Wohin soll ich jetzt gehen? Vielleicht sind die Deutschen überall? Werde ich es schaffen weiterzukommen?

Auf der Flucht. Familie Bērziņš

In der Ferne sehe ich kleine Lichter schimmern – wahrscheinlich die Eisenbahnsignale beim Bahnhof Šķirotava. ‚Ich muss mich vom Bahnhof fernhalten', überlege ich im Stillen. In der Dunkelheit sind undeutlich die Silhouetten von verstreuten Gehöften zu erkennen, Hundegebell ist zu hören – also wohnen Bauern in der Nähe. Geduckt gehe ich in Richtung der Häuser. Endlich bin ich an einem kleinen Häuschen angelangt.

Im Hof steht ein Schuppen, ich schlüpfe hinein und schaue durch die Ritzen zwischen den Brettern, ob sich jemand nähert. An mir läuft Wasser herab – die am Kleid festgefrorenen Eisstückchen schmelzen. Ich setze mich hin und entspanne mich ein wenig nach dem durchlebten Albtraum, der mir wie eine Ewigkeit vorkommt. Übermüdet und ausgehungert, aber ich lebe!

Unmerklich bin ich eingeschlafen und habe einen fürchterlichen Traum: Ich schaue wie durch ein Schlüsselloch und sehe an einem Tisch Stalin in Soldatenuniform sitzen. Plötzlich wird er größer und größer wie in einem Film, doch dann schrumpft er immer weiter zusammen, bis er mit einem Knall zu Boden fällt. Ich erwache und wende meinen Blick wieder dem Haus zu.

Zwei Frauen sind auf die Schwelle getreten, es scheint, als seien sie schon recht alt, aber in der Dunkelheit ist es schwer zu erkennen. Wahrscheinlich bin ich vom Zuschlagen der Tür erwacht. Die eine hat eine Petroleumlampe in der Hand, die andere einen Eimer. Sie gehen in den Stall, wahrscheinlich um Kühe zu melken. Nach einer Weile kommen sie zurück. Jetzt sehe ich deutlich, dass es alte Bauernfrauen sind. Eilig verlasse ich den Schuppen, gehe zu ihnen, werfe mich ihnen zu Füßen, weine und flehe, dass sie mich beschützen und mir helfen, dass sie mich wenigstens drinnen im Stall übernachten lassen. Wegen meines merkwürdigen Aussehens sind die Frauen erschrocken. Sie ahnen, was ich bin. Die Gesichter verwandeln sich, werden kreidebleich, weil die Deutschen überall in der Gegend die Häuser durchsuchen.

„Um Gottes Willen, nur eine einzige Nacht im Stall“, flehe ich.

Schließlich geben sie nach. Ich krieche ins Heu und falle in einen tiefen Schlaf. Am Morgen kommen die beiden Frauen in den Stall, bringen mir Brot und Milch und sehen wohlwollend zu, wie ich esse.

„Ich weiß nicht, wie ich Ihnen danken soll!", sage ich zu ihnen, „Sie haben mir das Leben gerettet! Ich wäre keinen Schritt weitergekommen!"

Ich bedanke mich herzlich, bitte sie, ob ich noch eine weitere Nacht im Stall bleiben dürfe, und biete ihnen an, in der Wirtschaft zu helfen und Näharbeiten zu verrichten. Schweigend ziehen sie sich zurück – sie wollen es sich überlegen und sich besprechen. Gegen vier Uhr oder fünf Uhr nachmittags kommen die Großmütterchen aufgeregt in den Stall geeilt und sagen, dass ich nicht länger bleiben könne – überall in der Gegend werden die Häuser durchsucht, und sie haben Angst.

„Ich verstehe", antworte ich den freundlichen Frauen. „Können Sie mir einen Rat geben, wohin ich gehen soll?"

„Vielleicht dorthin", sie zeigen zu einem Einsiedlerhof in der Ferne und reichen mir Butterbrote für unterwegs. „Es tut uns sehr leid."

„Möge Gott Sie für ihr gutes Herz belohnen", danke ich ihnen noch einmal und verabschiede mich.

Nichts zu machen, ich muss gehen. Es wird schon dunkel. Einen Pfad entlanglaufend, sehe ich einen etwa fünfzehnjährigen Jungen an einen Baum gelehnt dastehen. Er ist gut gekleidet, sein grauer Mantel hat einen Pelzkragen. Als er mich bemerkt, kommt er auf mich zu und spricht mich auf Lettisch an. Offensichtlich denkt er, ich sei eine Bäuerin aus der Gegend.

„Liebes Tantchen, können Sie mir nicht helfen, ich habe keine Unterkunft und nichts zu essen."

„Woher kommst du?", frage ich ihn.

Er beginnt zu erzählen, dass er aus purem Zufall der Judenerschießung im Wald entgangen sei. Mir ist alles klar. Er glaubt, ich sei eine Lettin. Das Herz krampft sich mir zusammen. ‚Du unglücklicher Junge, wie sollte ich dir helfen können?', denke ich im Stillen. ‚Zu zweit wird es noch schwerer sein, sich zu retten.'

„Leider kann ich dir nicht helfen, aber nimm und iss das hier, es ist alles, was ich habe“, und gebe ihm meine Butterbrote.

Die Nacht ist nicht kalt. Ich gehe in Richtung des bezeichneten Hauses. Erreiche es und klopfe an. Ein junger, hochgewachsener Mann macht auf. Aus der Stube weht mir Wärme und der Duft eines Bauernhauses entgegen. Auf dem Fußboden spielen kleine Kinder, auf Bänken sitzen einige Erwachsene. Erschrockene Blicke wenden sich mir zu. Einen Augenblick lang herrscht gespannte Stille, dann erhebt sich eine junge Frau und kommt auf mich zu. Noch bevor ich um etwas bitten kann – um Essen oder die Möglichkeit, mich aufzuwärmen –, schreit sie mich entrüstet an:

„Verschwinde!“, und schlägt mir mit aller Kraft die Tür vor der Nase zu.

Es ist jetzt völlig dunkel, der Weg ist kaum zu erkennen. Ich irre über Felder, Senken, Moraste. Stolpere in einen von einer Schneewehe verdeckten Graben, in dem Wasser steht. Jeder Schritt bereitet mir Qualen, meine Kräfte sind erschöpft. Ich gehe in Richtung eines in der Ferne sichtbaren Lichts, es ist ein weiterer Einsiedlerhof.

Als ich das Haus erreicht habe, klopfe ich an …

„Bitte, helfen sie mir!“, ist alles, was ich hervorbringen kann.

Die Antwort ist nicht besser als die vorige:

„Verschwinde im Guten, du hast Glück, dass du nicht den Nachbarn in die Hände gefallen bist! Da drüben würden sie dich sofort festhalten und hinbringen, wo du hingehörst!“

Ich stolpere weiter. Vollkommen übermüdet, bekomme ich kaum einen Fuß vor den anderen – ich gehe nicht, sondern schleppe mich. Abgequält, vollkommen entkräftet taumele ich bis zu einem Haus, krauche mit letzter Kraft die Stufen zur Haustür empor und klopfe an. Ein Mann in mittleren Jahren kommt heraus. Während ich ihn bitte, mich auf dem Hof übernachten zu lassen, tritt eine ältere Frau zu uns. Als sie mich erblickt, wird sie ohnmächtig. Der Mann eilt in die Stube, um ein Riechfläschchen zu holen. Währenddessen krieche ich wie ein Hündchen ins Haus und kauere mich hinter einer Tischlerbank in die Ecke.

Bald darauf kommt der Hausherr zu mir und sagt verzweifelt:

„Was machen Sie da? Sie laufen mitten in der Nacht durch die Gegend und erschrecken die Menschen zu Tode!"

„Sehen Sie das nicht? Ich kämpfe ums Überleben! Ich bin kurz davor zusammenzubrechen, bitte erlauben Sie mir, hier zu übernachten!"

„Ich bitte Sie, gehen Sie, Sie dürfen nicht bei uns bleiben, Sie gefährden das Leben meiner ganzen Familie!"

„Ich flehe Sie an, nur für eine einzige Nacht! Niemand wird mich bemerken", versuche ich ihn zu überzeugen. „Gott wird Ihnen Ihre Güte vergelten."

Der Hausherr antwortet nach kurzem Zögern:

„Gut, bleiben Sie bis zum Morgen, aber im Haus ist es mir zu gefährlich, gehen Sie in den Hof, da ist ein großer Heuschober, verstecken Sie sich dort, dafür trage ich keine Verantwortung."

Ich trete auf den Hof hinaus. Tatsächlich steht dort auf vier glatten Stangen ein großer Heuschober. Ich kann bis heute nicht begreifen, wie ich derart erschöpft und gepeinigt genug Kraft hatte, an der glatten Stange emporzuklettern.

Die schrecklichen Szenen des Massakers verfolgen mich und die Erinnerung will nicht weichen, in meinen Ohren klingen Schreie und Klagen, das endlose Dröhnen der Schritte … Ringsum herrscht Grabesstille, man hört nicht das geringste Geräusch. Ich atme – also lebe ich. Mir kommt es vor, als ob ich verrückt werde und den Verstand verliere.

Gegen Morgen kommt der Hauseigentümer mit seinem Hund aus dem Haus. Der Hund kommt zum Heuschober gelaufen und bellt laut. Der Wirt ruft mich, aber ich tue so, als würde ich nichts hören. Der Hund bellt immer lauter. Der Mann wird ungehalten und sagt mit drohend erhobener Stimme: „Komm runter, sonst gibt es Ärger!“

Nichts zu machen – ich klettere hinunter. Der Bauer verlangt, dass ich unverzüglich gehe, ich dürfe mich hier keinen Augenblick länger aufhalten. Ich danke ihm, mache mich auf den Weg und denke: ‚Vielleicht sollte ich nach Riga gehen, in der Stadt habe ich viele lettische Bekannte – sollte mir wirklich keiner von ihnen helfen? Werden auch sie mich verjagen wie die Leute hier auf dem Land?‘

Die Sonne scheint, weißer, funkelnder Schnee bedeckt die Felder, dass die Augen geblendet werden. Hier und da sind die Spuren von Wildtieren und Vögeln zu sehen. In der Ferne bemerke ich zwei Gestalten, die mir entgegenkommen. Es sind ein Bauer und ein kleiner Junge.

„Wie kommt man von hier aus in die Stadt?“, frage ich sie, als wir aufeinandertreffen.

Sie bleiben stehen und der Mann mustert mich verängstigt, ohne die Augen von meiner merkwürdigen Kleidung zu lassen: Obwohl Winter ist, trage ich keinen Mantel, sondern mehrere verschiedenfarbige Jacken, um die Hände sind Tücher gewickelt – er sieht mich an, als wäre ich ein Stachelschwein. Bloß gut, dass ich das Nachthemd ausgezogen habe.

„Keine Angst, ich werde dich nicht verraten“, sagt er endlich, als er begriffen hat, was Sache ist. „Aber in Riga hast du nichts verloren – da werden an jeder Ecke die Papiere überprüft, sie werden dich sofort festnehmen.“

Sie gehen weiter. Also gibt es keine Rettung. Aber ich will so gerne leben! Vielleicht sind dies meine letzten Schritte? Ich darf nicht sterben! Ich muss Zeugin sein. Allmächtiger Gott, hilf mir zu überleben! Ich verspreche, alles zu berichten, was ich gesehen habe. Es darf nicht verschwiegen werden.

Ich bin verzweifelt, führe Selbstgespräche, bete zu Gott …

Dann atme ich die kalte, frische Luft wie neuen Lebensodem tief ein und muntere mich selber auf – ich werde um mein Leben kämpfen! Sogar wenn man mich wie einen Regenwurm in Stücke hackt – jedes einzelne Stück wird schreien: Ich will leben! Ich beschließe, bis zum letzten Atemzug zu kämpfen. Eine Gelegenheit, in die Grube zu fahren, gibt es immer. Ich will noch bei ein paar weiteren Häusern versuchen unterzukommen.

Nicht weit vom Weg entfernt erhebt sich ein weißes Haus, es gehört wahrscheinlich wohlhabenden Leuten. Zu so einem zu gehen, hat keinen Sinn – es ist gefährlich. Ärmere Leute haben mehr Mitleid, sie sind gutherziger und verständnisvoller.

Etwa nach einer Stunde mache ich etwas weiter entfernt auf einem Feld ein einsames, dunkles Häuschen aus. Ich gehe näher, schaue ins Fenster. Ja, es ist bewohnt. Ich klopfe an. Ein älterer Mann kommt vor die Tür.

„Bitte, erlauben Sie mir, mich drinnen aufzuwärmen!" Ich sehe, dass in der Stube der Ofen eingeheizt wird.

„Bitte, tritt ein!", antwortet der Mann wohlwollend und fordert mich auf, mich an den Ofen zu setzen.

Der grauhaarige Mann holt mir einen Stuhl und erkundigt sich, wohin ich unterwegs bin. Eine solche Freundlichkeit habe ich lange nicht mehr erlebt. Ich breche zusammen und weine. Zwischen dem Geschniefe erzähle ich ihm meine Geschichte. Er hört mich mitfühlend an, entsetzt über den geschehenen Massenmord.

„Du bist sicher sehr hungrig", erkundigt sich der alte Mann, als ich mich beruhigt habe.

Er bringt Räucherfleisch, Brot und Käse. Ich beginne mit großem Appetit zu essen, bis der Bauer irgendwann zu mir sagt:

„Iss lieber nicht so viel auf einmal – sonst wird dir noch schlecht!"

Er richtet mir ein Versteck hinter einem Stapel Bretter ein, die für den Bau eines Neubaus aufgeschichtet sind, und erklärt, er würde zu seinem Sohn und der Schwiegertochter gehen, damit sie mir helfen. Ich falle in tiefen Schlaf.

„Steh' auf, steh' auf!", weckt mich plötzlich die Stimme eines jungen Mannes, der mich sachte rüttelt. „Es ist zu gefährlich, im Haus zu schlafen, wir zeigen dir einen sicheren Platz."

„Bērziņš!", stellt er sich mir vor.

Er ist der Sohn des alten Herrn. Seine Frau steht neben ihm und sieht mich an. Offenbar wissen sie schon alles über mich. Ich falle der jungen Frau um den Hals und breche in Tränen aus. Sie alle weinen mit mir zusammen. Ich bin überzeugt, dass es wirklich gute Menschen sind.

Alle gemeinsam essen wir wieder etwas, und die Bērziņš' weisen mir einen Platz zum Übernachten auf dem Heuboden der Scheune an:

„Hier ist es sicherer. Schlüpf' ins Heu, dort hast du es warm und bist in Sicherheit."

Sie sagen, ich solle nicht erschrecken, wenn noch jemand kommt – dort verstecken sich auch russische Kriegsgefangene. In der Nacht richtet sich tatsächlich jemand leise auf dem Heuboden ein, bemerkt mich jedoch nicht, weil ich mich tief ins Heu eingraben habe. So vergeht eine ganze Woche. Meine Retter, die Bērziņš', besuchen mich jeden Morgen, bringen mir Essen und Wasser für den ganzen Tag. Sie machen mich auch mit der alten Mutter Bērziņš bekannt.

Unterdessen ist eine Anordnung herausgegeben worden, dass jeder Bauer auf dem Land für jegliche Person verantwortlich ist, die sich in seinem Haus und auf dem ihm gehörenden Gelände befindet. Für das Verstecken fremder Menschen droht die Todesstrafe. Also muss ich meine wunderbaren Freunde verlassen. Sie sind bekümmert über diese Wendung, aber ich beruhige sie, indem ich sage, dass sie sehr viel für mich getan hätten und dass Menschen wie sie eine große Seltenheit in dieser Gegend seien. Die Bērziņš' geben mir einen Mantel, Fäustlinge und ein großes Bauernwolltuch, das ich mir um den Kopf schlagen kann, damit mein Gesicht nicht zu erkennen ist. Als ich schon am Tor bin, fügen sie noch hinzu, ich solle zu Besuch kommen, wenn sich die Zeiten ändern.

Ich mache mich auf den Weg, weiß aber nicht, wohin. Ich kehre in den Wald zurück. Es hat geschneit, und das Gehen durch den tiefen Schnee ist sehr anstrengend. Außerdem wird es schon dunkel. Ich beschließe, auf einen Baum zu klettern und dort die Nacht zu verbringen. Zwei dicke Äste, die V-förmig zusammengewachsen sind, dienen mir ausgezeichnet als Bett. ‚Wenn ich einschlafe, kann es sein, dass ich nicht wieder aufwache', überlege ich, ‚doch das wäre die Lösung für alle meine Probleme.' Ich kämpfe bis zum Letzten gegen den Schlaf an, kann aber nicht widerstehen.

Als ich erwache, bin ich derart durchgefroren, dass ich weder Arme noch Beine spüren kann. Ich fange an, mir auf die Knie zu schlagen, den Körper zu zwicken, den Kopf hin und her zu drehen. Ich klettere vom Baum herunter und laufe hin und her, bis ich mich einigermaßen aufgewärmt habe. Ich versuche, nicht aufzugeben, und zwinge mich mit aller Kraft, den Rest der Nacht durchzuhalten.

Am Morgen bemerke ich zwei Frauen, eine junge und eine ältere. Sie kommen mit einem Schlitten in den Wald, um Brennholz zu holen. Die Frauen nähern sich mir. Es stellt sich heraus, dass es meine Gönnerinnen sind – die alte Mutter Bērziņš und ihre Schwiegertochter. Ich erzähle ihnen, wie ich die Nacht verbracht habe und dass ich halb erfroren bin. Mutter Bērziņš holt eine Thermosflasche aus dem Korb und schenkt mir heißen Tee ein, damit ich mich aufwärme. Sie verspricht, mir zu helfen, und sagt, ich solle zu ihnen auf den anderen Hof kommen. Sie, die Eltern der jungen Bērziņš', würden auf der anderen Seite des Waldes wohnen, etwa einen Kilometer vom Haus des Sohnes entfernt. Verwechseln könne man es nicht – dort gebe es nur ein einziges Haus. Mutter Bērziņš schärft mir ein, erst nach Einbruch der Dunkelheit zu kommen. Nachdem sie mir zum Abschied zugewunken haben, gehen sie fort.

Ich stapfe durch den verschneiten Wald in die bezeichnete Richtung. Mich beunruhigen die Spuren, die ich im Schnee hinterlasse und die mich verraten könnten. Plötzlich endet der Wald, und vor mir erstreckt sich ein weißes Feld. Als es dunkel wird, stapfe ich bis zu dem einzigen Haus, das auf einem Hügel steht, und klopfe an. Die Bērziņš-Eltern erwarten mich bereits. Sie wohnen im Obergeschoss, praktisch auf dem Dachboden.

Als ich in die Stube trete, spüre ich eine ganz ungewohnte Wärme – weniger eine körperliche als die Gutherzigkeit und Menschlichkeit dieser mutigen Leute.

Gänzlich begreifen kann ich mein Glück noch nicht. Wie im Traum komme ich mir vor – sowohl das, was ich Entsetzliches durchgemacht habe, als auch die wundersame Begegnung mit meinen Rettern. Ich berichte ihnen ausführlich von meinem leidvollen Weg. Als ich den Jungen erwähne, dem ich im Wald am ersten Abend begegnet bin, sind sie sehr betrübt.

„Wäre er zu uns gekommen, dann hätten wir ihn zu Freunden geschickt, die ihn wie einen Sohn aufgenommen hätten."

Das nehme ich mir sehr zu Herzen und bedauere sehr, dass ich mich in jenem Moment nicht entschließen konnte, ihn aufzufordern, gemeinsam mit mir zu gehen, aber wie konnte ich vorhersehen, dass ich gute Menschen treffen würde? Dieser Gedanke nagt bis zum heutigen Tag an mir.

Einige Tage später schaut die Nachbarin aus dem Erdgeschoss bei uns vorbei. Mutter Bērziņš macht uns bekannt, indem sie mich als eine alte Bekannte vorstellt, eine Schneiderin, und erwähnt, dass ich ihrer Tochter doch ein Kleid nähen könne.

„Was für ein Glück!", freut sich die Nachbarin, „meine Tochter braucht tatsächlich gerade ein neues Kleid für die Schule und eine Schürze."

Jetzt habe ich Arbeit, ich wohne bei den alten Bērziņš' und mache Näharbeiten. Gekleidet bin ich wie eine Bäuerin und trage ein weißes Kopftuch, das mein schwarzes Haar verbirgt. Ich bin glücklich, etwas zu tun zu haben – so werden die Gedanken und Sorgen über den gefährlichen Alltag leichter abgelenkt. Zwar mustert mich die Nachbarin ein wenig misstrauisch, aber mein vollkommen akzentfreies Lettisch zerstreut ihre Zweifel allmählich. Als die Arbeit fertig ist, ist die Nachbarin zufrieden, und wir trennen uns als Freundinnen.

Nach all dem Leid lebe ich wieder in menschenwürdigen Verhältnissen! Es tut so gut, sich gebraucht zu fühlen und gleichwertig unter guten Menschen!

Eines Abends hat Mutter Bērziņš schlechte Nachrichten: Der Junge, den ich im Wald getroffen habe, sei erschossen worden. Für kurze Zeit hatte ihn mal der eine, mal der andere Bauer versteckt, doch dann geriet er in ein Haus, wo man ihn zwar aufnahm und ihm zu essen gab, ihn dann aber an die Polizei auslieferte.

Vater Bērziņš kommt ins Zimmer und sieht uns beide weinen. Auch er hat schlechte Neuigkeiten. Im Dorf gegen Gerüchte um, dass in der Gegend eine Jüdin gesehen wurde.

„Das wirst wahrscheinlich du sein, Frida!", sagt er bekümmert.

Es heißt, die Deutschen würden jedes Haus durchsuchen und die Papiere prüfen, ob sich auch niemand dort versteckt, der nicht gemeldet ist. Sie suchen sowjetische Kriegsgefangene und entflohene Juden.

Eine Weile sitzen wir schweigend da, dann fährt der alte Bērziņš fort:

„Jeder, der jemanden versteckt oder ihm hilft, wird mitsamt seiner Familie erschossen – und sein Haus wird dem Erdboden gleichgemacht."

Über die neuen Nachrichten sind die Bērziņš' sehr bedrückt, Angst macht sich breit. Nachts kann ich nicht einschlafen – ich überlege, wohin ich gehen soll. Außer den Bērziņš' habe ich niemanden. Dies ist die letzte Nacht bei ihnen. In aller Frühe stehe ich auf, wasche mich und mache mich zum Aufbruch bereit. Auch die Bērziņš' erwachen, heizen den Ofen ein und bereiten mir ein Frühstück. Mit Tränen in den Augen verabschieden wir uns voneinander, und ich gehe fort, ohne zu wissen wohin. Ohne Sinn und Verstand streiche ich durch den Wald und kehre zum unvollendeten Neubau der jungen Bērziņš' jenseits des Waldes zurück. Im Hof steht der Heuschober, und ich verkrieche mich tief im Heu.

Es herrscht strenger Frost. Die Kälte ist unerträglich, ich zittere am ganzen Leib. Sobald es dämmert, nähere ich mich dem Haus und klopfe an die Tür. Wieder erblicke ich die freundlichen Gesichter der jungen Bērziņš'. Ich bekenne meinen Rettern, dass ich vor ihrem Haus übernachtet habe.

„Ich weiß, dass ich Sie einem ungeheuren Risiko ausgesetzt habe, aber ich wusste nicht, was ich tun sollte – ich war fast zu Tode durchgefroren", versuche ich mich verzweifelt zu rechtfertigen.

„Alles wird gut, Frida! Keiner hat dich gesehen, du bist am Leben, und das ist die Hauptsache!", beruhigt mich die junge Frau Bērziņš und legt mir den Arm um die Schulter.

Sie raten mir, in die Stadt zu gehen – in der Hoffnung, dass es dort leichter sein wird, Zuflucht zu finden. Bei ihnen sei das unmöglich geworden, jeden Augenblick könne eine Durchsuchung stattfinden. Ihr Haus stehe bereits auf der Liste der Verdächtigen, und Gerüchte über sie seien im Umlauf.

„Einige Nachbarn glauben, dass wir Kommunisten sind", erzählt die Hausherrin.

„Das liegt daran, dass mein Bruder sich als Freiwilliger bei der Roten Armee gemeldet hat“, beteiligt sich ihr Mann an unserem Gespräch. „Er wurde gleich in der zweiten Woche nach dem Einmarsch der Deutschen verhaftet. Wir wissen nicht einmal, ob er noch am Leben ist! Die Polizei kann jeden Augenblick bei uns auftauchen.“

Es ist Zeit, sich zu verabschieden. Ich nehme meinen einzigen Reichtum vom Handgelenk – eine Armbanduhr der Marke Moser, die ich vor den Nazis verbergen konnte und bei der Grube nicht in den Kasten geworfen habe, und bitte meine Retter, sie als Beweis meiner Dankbarkeit anzunehmen.

Ich ziehe meinen Mantel an – ein Geschenk der Bērziņš‘, den ich eigens umgearbeitet habe, damit es so aussieht, als ob ich einen Buckel hätte, und wickle mich in das Wolltuch, so dass nur Augen und Nase zu sehen sind. Verwandelt in eine alte Bäuerin, mache ich mich mit einem Korb voll Lebensmittel in der Hand auf den Weg. Der Frost hat zugenommen, und beim Gehen friere ich erbärmlich. Ich halte mich auf dem Pfad, den die Bērziņš‘ mir beschrieben haben. Sehr lange gehe ich so. Die wenigen Passanten, die mir entgegenkommen, schenken mir keinerlei Beachtung. Ich nähere mich der Stadt. Erreiche die Maskavas iela. Plötzlich erblicke ich einen lettischen Schutzmann mit einem Gewehr in der Hand. Vor Angst beginne ich zu zittern wie im Fieber. Etwas weiter steht ein weiterer Schutzmann. Offensichtlich wird das geleerte Ghetto bewacht.

Mit seinen vielen gespenstisch leeren Fensterhöhlen sieht das Ghetto aus, als ob es bitterlich wie ein noch lebendes, aber tödlich verletztes Lebewesen weinen würde. Ich möchte am liebsten lauthals schreien, damit diejenigen, die sich noch im Ghetto befinden, aufwachen und erfahren, was ich gesehen habe, damit sie das Dröhnen der Schritte des Todesmarsches vernehmen, das mir noch immer in den Ohren klingt. Die Unglücklichen – ob sie das Allerschlimmste wohl glauben oder sich überhaupt vorstellen können, was sie erwartet? Mit aller Kraft beherrsche ich mich und gehe weiter – vorbei an dem Schutzmann, vorbei am Ghetto, und nähere mich der Innenstadt.

Untergetaucht in Riga

Wohin soll ich gehen? Vielleicht zum Hauswart – ich habe ihm doch meine Sachen überlassen, es kann ja nicht sein, dass er mir ein Nachtquartier verweigert. Ich erreiche seine Wohnung, stehe vor der Tür und klopfe an. Der Hauswart, Herr Koslowski, öffnet und bittet mich einzutreten: Er hat mich nicht erkannt.

Als ich das Wolltuch zurückschlage, stößt er einen entsetzten Schrei aus, als hätte er ein Gespenst erblickt. Ich versuche ihn auf alle mögliche Weise zu beruhigen, beginne von meinen grauenvollen Erlebnissen zu berichten, wie ich unmittelbar am Rand der Grube der Erschießung entgangen bin und von meiner schwierigen Suche nach Zuflucht. Er ist dermaßen verängstigt, dass er seine Gefühle nicht in den Griff bekommt und nur immer wieder sagt, ich solle so schnell wie möglich wieder gehen.

„Gott verhüte", murmelt er mit bebender Stimme, „wenn mein Schwiegersohn das erfährt, dann wird es böse enden."

Ich rühre mich nicht von der Stelle.

„Ich weiß nicht, wohin", sage ich zu ihm, „ich bitte Sie sehr, verstecken Sie mich irgendwo, sonst muss ich Selbstmord begehen."

Bei diesen Worten zuckt er zusammen, eilt zur Tür, reißt sie auf und schreit:

„Verschwinde zu deinen Lamberts, denen hast du mehr

und bessere Sachen als uns gegeben!", und wirft mich zur Tür hinaus.

Wie vor den Kopf geschlagen stehe ich da und denke: ‚Ja, ich werde es bei den Lamberts versuchen. Ich habe ihnen tatsächlich den größten Teil meiner Habe überlassen und auch die Möbel. Soweit mir bekannt ist, sind sie gottesfürchtige Menschen.'

Auch Frau Lamberte erkennt mich nicht. Doch sobald ich anfange zu sprechen, zeichnet sich Angst auf ihrem Gesicht ab. Sie hat mich an der Stimme erkannt, dem Einzigen, was an mir unverändert geblieben ist.

„Nein, teure Frida!", lehnt sie rundweg ab.

Bei ihrem Sohn und ihrer Tochter würden häufig Deutsche zu Besuch kommen, deshalb dürfe ich auf keinen Fall hierbleiben – die jungen Leute können jeden Augenblick eintreffen.

Zu wem kann ich noch gehen? Im Kopf gehe ich die Namen aller meiner Bekannten durch. Nein, niemand wird mich aufnehmen. Aber warum sollte ich nicht versuchen, zu dem Offizier zu gehen, bei dem ich als Dienstmagd gearbeitet habe? Er hat mich doch als verlässliche Arbeitskraft gelobt. Ein irrsinniger Gedanke, aber ich habe nichts zu verlieren, und irgendwo muss ich die Nacht über unterkommen.

Der Offizier und sein Adjutant wohnen an der Ecke Elizabetes iela und Jumaras iela. Ich beeile mich, denn es ist bereits spät: Es beginnt zu dämmern, bald beginnt die Sperrstunde, und nach sechs Uhr abends darf man nicht mehr auf der Straße sein. Außer Atem nähere ich mich dem Haus, es ist das erste Obergeschoss, der Eingang befindet sich in der Elizabetes iela. Eine Weile stehe ich unentschlossen vor der Tür, dann drücke ich auf den Klingelknopf.

Der Adjutant öffnet, ich falle ihm zu Füßen, erkläre, wer ich bin und bitte, dass er mich über Nacht versteckt, und sei es zwischen der äußeren und der inneren Wohnungstür.

„Meine Dame! Ich fürchte mich sogar, mit ihnen zu reden!“, antwortet er konsterniert. „Hier wohnen doch mehrere SS-Leute, und Sie wissen, was das bedeutet. Verschwinden Sie besser so rasch wie möglich von hier!“

Die Tür wird mir vor der Nase zugeschlagen. Was weiter? Das Haus kann ich nicht verlassen, weil Sperrstunde ist. Ich eile die Treppe hinunter und trete auf den Hof hinaus. Ich sehe einen Keller, die Tür steht offen. Ich schaue mich um und gehe hinein. Unten ist der Hauswart dabei, Wasser abzupumpen, denn der Keller ist überschwemmt. Ich spreche ihn an und bitte ihn, dass er mir erlaubt, im Keller zu übernachten. Ich erzähle ihm, dass alle meine Angehörigen ermordet worden sind. Ich hätte als Einzige überlebt und wisse nicht, wohin.

„Da kann ich leider nicht helfen“, entgegnet er knapp, „ich bin mit Kopf und Kragen für den Keller verantwortlich.“

„Es ist schon spät“, sage ich zum Hauswart, „auf der Straße kann ich mich nicht blicken lassen. Was soll ich tun? Mir bleibt nichts übrig, als mir die Venen zu öffnen!“

„Ich kann dir nicht helfen“, wimmelt er mich ab.

Ich schleppe mich über den Hof zu der Haustür, die auf die Jumaras iela hinausgeht. Stehe da und überlege: ‚Das ist nun mein letzter Gang – es gibt keine Rettung mehr. Auf der Straße werde ich nach ein paar Metern festgenommen und erschossen. Dann ist es schon besser, mir selber die Venen aufzuschneiden.‘ Ich taste nach dem scharfen Messerchen, das die Bērziņš‘ mir mitgegeben haben. Doch just in dem Augenblick, als ich diesen Entschluss gefasst habe, knarrt die Tür, der Hauswart kommt heraus und sagt leise:

„Geh’ rasch ins Treppenhaus! Für die Treppe ist niemand verantwortlich.“

Ich fliege geradezu in den Korridor. Den Hauswart sehe ich nicht mehr. Es wird tatsächlich mein Schutzengel gewesen sein, der die Hand des Todes aufgehalten hat.

Die Treppe führt auf den Dachboden. Leise und geschickt schleiche ich nach oben, gleite an der so bekannten Wohnungstür des Offiziers vorbei. So, ich bin auf dem Dachboden. In der Dunkelheit ertaste ich eine große Kiste voll leerer Flaschen, lasse mich auf ihr nieder und beginne zu überlegen, wie mir geschieht. Nachdem ich ein wenig zu mir gekommen bin, horche ich: In der einen Wohnung wird gesungen und getanzt, man vergnügt sich, wahrscheinlich ist es eine Feier. Bei den Nachbarn dasselbe – es scheint, als würde überall ein einziges, großes Gelage stattfinden. Man hört die Stimmen angeheiterter Menschen enthusiastisch etwas erzählen, gelegentlich werden die Gespräche von lautem Gelächter unterbrochen.

Sobald ich etwas ruhiger werde, tauchen in der Erinnerung die Szenen und Geräusche des Todesmarsches auf: Schreie, Klagen, Peitschenschläge, Schüsse, das Dröhnen der Schritte Tausender Todgeweihter, der Gang dem Sterben entgegen … der mich umgebende Festlärm wirkt wie Salz in offenen Wunden.

Plötzlich höre ich, wie im Stockwerk unter mir eine Wohnungstür geöffnet wird. Zwei Männer treten ins Treppenhaus und kommen direkt zu mir die Treppe herauf. Zu Tode erschrocken sitze ich wie gelähmt auf der Kiste und erwarte, sogleich ergriffen zu werden. Einer von ihnen zündet ein Streichholz an und ruft torkelnd:

„He, wo sind wir denn hier gelandet? Das ist ja der Dachboden, lass uns zurückgehen!"

Sie sind fort. Wieder habe ich Glück gehabt. So sitze ich bis zum Morgen da. Als ich die ersten Schritte im Treppenhaus höre, eile ich hinunter und trete auf die Straße. Den ganzen Tag streife ich durch die Stadt, gegen Abend schleiche ich wieder auf den Dachboden und setze mich auf die Kiste. So geht das mehrere Nächte. Eines Morgens kommt mir ein entsetzlicher Gedanke in den Kopf – der Hauswart könnte mich doch auch verraten! Ich muss aus diesem Treppenhaus verschwinden. Die Lebensmittel, die mir die Bērziņš' mitgegeben haben, gehen zu Ende. Gut, dass sie mir auch Geld für unterwegs gegeben haben.

Ich beginne zu überlegen, bei wem ich noch Hilfe suchen könnte. Vielleicht bei früheren arischen Freunden? ‚Die Familie Mežulis', schießt mir ein Gedanke wie ein Blitzstrahl in den Sinn. ‚Sie waren so gute Menschen, ich werde zu ihnen gehen.' Mit neuer Hoffnung begebe ich mich zu Familie Mežulis in der Šprengu ielā.[40] Ich klopfe an die Tür, sie lassen mich ein, erkennen mich aber im ersten Augenblick nicht. Sobald ich anfange zu sprechen, erinnern sich die Mežulis' an mich, nehmen mich freundlich auf, hören mich an und geben mir zu essen. In der Ulmanis-Ära war Herr Mežulis Offizier, jetzt ist er Hausverwalter. Er verrät mir, dass es in der Ģertrūdes iela eine leer stehende Wohnung gibt und das Türschloss dort so beschaffen sei, dass man es mit der Spitze eines ganz gewöhnlichen Messers öffnen könne. Nachdem ich die genaue Adresse erfahren habe, mache ich mich glücklich dorthin auf den Weg. Ich stehe vor dem bezeichneten Haus. Indem ich darauf achte, von niemandem gesehen zu werden, taste ich mich zur Wohnungstür vor und versuche, das Schloss zu öffnen. Plötzlich höre ich, dass jemand eine Wohnung verlässt. Ich pralle zurück, gehe die Treppe weiter hinauf. Als alles wieder still ist, versuche ich es nochmals, so wie Herr Mežulis es mir gezeigt hat, aber ohne Erfolg. Die ganze Zeit verlässt oder betritt jemand mal die eine, mal die andere Wohnung, und ich muss wie ein Dieb augenblicklich verschwinden. Alle Versuche, die Tür zu öffnen, scheitern.

Ich gehe zurück zu den Mežuļis' und berichte von meinem Misserfolg.

„Nicht so schlimm", sagt er, „ich habe noch eine andere leere Wohnung, ebenfalls in der Ģertrūdes iela, an der Kreuzung

Avotu iela[41]. Es ist ein kleines Holzhaus, aber im Obergeschoss gibt es noch andere Mieter, dort musst du ganz besonders leise sein."

Wieder freue ich mich, dass sich alles zum Guten wendet und ich doch einen Platz haben werde, wo ich unterschlüpfen kann. Unverzüglich begebe ich mich zur genannten Adresse. Das Haus befindet sich weit hinten im Hof – es ist ein altes, zweigeschossiges Holzgebäude. Leise steige ich die Treppe hoch.

Die Wohnungstür ist tatsächlich unverschlossen, wie Herr Mežulis gesagt hat. Das wird die richtige Wohnung sein. Sie ist leer, nichts zeugt davon, dass hier jemand wohnen würde.

Juden haben hier gewohnt: Am Türpfosten ist noch die Mesusa[42] befestigt. Die meisten Fensterscheiben sind eingeschlagen, der Wind pfeift durch alle Ritzen, es ist genauso kalt wie draußen, die Wasserleitung ist eingefroren, eine Toilette gibt es in der Wohnung nicht, und es ist überall fürchterlich schmutzig. Und trotzdem ist es ein Obdach, ich bin froh, dass ich ein Dach über dem Kopf habe, einen Platz, wo ich übernachten kann.

Ich hole eine alte Zeitung aus meinem Korb, breite sie aus und setze mich auf den Fußboden. In der Wohnung gibt es weder Tisch noch Stuhl – rein gar nichts, außer einer Sardinenbüchse, in der gefrorenes Wasser ist. Ich sitze da und überdenke das Leben. Sowie ich die Augen schließe, sehe ich meine Angehörigen und Freunde vor mir, die Szenen, die für alle Zeiten in mein Bewusstsein eingebrannt sind.

‚Ich muss überleben und Zeugin werden! Ich darf nicht aufgeben! Vielleicht ist der Krieg bald aus? Ich muss durchhalten, muss kämpfen, darf nicht den Mut verlieren, die Hauptsache ist, die kalte Jahreszeit auszuhalten!', versuche ich mich aufzumuntern. Ich sitze da und bewege Arme, Kopf, Körper, um nicht zu erfrieren.

Ein Tag vergeht, zwei, ich spüre, wie ich allmählich erstarre. Lange kann das nicht mehr so weitergehen. Irgendetwas muss unternommen werden. Abermals schätze ich die Lage ein: Hier kann doch ganz leicht jemand hereinkommen – an der Tür gibt es weder Riegel noch Kette. Ich hole mein Messerchen hervor und blockiere mit ihm die Wohnungstür. Die Fensterscheiben haben sich mit prachtvollen Eisblumen überzogen – es ist jetzt tiefster Winter, die Kälte ist gnadenlos. Ich mache die Entdeckung, dass man mit Hilfe von Zeitungen einigermaßen die Wärme im Körper halten und auch die Füße wärmen kann. Am nächsten Tag kaufe ich zwei weitere Zeitungen. Sie berichten, dass es den Deutschen mächtig gut geht. Meine Stimmung verschlechtert sich rapide. Ihre Niederlage wird nicht so bald stattfinden, wie ich erhofft habe.

‚So oder so muss man leben und kämpfen!', beharrt meine innere Stimme. Ich möchte einschlafen und an nichts mehr denken, aber an Schlaf ist bereits seit mehreren Nächten nicht zu denken. Ich spüre, dass ich bis auf die Knochen durchgefroren bin. In der Wohnung herumzulaufen, ist gefährlich, weil man die Schritte hören könnte. Anhand der Geräusche, die aus dem Erdgeschoss zu hören sind, müsste sich dort eine Werkstatt oder Ähnliches befinden, weil mehrere Menschen dort aus- und eingehen. Am nächsten Tag gehe ich wieder zum Kiosk, diesmal kaufe ich gleich mehrere Zeitungen und kehre flink in mein Versteck zurück. Ich lese sie, aber dort steht immer nur ein und dasselbe – an allen Problemen sind die jüdischen Bolschewiken schuld, man müsse sie vom Erdboden vertilgen.

Ich breite mehrere Exemplare der Tageszeitung „Tēvija" auf dem Boden aus und lege mich schlafen, wobei ich mich auch mit Zeitungen zudecke. Als ich erwache, bin ich vollkommen erstarrt. Weder mein Hals noch der Hinterkopf oder die Beine sind zu spüren. Ich bin gefroren wie ein Stück Eis. Ein Schrecken durchfährt mich, fieberhaft drehe ich den Kopf hin und her, reibe mir den Hals. Ich habe starke Schmerzen.

‚Nun', denke ich, ‚wenn es weh tut, dann bin ich wenigstens noch am Leben.'

Ich reibe Arme und Beine, fühle allmählich auch wieder meine erstarrten Knie. Hals und Beine umwickle ich mit mehreren Lagen Zeitung – mein Mantel hat keinen Pelzkragen, und das Wolltuch allein vermag nicht vor dem Frost zu schützen. Mir ist klar, dass ich es hier nicht mehr lange aushalte, und ich beschließe, noch einmal die Mežulis' um Hilfe zu bitten.

Auch diesmal nehmen sie mich freundlich auf, flößen mir heißen Tee ein und geben mir zu essen. Nach so langer Zeit wärme ich mich endlich wieder auf, dann erzähle ich von meinen erfolglosen Versuchen, mir zu der ersten Wohnung Zugang zu verschaffen.

„Ich frage mich, weshalb du sie nicht aufbekommen hast", wundert sich Herr Mežulis. „Dort ist es schön warm und behaglich, es gibt Wasser und eine Toilette. Es ist doch ganz einfach, schau, ich zeige es dir noch einmal, gib mir mal dein Messer."

Und abermals demonstriert er mir, wie man mit dem Messer zu hantieren hat. Mein Besuch hat sich in die Länge gezogen. Plötzlich klingelt es an der Tür. Die Mežulis' eilen auf den Korridor, und im nächsten Augenblick höre ich durch die Wand das Gespräch:

„Ist nicht Frida Fride bei Ihnen? Es heißt, dass sie überlebt hat. Sie sind doch ihre ehemaligen Kunden. Wissen Sie vielleicht etwas von ihr?"

„Wie könnten wir denn etwas wissen?", antworten sie erstaunt. „Wir wissen nichts." Die Tür wird geschlossen, aber die schockierten Eheleute bleiben vor Überraschung wie erstarrt stehen.

„Das war die Verwalterin Krisone mit der Tochter des Hauswarts!", berichtet Herr Mežulis nach kurzem Schweigen. Es ist klar, dass ich so schnell wie möglich verschwinden muss. Die Mežuļis' geben mir Lebensmittel mit, und wir verabschieden uns.

Ich beschließe, noch einmal mein Glück zu versuchen und in die Wohnung in der Ģertrūdes iela hineinzukommen. Ich stochere auf unterschiedlichste Weise mit dem Messerchen herum, doch das Schloss gibt nicht nach. Beim geringsten Geräusch im Treppenhaus muss ich meine Tätigkeit unterbrechen. Wenn alles wieder still ist, versuche ich es weiter. Nein, ich bekomme die Tür nicht auf. Es geht einfach nicht!

„Du bist eine echte Schlimázl[43]", schelte ich mich. Als Einbrecher tauge ich ganz bestimmt nicht.

Aber was nun? Es bleibt mir nichts anderes übrig, als in die leere, eiskalte Wohnung zurückzukehren. Um nicht zu erfrieren versuche ich, mich die ganze Zeit zu bewegen und nicke nur für kurze Momente ein. Ich bekomme Halsschmerzen. Ich darf nicht krank werden! Mit jedem Tag spüre ich mehr, dass ich allmählich verlösche. Wie einen Ausweg finden?

Unfähig, mir etwas anderes auszudenken, beschließe ich wieder zu den Mežuļis' zu gehen. Ich klopfe, doch die Tür wird nicht geöffnet. Ihre kleine Tochter ruft mir aus der Stube zu, dass sie mich nicht mehr einlassen darf – die Eltern hätten gesagt, das sei zu gefährlich.

Ich schleppe mich wieder zurück in mein eisiges Asyl. Überall in den Straßen sind Bekanntmachungen angeschlagen, auf denen mit großen Buchstaben auf Deutsch geschrieben steht: Jeder, der den Behörden Mitteilung über verdächtige Personen oder versteckte Juden macht, erhält eine gute Belohnung und und andere Vergünstigungen.

Ich bleibe nicht stehen, um alles durchzulesen, sondern gehe einfach weiter. Als ich einen Laut von mir gebe, erkenne ich meine eigene Stimme nicht mehr – sie erinnert an irgendetwas zwischen Hahn und Hund, ähnelt aber ganz gewiss nicht der

Stimme eines gesunden Menschen. Sie ist rau und heiser. Ich muss mich schleunigst aufwärmen, das wäre die beste Medizin.

An der Ecke Marijas iela und Artilērijas iela gehe ich in den Ziedoņdārzs, einen kleinen Park. Nicht weit entfernt vom Haupteingang an der Ecke Marijas iela und Artilērijas iela steht ein Toilettenhäuschen. Ich gehe hinein, um mich aufzuwärmen. Wie mollig warm es hier ist! Ich halte meine erfrorenen Hände an den Ofen. Es ist so angenehm, sich in Wärme aufzuhalten! ‚Ja, hier kann man tatsächlich tagsüber herkommen, um sich aufzuwärmen!', überlege ich. Sobald jemand hereinkommt, um sein Geschäft zu erledigen, setze ich mich aufs Klosett, um nicht aufzufallen. Wenn die Toilette leer ist, presse ich mich gegen den Ofen. Ich spüre, wie mein durchgefrorener Körper wieder zum Leben erwacht. Die Stimme krächzt noch, auf den Händen haben sich wässrige Blasen gebildet. Von Zeit zu Zeit kommt die Toilettenfrau herein, um sauber zu machen, beachtet aber weder mich noch die übrigen Besucher.

Am nächsten Tag eile ich in aller Frühe wieder zum Toilettenhäuschen – die ganze Nacht habe ich von dem Ofen geträumt. Ich lehne mich an ihn und wärme mich. Da kommt eine sympathische Brünette herein, stellt sich neben mir an den Ofen und wärmt sich ebenfalls auf.

„Ich habe hier gleich ein Treffen“, antwortet sie auf meinen fragenden Blick.

„Ich auch“, erwidere ich.

So bleiben wir beide dort stehen. Bald darauf erscheint eine verwahrloste Alte, die in ihren Lumpen und den zerschlissenen Stiefeln wie die reinste Landstreicherin aussieht. In den Strümpfen sieht man lauter Löcher. Sie ist groß, hager, aber völlig krumm. Als die beiden einander erblicken, umarmen sie sich freudig.

„Wie lange habe ich dich nicht gesehen!“, ruft das alte Weib. „Wie geht es dir, Lilita? Wie läuft es?“

Die Jüngere gibt zur Antwort, dass sie ohne ihren Mann nach Riga gekommen sei, um eine Bekannte zu besuchen.

„Und wie geht es dir, wo wohnst du?“

„Ich lebe auf der Straße. Lebensmittelkarten habe ich keine, und ich übernachte, wo es sich gerade ergibt – mal auf einem Dachboden, mal in einem Schuppen, so geht es mir“, berichtet die Alte.

‚Was ist denn hier los‘, denke ich, ‚fantasiere ich etwa? Sie ist doch keine Jüdin, weshalb muss sie so leben?‘ Die hagere Alte ist mir ein Rätsel. Währenddessen hat die andere, Lilita, ihr Bündel ausgewickelt, holt eine Tüte Zwieback hervor, bietet sie ihrer Gesprächspartnerin und auch mir an und setzt das Gespräch mit der Alten fort:

„Hör' mal, ich werde dir eine Adresse geben. Geh' in die Skolas iela 10, da kannst du für eine Mark übernachten. Die Wohnungsbesitzerin meldet niemanden an – das ist genau, was du brauchst. Sag' ihr, dass Lilita dich geschickt hat.“

„Nein“, entgegnet die Alte, „ich werde nicht hingehen, so zerlumpt, wie ich bin, wird die Frau mich sofort rausschmeißen, außerdem habe ich schon einen Schlafplatz.“

Nachdem die beiden Frauen einander ihr Herz ausgeschüttet haben, verlassen sie das Toilettenhäuschen. Es wird Abend. Ich habe mir die Adresse gut gemerkt: Skolas iela 10, niemand wird gemeldet, und es kostet nur eine Mark pro Nacht. Ein irrwitziger Gedanke hat Besitz von mir ergriffen – ich will hingehen und sagen, Lilita habe mich geschickt. Also mache ich mich auf den Weg.

Die Tür wird von einer abgehärmten Frau um die fünfundfünfzig, sechzig Jahre geöffnet.

„Was willst du?“, fragt sie.

„Lilita schickt mich“, antworte ich. „Ich bin aus der Provinz, habe aber meine Verwandten nicht angetroffen, und unterwegs habe ich mich erkältet. Ich würde gern bei Ihnen bleiben, falls es möglich ist.“

„Na, wenn Lilita dich schickt, kannst du bleiben. Komm rein!"

Sie führt mich in ihre Wohnung hinauf, die sich im Dachboden befindet. Dort gibt es nur ein einziges Zimmer und eine Küche. Das Zimmer ist mit einem großen Wandschirm geteilt, hinter dem ein breites, dunkles Holzbett steht und daneben ein tiefer Ohrensessel.

„Hier schläfst du", bestimmt sie, „und dort, hinter der Küche, ist die Toilette."

Die Hausherrin beginnt schwer zu husten und zieht sich hinter die Abtrennung zurück. Als der Hustenanfall nachgelassen hat, gehe ich zu ihr hinein. Sie sitzt auf einem niedrigen Bänkchen, im Zimmer befindet sich eine weitere Frau, die mich aber nicht beachtet.

„Darf ich um eine Tasse heißen Tee bitten?", wage ich zu fragen. „Ich habe starke Halsschmerzen."

Die Frau bringt mir einen Tee. Die Halsschmerzen lassen ein wenig nach, ich wärme mich auf und lege mich angezogen aufs Bett, nur den Mantel habe ich ausgezogen.

Als mir gerade einigermaßen warm geworden ist und ich eingeschlummert bin, werde ich von einer Männerstimme geweckt. Die Hausherrin führt einen Mann in die Küche und sagt mit gedämpfter Stimme: „Sie ist ein junges und sympathisches Mädchen vom Land."

Blitzschnell springe ich aus dem Bett, rolle mich im Sessel zusammen und verstecke mich unter dem Mantel. Ich höre Schritte sich nähern, der Mann tritt ans Bett, doch es ist leer. Er zündet ein Streichholz an und entdeckt, dass ich mich im Sessel verkrochen habe.

„Ach, da bist du, mein Täubchen! Keine Angst, zu jungen Mädchen bin ich ganz sanft!"

Vor mir steht ein bulliger Mann, der den Geruch von Wodka und Tabak verströmt. Er packt mich an der Schulter, doch ich schreie wie wild:

„Fassen sie mich nicht an! Gehen sie weg!“

Der Fremde prallt zurück und geht zur Wirtin, um sich zu beklagen:

„Was ist denn mit dem Mädel los? Was ist das denn für eine?“

„Ich weiß nicht“, antwortet dir Hausherren, „Lilita hat sie geschickt … Vielleicht hat sie ihre Tage?“

Nachdem er noch eine Weile geblieben ist, verlässt der Mann die Wohnung, wobei er unzufrieden vor sich hingrummelt und laut die Tür hinter sich zuschlägt.

„Glaubst du, du bist eine Primadonna oder was?”, wirft mir die Wirtin vor. „Den konnte ich loswerden, aber gleich kann der Nächste kommen!“

„Was geht hier vor? Ich verstehe nicht ganz“, frage ich sie.

„Wenn Lilita dich schickt, was wunderst du dich dann? Hat sie dir denn nicht alles erklärt?“

„Ich bezahle Ihnen für die Übernachtung, was Sie verlangen“, sage ich, „nur lassen Sie mich ruhig schlafen.“

„Das geht nicht“, antwortet sie, „ich habe meine Kunden, und sie brauchen junge Mädels. Lilita selber kommt auch hin und wieder her, allerdings mit ihren eigenen Kunden.“

‚Wo bin ich hingeraten?!‘, wird mir plötzlich alles klar. ‚Das ist ja ein Bordell!‘

Ich versuche, mich mit der Wirtin zu einigen:

„Schauen Sie, ich bezahle ihnen genausoviel, wie Sie von den Kunden nehmen, nur erlauben Sie mir, mich zu erholen, denn ich bin erkältet und sehr krank.“

Die Frau wird nachgiebiger, verspricht, dass sie heute Nacht niemanden mehr empfängt, und ich lege mich wieder ins Bett. Nach einer Weile wird wieder an die Tür geklopft. Deutlich höre ich durch die verschlossene Tür, dass jemand Deutsch spricht, dann wird die Tür geöffnet. Als der Deutsche drinnen ist, erklärt ihm die Wirtin, dass sie nichts für ihn habe. Er beginnt zu feilschen und macht ihr selbst Avancen.

„Also wirklich! Nach so einer Alten wie mir steht dir der Sinn?“, wimmelt sie ihn ab, hustet ununterbrochen und spuckt. „Hast du keine Angst, Tuberkulose zu bekommen?“

„Ja, ich komme besser ein andermal“, lenkt der Mann ein und geht wieder.

„Wie viele werden Sie noch empfangen?“, frage ich sie, als er endlich gegangen ist, „wir haben uns doch geeinigt, und ich bezahle sie für die Übernachtung!“

„Den konnte ich nicht einfach so wegschicken, er ist mein Stammkunde“, erklärt sie. „Er bringt mir Würste, die man jetzt nicht einmal für Gold bekommen kann.“

Sie sagt, dass ich jetzt ruhig schlafen könne, um diese Zeit würde wohl kaum noch jemand kommen. Tatsächlich vergeht die Nacht ruhig. Gegen Morgen beginnt die Wirtin so stark zu husten, dass ich es nicht mehr aushalte. Sie spuckt Blut.

„Was haben Sie denn? Kann ich Ihnen irgendwie helfen?“, frage ich sie.

„Die verfluchte Tuberkulose zerfrisst mich von innen. Aber was geht dich das an? Bald ist es vorbei.“

Nach einer Weile beginnt sie mich auszufragen:

„Wie bist du überhaupt zu mir gekommen? Vergnügst du dich überhaupt nicht mit Männern? Du könntest eine Menge Geld verdienen.“

„Ich verurteile Sie nicht für Ihr Gewerbe, aber ich könnte so nicht leben, selbst wenn man mir drohen würde, mich zu erschießen oder mir einen Haufen Gold verspräche“, antworte ich.

„Jeder lebt, wie er kann, und wählt seinen eigenen Weg.“

„Kann ich auch die nächste Nacht hierbleiben? Ich bitte Sie inständig, machen Sie sich ein paar Tage von ihren Kunden frei, ich werde Sie für alles bezahlen.“

„Gut“, erklärt sie sich einverstanden. „Mir selber würde es auch guttun, mich ein wenig auszuruhen.“

Geld habe ich, die Bērziņš' haben mir hundert Mark gegeben. Die Wirtin bereitet ein warmes Mittagessen mit geräuchertem Fisch zu. Bislang ist alles gut. Ich sollte ein paar Tage hierbleiben, bis das Fieber gefallen ist.

Der zweite Abend bricht an. Die Wirtin sagt, heute sei Silvester. Bald darauf beginnt das Feuerwerk. Vom Dachfenster aus ist zu sehen, wie der Himmel erleuchtet wird und bunte Funken in ihm erglühen.

In der Nacht wird wieder an die Tür gehämmert, die Kunden kommen fast ununterbrochen, aber die Wirtin lässt niemanden ein. Nach einer Weile beginnt sie sich Sorgen zu machen und sagt:

„So geht das nicht, wenn sie wütend werden, können sie mich melden. Was ich mache, ist illegal, und ich kann meine Arbeit verlieren!"

Ich bete zum Allerhöchsten, es möge schneller Morgen werden. Ich schlafe, fahre aber vom kleinsten Geräusch hoch. Endlich dämmert es. Ich packe meine Sachen zusammen, bezahle für alles und verabschiede mich. Beim Gehen frage ich die Wirtin, ob sie nicht einen sicheren Ort weiß, wo ich zumindest ein paar Tage bleiben kann.

„Nur einen", antwortet sie, „aber da wird es nicht besser sein als bei mir, die Wirtin betreibt dasselbe Gewerbe wie ich. Außerdem ist die Wand dort aus Sperrholz, und viele kommen schon völlig betrunken, das hast du ja gesehen. Sieh es dir selber an, einen anderen Platz weiß ich nicht."

Ich kehre in die leere kalte Wohnung zurück, sitze auf dem mit Zeitungen bedeckten Boden und überlege, wo ich Hilfe suchen kann. Ich werde immer kränker. Ich versuche, mich an alle Namen und Adressen meiner arischen Freunde zu erinnern. Mir fällt eine russische Familie in der Maskavas iela ein, aber die genaue Adresse kommt mir partout nicht in den Sinn. Am nächsten Tag gehe ich in die Gegend, an die ich mich undeutlich erinnere, aber ohne Erfolg – niemand kennt die Sokolows. Wahrscheinlich sind sie gar nicht mehr im Land.

Plötzlich fällt mir wie ein Blitzschlag Familie Šparss ein, genauer gesagt, handelt es sich nur um Mutter und Tochter – die beiden hatten ein Zimmer in der Wohnung gemietet, in der ich 1938 gewohnt habe. Nachdem ich in Erfahrung gebracht habe, dass sie weggezogen sind, beschließe ich, es zu riskieren, sie über die Adressauskunft ausfindig zu machen.

Der Warteraum der Polizei ist voller Menschen – ich muss lange warten. Der geheizte Ofen verströmt angenehme Wärme. Nach den schlaflosen Nächten bin ich derart übermüdet, dass ich unversehens tief und fest einschlafe. Als ich aufwache, stellt sich heraus, dass ich schon längst an der Reihe gewesen bin! Es sind nur noch ein paar wenige Menschen übrig. Ich bleibe als Letzte, und auf meine Anfrage erhalte ich die Auskunft: Hitlerstraße 101.[44] Ich schnappe mir den Zettel mit der Adresse und stürme wie der Wirbelwind durch die Straßen: Endlich werde ich echte Freunde finden!

Frau Šparss öffnet die Tür und fordert mich auf einzutreten. Mutter und Tochter wohnen jetzt in einer Zweizimmerwohnung. Die beiden mustern mich misstrauisch wie eine Landstreicherin. Sie haben mich nicht erkannt – schuld sind sowohl das veränderte Aussehen als auch meine seltsam krächzende Stimme. Ich rufe ihnen in Erinnerung:

„Erinnern Sie sich an Frida? Sie haben einmal ein Zimmer in meiner Wohnung in der Barona iela 13 gemietet.[45] Wundersamerweise bin ich dem Tod entronnen und irre jetzt durch die Gegend. Bitte helfen sie mir, verstecken sie mich irgendwo, sonst muss ich zugrundegehen."

Meine Worte machen sie fassungslos. Die Mutter wird von fieberhafter Angst geschüttelt, die Tochter steht da wie versteinert, reglos, unfähig, auch nur ein Wort zu sagen, und hält sich den Kopf.

„Wie entsetzlich! Jesus Maria!", murmelt die Mutter. „Wir haben Angst, und hier kann man sich auch nirgendwo verstecken. Zu uns kommen oft Bekannte, mein Patensohn ist bei den *Aizsargi*,[46] wenn er das herausfindet, ist es um uns alle geschehen."

„Ich werde mich in irgendeiner dunklen Ecke verkriechen, niemand wird mich sehen oder hören, keine Sorge!", versuche ich sie zu überreden und zu beruhigen. „Erlauben Sie mir, wenigstens eine einzige Nacht zu bleiben!"

Reglos stehen sie da, als hätten sie die Sprache verloren, sagen weder ja noch nein. Ohne auf ihre Zustimmung zu warten, laufe ich hurtig wie ein Hündchen in die Küche und verstecke mich in der Speisekammer.

In dieser Nacht verjagen sie mich nicht, doch danach wird mir ihre Tür nicht mehr geöffnet. Noch mehrere Male komme ich zu ihnen, klingle und klopfe an die Tür, aber niemand kommt, um mir zu öffnen.

So vergehen mehrere Tage. Jetzt weiß ich, dass mir keiner meiner Bekannten in der Stadt eine helfende Hand reichen wird. Meine Lebensmittelvorräte sind aufgebraucht, auch Geld habe ich so gut wie keines mehr. Ich sehe keinen Ausweg. Die letzte Hoffnung – die Bērziņš'! Ich beschließe, zurück aufs Land zu gehen.

Mit schweren Schritten gehe ich durch die Straßen von Riga, eingehüllt in mein Wolltuch – das macht mich mindestens um 20 Jahre älter. Schon sehe ich die Ghettoumzäunung, das Herz zieht sich mir zusammen. Ich habe die Stadt hinter mir, erreiche Rumbula – dieser Ort wird mir für alle Zeiten unauslöschlich vor Augen bleiben. Ihr Zehntausende meiner Brüder und Schwestern, ich habe euch nicht vergessen! Die Augenzeugin eurer letzten Stunden lebt!

Als es dämmert, habe ich das erste Dorf erreicht. Ich betrete ein Haus. In der Stube sitzt ein angetrunkener alter Mann, neben ihm die Schwiegertochter und mehrere Kinder, alle sehen mich an.

„Darf ich Sie um ein Nachtquartier bitten?“, frage ich auf Lettisch. „Ich komme zu Fuß aus Riga, und vor der Dunkelheit schaffe ich es nicht mehr bis zu meinen Freunden.“

„Ja, bitte!“, antwortet der alte Mann, „wir freuen uns immer über Gäste.“

Sie gewähren mir ein Nachtlager.

„Wenn ich darf, würde ich mich gern an den Ofen setzen“, bitte ich die Bauern. „Ich möchte mich aufwärmen.“

Die junge Wirtin bringt ein Brett und legt es so hin, dass ich mir am Ofen die Beine ausstrecken kann. Endlich ist mir warm. Was kann es Besseres geben? Danach gibt es Abendessen.

Ich werde zu Tisch gebeten und mit kleingeschnittenen Kartoffeln bewirtet, die mit Zwiebeln und Schweinefleisch gebraten sind. Sie sehen mich misstrauisch an, ob ich wohl essen werde.

„Na, essen Sie nur, es schmeckt doch“, ermuntert mich die junge Frau.

Noch nie im Leben habe ich Schweinefleisch gegessen, und ich habe keine Ahnung, wie es schmeckt. Dies ist jetzt meine Prüfung. Ich muss mit großem Appetit essen.

Ausgehungert, wie ich bin, esse ich alles, was mir vorgesetzt wird. Den Geschmack spüre ich sowieso nicht und sage, dass alles köstlich sei. Im Stillen überlege ich, dass ich auch ohne reichhaltige Speise auskommen könnte: Ein Brotkanten und etwas Wasser – das reicht mir für einen ganzen Tag.

Danach füllt die junge Wirtin allen Suppe ein. Ich sage, dass ich schon satt sei, und bitte nur noch um eine Tasse Tee, da ich erkältet bin.

„Ach, diese Städter, die nur von dem leben, was man auf Lebensmittelkarten bekommt, die geben schnell den Löffel ab“, beteiligt sich der Hausherr an dem Gespräch.

„Man gewöhnt sich an alles, wenn man muss“, entgegne ich.

Das Gespräch will nicht recht in Gang kommen. Als nach dem Abendessen alles aufgeräumt ist, begeben sich alle zur Ruhe. Die Schwiegertochter mit den Kindern geht ins Schlafzimmer, der Alte jedoch, der ein paar Glas Schnaps getrunken hat, setzt sich auf ein Bett in der Ecke der Wohnstube und beginnt, sich zu entkleiden.

Ich puste schnell die Petroleumlampe aus und richte mich auf dem Fußboden neben dem Ofen ein, indem ich mich mit meinem Mantel zudecke.

Der Alte lädt mich flüsternd zu sich ein – bei ihm im Bett sei es bequemer und auch lustiger.

„Danke, mir geht es hier sehr gut", antworte ich.

Der Alte kommt in Unterhosen zu mir und versucht mich zu überreden, mit ihm zu schlafen.

„Ich kann nicht, ich habe meine Tage", versuche ich mich herauszuwinden. (Die Ausrede habe ich von der Bordellwirtin gelernt.)

„Dann lass mich dich ein wenig streicheln und küssen", fährt der Alte fort, nachdem er kurz überlegt hat.

„Ich bin doch krank. Du hörst doch, wie meine Stimme klingt. Willst du, dass ich dich anstecke?"

Schließlich gibt der Alte nach und trollt sich grummelnd in sein Bett.

Jetzt kann ich mich in Ruhe erholen. Ich strecke die Beine gegen den Ofen und spüre, wie die Wärme in meinen Körper strömt. Eine solche Seligkeit habe ich lange nicht mehr empfunden. Ich sinke in tiefen Schlaf. Plötzlich erwache ich und weiß nicht, wo ich mich befinde. Ach ja ... Der Alte schnarcht gleichmäßig, und ich schlafe wieder ein.

Am Morgen erwacht die junge Wirtin als Erste, und auch ich stehe auf. Nach der warmen Nacht fühle ich mich wie ein ganz anderer Mensch, die Halsschmerzen haben nachgelassen und die Stimme beginnt wieder, meiner eigenen zu ähneln. Noch zwei oder drei solcher Nächte und ich wäre völlig gesund.

Auch der Alte steht auf, er ist beleidigt. Ich muss verschwinden.

„Gehen wir, ich werde dich begleiten“, sagt er.

Ich will der Familie etwas für die Gastfreundschaft bezahlen, aber sie lehnen kategorisch ab. Ich bedanke mich und gehe. Der Alte ist böse, und nachdem wir eine Weile gegangen sind, stößt er hervor:

„Du hast mich hinters Licht geführt! Wenn mein Sohn das erfahren würde, würdest du nicht so leicht davonkommen.“

Ich tue so, als hätte ich diese Worte nicht gehört, bedanke mich nochmals für die Aufnahme und eile weiter.

Nun habe ich auch das Haus der Bērziņš‘ erreicht. Sie freuen sich von Herzen, da sie sehen, dass ich lebe:

„Wir haben so viel an dich gedacht, wie du wohl in die Stadt gekommen bist … Es heißt, dass überall die Papiere überprüft werden.“

„Sie hat einen Schutzengel“, fügt die Schwiegertochter von Vater Bērziņš hinzu.

Die ganze Zeit über haben sie sich Sorgen gemacht, und jetzt, da sie von meinen Erlebnissen hören, sind sie tief berührt.

„Ich weiß, dass Gott mit dir ist“, fährt die Schwiegertochter fort, „und er gibt dir die Kraft, alle Schwierigkeiten zu ertragen.“

Später kommt die Familie zusammen, um meine Zukunft zu erörtern. Bei ihnen zu bleiben, ist gefährlich – das Haus wird überwacht.

„Man kann niemandem mehr trauen, selbst der beste Freund oder Nachbar verrät den anderen. Jeder verdächtigt jeden“, erklärt der junge Bērziņš.

„Aber wo soll ich hin, wie soll ich weiterleben?“, frage ich.

„Geh’ lieber zurück in die Stadt“, rät der alte Bērziņš, nachdem er eine Weile überlegt hat. „Aber bevor du dich auf den Weg machst, warte noch eine Weile im Wald! Wir packen dir einen Lebensmittelkorb für ein paar Wochen und geben dir auch etwas Geld mit. Wenn die Lebensmittel aufgebraucht sind, kommst du wieder zu uns. Währenddessen werden wir überlegen, wo du dich verstecken könntest."

Ich bin auf dem Rückweg in die Stadt mit einem vollen Korb in den Händen. Es schneit große, nasse Flocken, die Temperaturen steigen. Manchmal herrscht solch ein Schneetreiben, dass ich den Weg vor mir nicht mehr erkenne. Intuitiv stapfe ich voran, bis ich nach Riga komme – zurück in „meine" leere, kalte Wohnung. Zum Glück hat der Frost nachgelassen, und im Haus ist es nicht mehr gar so kalt.

Den Geräuschen nach zu urteilen, die ich aus der Nachbarwohnung höre, ist dort jemand eingezogen. Innerhalb kürzester Zeit ist sie renoviert worden und nun bewohnt. Mit meinem Zufluchtsort kann dasselbe passieren. Es ist gefährlich, mich länger hier aufzuhalten, aber ich weiß nicht, wohin! Unter derartigen Befürchtungen und Erwägungen vergeht ein Tag nach dem anderen. Zwei Wochen sind vergangen, nun kann ich wieder zu den Bērziņš' gehen.

Ich habe mich bereits daran gewöhnt, durch die Straßen der Stadt zu gehen, Angst habe ich keine mehr. Als ich durch die Maskavas iela gehe, sehe ich, wie zwei Schutzleute eine Gruppe rucksackbepackter Frauen eskortieren. Wo werden sie hingebracht? Natürlich in den Wald von Rumbula!

Ein merkwürdiges Gefühl ergreift von mir Besitz, als würde ich zusammen mit ihnen gehen. Soll ich ihnen zurufen, dass sie ausschwärmen und fliehen sollen? Aber was würde das ändern? Ich beschleunige den Schritt, die Gruppe bleibt immer weiter hinter mir zurück. Nun laufe ich schon regelrecht – nur schnell fort aus der Stadt! Sie sind nicht mehr zu erkennen, aber ich laufe immer noch, und die Tränen rinnen mir über die Wangen.

Der Frost wird wieder strenger. Als ich keine Kraft mehr habe, kehre ich in einen Bauernhof ein, um mich aufzuwärmen. Die Wirtin erlaubt mir, mich an die Ofenwand zu setzen.

Ich erzähle, dass ich zu Bekannten aufs Land gehe, um Lebensmittel zu holen – tja, mit demjenigen, was man auf Lebensmittelkarten bekommt, kann man nur schwerlich auskommen.

„Wie kann ein Mensch auch mit dem auskommen, was man auf diese Karten bekommt? Gut, dass die Deutschen wenigstens die Juden beseitigt haben! Jetzt kann man freier atmen!"

Ich sitze am Ofen, den Kopf zur Seite gewandt, damit sie mein Gesicht nicht sieht. Was soll ich noch mit ihr reden? Die Wirtin ahnt nicht, wer ich bin, und das ist auch gut so.

„Du bist sicher hungrig nach dem langen Weg", meint sie, und schneidet mir eine Scheibe Brot ab, bestreicht sie dick mit Schweineschmalz und reicht sie mir.

Ich danke, nehme das Brot und bitte sie mit der Ausrede, wir Städter seien an so viel Fett nicht gewöhnt, um ein Messer. Ich kratze die Schmalzschicht ab, dann esse ich. Die Wirtin wundert sich. Nachdem ich mich aufgewärmt habe, danke ich für die Bewirtung und mache mich wieder auf den Weg.

Nur noch drei Kilometer, dann werde ich bei den Bērziņš' sein. Ich bin nun ihr häufiger Gast. Bisher hatten wir immer Glück gehabt und sind mit heiler Haut davongekommen. Sie empfangen mich wie eine nahe Verwandte, setzen mich an den Tisch und bewirten mich mit heißer Milch.

Die gesamte Familie bewohnt jetzt den noch unfertigen Neubau. Bald beginnt der Familienrat: Was machen wir mit Frida? Es werden verschiedene Varianten erörtert.

Dann erinnert sich Vater Bērziņš, dass er früher einmal eine ältere Dame namens Pesla kannte. Sie sei etwas merkwürdig und religiös – eine Adventistin des siebten Tages.[47] Sie würde am Stadtrand von Riga leben, in Čiekurkalns[48], aber an die genaue Adresse könne er sich nicht erinnern. Wenn man die Schienen überquert, müsse man links abbiegen, von dort aus würde Pesla im dritten oder vierten Haus wohnen. Man könne es nicht verwechseln, weil es halb verfallen sei.

„Aber wird sie mir vertrauen?", antworte ich zweifelnd.

„Dazu bedarf es Klugheit und einer besonderen Herangehensweise. Du musst am Freitag gegen Abend zu ihr gehen, denn am Samstag hat sie ihren heiligen Tag, den Sabbat. Wir geben dir Lebensmittel mit."

„Aber was soll ich sagen, wer ich bin?"

„Wenn sie dich fragt, wer du bist, dann sage, dass dich Engel des Himmels geschickt haben, um ihr zu helfen. Pesla wird dir glauben und dich in ihrem Haus aufnehmen. Wenn die Lebensmittel zu Ende gehen, komm wieder zu uns, wir werden deinen Korb immer auffüllen", ermutigt mich Vater Bērziņš.

Alle sind wir uns jetzt einig, dass dies ein guter Plan ist. Ich danke meinen Rettern von Herzen, und zum Abschied umarmen wir einander. Mit dem vollen Korb mache ich mich wieder auf den Weg durch den Wald auf dem bekannten Pfad, der zur Maskavas iela führt. Unwillkürlich werfe ich einen Blick auf das von Stacheldraht umzäunte Ghetto. Leere, Stille, Tod …

Noch eine letzte Nacht in „meiner Wohnung", aber schon morgen werde ich in meiner neuen Heimstatt bei Pesla sein. Voller Ungeduld warte ich auf diese Begegnung.

Pesla

Es ist Freitagabend. Ich habe die besagte Straße, die Čiekurkalna 1. Līnija, erreicht und suche nach einem halb verfallenen Haus. Da ist es ja, das muss es sein. Mein Herz beginnt schneller zu pochen, ich klopfe an und frage:

„Wohnt hier Pesla?"

„Und wer bist du?"

„Mich haben die Engel des Himmels geschickt, um Ihnen zu helfen! Bitte lassen Sie mich ein!"

„Ich bin schon im Bett, und das Aufstehen fällt mir schwer“, ertönt die Stimme einer älteren Frau.

„Meine Liebe, ich habe Ihnen Geschenke mitgebracht, es ist schon spät, ich kann nicht warten“, fahre ich fort.

Sie steht auf, kommt an die Tür, entriegelt sie – und verschwindet gleich wieder im Bett.

„Nimm es mir nicht übel, dass ich im Bett bleibe“, sagt Pesla. „Es ist dunkel und kalt, und es gibt keinen Strom. Wer bist du und woher kommst du?“

„Ich komme, um Ihnen zu helfen, und bringe Lebensmittel.“

„Ich wusste, dass du kommen würdest. Man sagte mir, du würdest kommen, wenn ich es am wenigsten erwarte. Ich hoffe, dass du eine Weile bei mir bleiben kannst? Ich bin ganz allein und schwach.“

„Ja, natürlich werde ich bleiben. Ich brauche Sie viel, viel mehr als Sie mich.“

Ich sinke auf die Knie, schmiege mich an sie wie an eine Mutter und weine bitterlich.

Pesla streichelt mir sanft den Kopf und sagt:

„Weine dich ordentlich aus, mein Kind, Gott wird uns helfen!“

Wie gut es tut, Liebe und Wärme zu spüren, als würde ich mein liebes Mamilein umarmen. Ich lasse meinen Empfindungen, die sich tief in der Seele angesammelt haben, freien Lauf. „Erzähle, Liebling, was dich bedrückt. Die alte Pesla wird beten, und der Allmächtige wird uns helfen!“

Ich fange an mein Herz auszuschütten, ihr meine Leidensgeschichte zu erzählen – wer ich bin und was ich durchgemacht habe. Pesla hört aufmerksam zu, wobei sie immer noch meinen Kopf streichelt.

„Das ist ein Wunder, ein Wunder Gottes“, sagt sie. „Alle Kinder Israels sind tot, aber dich hat Gott beschützt und zu mir geschickt. Ich danke ihm, dass Er dich mir anvertraut hat. Ich werde dich beschützen wie einen Schatz. Du wirst dein

Volk vertreten. Ich werde dich lieben und schützen wie meine eigene Tochter."

Ganz allmählich beruhige ich mich und schlafe in ihrer Umarmung ein.

Als ich mit dem ersten Lichtstrahl erwache, sehe ich mich um. Peslas Bett befindet sich in einer Ecke der Küche. Auf dem Herd stehen unabgewaschene Kochtöpfe. Ein kleiner Tisch und ein Hocker bilden die gesamte Kücheneinrichtung.

Vor tiefer Bewegung und Freude habe ich nicht bemerkt, dass ein eigenartiger Geruch in der Luft hängt. In der Küche hausen auch Katzen unterschiedlicher Größe, Farbe und Rasse, deren Exkremente schier überall sind. Ohne zu zögern, mache ich mich ans Putzen. Pesla erwacht gut gelaunt. Sie unterbricht meine Tätigkeit, um mir das andere Zimmer zu zeigen. Hier gibt es ein Buffet, einen großen Tisch, drei Wiener Kaffeehausstühle und eine alte Orgel. In der Ecke neben dem Ofen ein wenig Brennholz, überall liegt Abfall herum.

Ich hole Dickmilch, Brot, Butter und Eier aus meinem Korb hervor. Pesla ist glücklich. Wir frühstücken. Es scheint, als habe sie seit langem keine anständige Mahlzeit mehr zu sich genommen. Pesla freut sich, dass der Allerhöchste sie nicht verlassen hat und sagt: „Jetzt beten wir und danken Ihm!"

Die alte Dame nimmt eine dicke deutschsprachige Bibel von der Orgel und schlägt Schriftstellen auf, in denen erklärt wird, weshalb der Zorn Gottes über die Israeliten gekommen ist. Sie fordert mich auf niederzuknien und lehrt mich zu beten:

„Wir müssen zu Gott beten und Psalmen singen, wie es König David getan hat! Gott hörte seine Stimme und schenkte ihm ein ewiges Reich!"

Pesla setzt sich an die Orgel und beginnt zu spielen und zu singen. Als sie bemerkt, dass meine Gebete nicht inbrünstig genug sind, lässt sie mich mitsingen und ihr nachsprechen:

„Preiset den Allmächtigen Gott bei Tag und bei Nacht, rufet Seinen Namen, und Er wird euch helfen!“[49]

Peslas inbrünstige Gebete und das freudige Singen finden keinen Widerhall in meinem Herzen, denn es ist von Leid und Kummer erfüllt. Um Pesla eine Freude zu machen, zwinge ich mich mit gemischten Gefühlen dennoch so zu singen, wie sie es möchte. So verbringen wir den ganzen Samstag oder Sabbat – mit ununterbrochenen Gebeten und Dankgesängen.

Am Sonntag putze ich weiter: Ich scheuere die Wände, wische den Staub von den Möbeln, sammle die Hinterlassenschaften der Katzen ein, stelle ihnen einen Kasten mit Sand auf und wische den Boden. Ich will auch Peslas Bett machen, doch wie – auch das ist vollkommen verdreckt! Die Unterlage kann man nicht anrühren – sie ist verrottet, durch und durch vollgesogen mit dem Urin der Katzen und der Hausherrin.

Pesla ist mit nassen Fetzen umwickelt, weil sie inkontinent ist. Bettwäsche hat sie keine. Deshalb schläft sie immer in ihren Kleidern und deckt sich mit dem Mantel zu. Gut, dass es ein paar Tischtücher im Haus gibt – aus ihnen nähe ich den Überzug für eine neue Matratze. Im Hof steht ein kleiner Schuppen, der früher als Pferdestall gedient hat. Dort finde ich Stroh, mit dem ich den Tischtuchsack vollstopfe.

Dann kommt der Herd dran und ich fange an, Schmutz und Ruß abzukratzen. Pesla versucht mich davon abzuhalten – Kochtöpfe und Geschirr abzuwaschen sei überflüssig, weil die Katzen stets alles sauber lecken; nichts sei reinlicher als Katzenzungen. Ich höre nicht auf sie und fahre fort, das Haus auf Vordermann zu bringen.

Als alles fertig ist, schlage ich Pesla vor, sich zu waschen. Sie versucht sich herauszureden, indem sie sagt, dass sie von Geburt an sauber sei. Schließlich gelingt es mir sie zu überzeugen, ich helfe ihr beim Waschen und beim Anziehen sauberer Kleider.

Kurz danach erwacht meine Pesla zu neuem Leben und sagt, dass ich sie von Gestank, Schmutz und Hunger errettet habe. Sie ist glücklich und wirklich überzeugt, dass Gott es war, der mich zu ihr geschickt hat.

Leider gelingt es nicht, das Haus dauerhaft in Ordnung und sauber zu halten. Ihre Katzen sind nicht erzogen und schenken der Sandkiste keine Beachtung. Auch Pesla hat ihre Angewohnheiten, gegen die ich nichts ausrichten kann.

Wir beschließen, dass es besser ist, wenn ich im großen Zimmer schlafe. Dort ist es zwar kalt, aber die Luft ist frischer und es ist auch sicherer – weiter weg von den Blicken Neugieriger, denn dann und wann pflegt der eine oder andere Nachbar bei Pesla vorbeizuschauen.

Pesla hat mich sehr ins Herz geschlossen und versucht auf alle mögliche Weise, mir ihre Liebe zu beweisen. Sie überlegt, wie sie mir eine Freude machen kann; ihr fällt ein, dass sie im Herbst selbstgezogene Tomaten eingelegt hat, und setzt sie mir vor. Auf den Tomaten hatte sich eine Schimmelschicht gebildet. Ich nehme sie ab, koste die Tomaten und esse das ganze Glas leer. Kurz darauf bekomme ich Magenkrämpfe.

Pesla besteht darauf, dass ich zu ihrem Arzt ganz in der Nähe in Čiekurkalns gehe. Ich bin einverstanden. Nachdem er mich sorgfältig untersucht hat, verkündet der Doktor seine Diagnose:

„Sie haben ein Magengeschwür, aber keine Sorge, das ist nicht gefährlich. Ich verschreibe Ihnen ein paar gute Pülverchen, legen Sie sich zu Hause mit einer Wärmflasche auf dem Bauch hin, dann lässt der Schmerz bald nach."

Er setzt sich, um das Rezept auszustellen:

„Ihren Pass, bitte!"

Erschrocken beginne ich unentschlossen in der Tasche herumzukramen.

„Ich glaube, ich habe ich meinen Pass nicht dabei, ich werde ihn zu Hause gelassen haben", antworte ich unsicher.

„Gut, ich stelle Ihnen das Rezept soweit aus, tragen Sie nur zu Hause hier oben ihre Passnummer ein."

Er füllt das Formular aus. Wir bedanken uns, bezahlen für die Visite und kehren beruhigt heim.

Aus ihrem Gerümpelhaufen zieht Pesla ein eisernes Öfchen hervor. Wir füllen es mit Hobelspänen und heizen ein. Allmählich erwärmt es sich. Ich nehme alle drei Kaffeehausstühle und binde sie zusammen, um mir ein Bett zu bauen. Unter den Kopf lege ich ein großes Buch. Eine Wärmflasche besitzt Pesla nicht, also wollen wir heißes Wasser in zwei Glasflaschen füllen. Aber woher so viele Hobelspäne nehmen, um das Wasser zu erwärmen? Pesla sagt, in dem Schuppen, in dem das Pferd gehalten wurde, müsste es noch etwas Sägespäne geben, die früher als Streu benutzt wurden. Tatsächlich finden wir in dem kleinen Schuppen Späne, aber die sind mit dem Pferdemist zu Klumpen zusammengefroren.

Ich sammle die gefrorenen Batzen ein und versuche, die Späne von dem Mist zu trennen. Mit Mühe bekommen wir ein wenig „Heizmaterial" zusammen. Jetzt kann die Therapie beginnen: Wir heizen das Öfchen und machen Wasser heiß. Ich lege mich auf die Stühle und drücke die heißen Flaschen an den Bauch. Die mit Gülle vollgesogenen nassen Sägespäne wollen nicht brennen, sie glimmen nur und qualmen, das ganze Zimmer ist voller Rauch. Der Bauchschmerz lässt ein wenig nach, und ich falle in tiefen Schlaf.

Ich träume, dass ich jemandem die Zukunft vorhersage und dass ich gewürgt werde. Ich versuche zu erwachen, kann aber den Kopf nicht heben. Mich erfasst ein Gefühl, als ob ich in ewigen Schlaf gleiten würde. Ich bin bewusstlos und Pesla glaubt, ich würde sterben. Ich schlafe tief und fest, bewege mich nur selten ein wenig – so geht das zwölf Tage und Nächte. Als ich endlich wieder zu mir komme, fühle ich mich unendlich schwach, und alles, was ich will, ist auf den harten

Stühlen, die mir so weich erscheinen wie Daunenbetten, liegen zu bleiben.

„Mein liebes Mädchen", Pesla hat bemerkt, dass ich erwacht bin, „du warst sehr krank. Du warst ohnmächtig, manchmal hast du ein Lebenszeichen von dir gegeben, bist dann aber wieder eingeschlafen, und so ging das mehrere Male. Es sind zwölf Tage vergangen. Ich habe zu Gott gebetet, und Er hat dich ins Leben zurückgeführt. Danke Ihm, knie nieder und bete!"

Als ich mich aufsetze, dreht sich das Zimmer im Kreis. Pesla sagt, es gebe schier gar nichts mehr im Haus, alles sei aufgegessen – sowohl das, was ich mitgebracht habe, als auch die auf ihre Lebensmittelkarte erhältliche Monatsration. Sie schlägt vor, ich solle zu den guten Leuten aufs Land gehen, um Lebensmittel zu holen.

„Ich bin zu schwach", antworte ich, „und kann mich kaum auf den Beinen halten. Ich muss erst wieder zu Kräften kommen, sonst komme ich nicht weit."

Pesla überlegt und sagt:

„Weißt du was, geh' in die Stube und schau einmal im Buffet nach, ich glaube, da muss noch etwas herausgerieseltes Mehl sein. Versuche, es zusammenzusammeln, und koch' einen Brei."

Ich taumele zum Buffet. Darin liegt tatsächlich etwas verstreutes Mehl, vermischt mit Mäusekötteln. Ich kratze es mit einem Messer zusammen, säubere es und koche ein Gebräu, das entfernt an einen Brei erinnert. Pesla und ich beginnen zu essen. Ich spüre, wie nach und nach die Kräfte zurückkehren und das Schwindelgefühl allmählich nachlässt.

„Jetzt beten wir, und dann kannst du dich auf den Weg machen. Gott wird dir helfen", versucht Pesla mich aufzumuntern, nachdem wir gegessen haben.

Ich beginne ihren Worten zu glauben. Wir knien beide nieder, schließen die Augen, senken das Haupt, sie betet …

Draußen herrscht klirrende Kälte. Vor Schwäche stolpere ich über die eigenen Beine, mein Kopf ist immer noch wie vernebelt. Es dauert lange, bis ich die Maskavas iela erreiche. Allmählich kehrt die Kraft in die Beine zurück. Als ich die Stadt hinter mir lasse, wird der Wind immer stärker, ein Schneesturm kommt auf. Ich bin auf freiem Feld, der Wind treibt mich von der einen Seite zur anderen, garstig beißt der winterliche Frost, und der Weg ist so gut wie nicht zu erkennen. Bis heute kann ich mir nicht erklären, wie ich in diesem Zustand über schneeverwehte Felder stapfend, ohne den Weg zu sehen, damals das Haus der Bērziņš' erreicht habe. Abermals ein Wunder? Vielleicht Peslas Gebete?

Die Bērziņš' sind aufrichtig froh, mich zu sehen. Sie wollen bis in alle Einzelheiten wissen, wie es mir geht. Beim Essen unterhalten wir uns, die Familienmitglieder freuen sich, dass ich endlich einen Platz gefunden habe, wo ich bleiben kann. Bei ihnen wärme ich mich auf und erhole mich. Sie füllen meinen Korb mit Lebensmitteln für mich und Pesla. Es wird schon dunkel, aber der Sturm will immer noch nicht nachlassen. Ich wage, es zu riskieren und mit der Bahn zu fahren. Überall werden die Papiere kontrolliert, aber ich hoffe, dass ich wegen des Sturms nicht auf Polizisten treffe. Der nächstgelegene Bahnhof ist Škirotava.[50] Der Zug nach Riga wird bald eintreffen. Es ist bereits stockfinster, und die Gesichter sind nicht zu erkennen.

Ich setzte mich in den Zug und fahre nach Riga. Die Mitreisenden verhalten sich freundlich und höflich mir gegenüber. In Riga hilft mir ein Mann sogar beim Aussteigen und bietet an, meinen Korb zu tragen – wahrscheinlich hat meine Verkleidung Mitgefühl erweckt. Jemand nennt mich Großmütterchen. Und genauso sehe ich ja auch aus – eine bucklige Alte in einem Bauernmantel, der bis zur Erde reicht, bis zu den Augen eingewickelt in ein dickes Wolltuch.

Stolz auf das Geschaffte komme ich zu Pesla und präsentiere ihr den Korb.

„Das ist ein Wunder, ein Wunder Gottes", sagt sie, „und du bist die Vollbringerin Seines Willens. Dort oben", sie schaut zur Decke, „werde ich wohl als Heilige angesehen!"

Als sich die Begeisterung gelegt hat und wir uns gestärkt haben, setzt die tägliche Routine wieder ein. Ich mache sauber, bereite das Essen zu und halte mich fern von den Augen der Nachbarn im großen Zimmer auf. Regelmäßig kommen allerlei Weiber zu Pesla, um zu klatschen. Vom großen Zimmer aus höre ich durch die Wand zu. Einmal prahlt Pesla, dass Gott ihr auf ihre alten Tage ein Geschenk geschickt habe – ein Mädchen, das überaus zupackend und fleißig ist, noch nie habe jemand so für sie gesorgt. Peslas Worte erschrecken mich. Jetzt wird sich die Neuigkeit in Windeseile verbreiten, und es geschieht ein Unglück. Um meinen Seelenfrieden ist es geschehen.

Mehrere Male gehe ich noch aufs Land, um Lebensmittel zu holen. Meine Freunde haben es selbst nicht leicht, doch sie beklagen sich nicht und füllen meinen Korb jedes Mal bis zum Rand. Unterwegs kaufe ich bei Bauern ein paar Kartoffeln, Möhren und Dickmilch. Das Gesicht eines der Bauern kommt mir bekannt vor.

„Sind sie nicht Herr Šustermanis?", frage ich unsicher.

„Ja, und Sie? Frida? Das kann doch nicht sein!" Auch er hat mich erkannt.

Ich erzähle ihm ein wenig über das Wunder meines Überlebens. Šustermanis hört mir zu und berichtet, dass er mit eigenen Augen gesehen habe, wie Juden in Güterzügen ankamen, viele von ihnen waren schon erfroren, stundenlang wurden sie in Fahrzeuge verladen und in den Wald gebracht. Die Überlebenden seien erschossen worden.

„Ich habe gesehen", fährt er fort, „wie ein SS-Mann einer Mutter ihren erfrorenen Säugling aus den Händen zerrte und ihm das Pelzmäntelchen vom Leib riss. Diese Menschen wurden wahrscheinlich aus dem Ausland hergebracht, denn ihre Kleidung war anders als die der hiesigen Juden. Ich muss immer daran denken, wie widerstandslos sie alles hingenommen haben."

„Das waren sie deshalb, weil sie zugrunde gequält, von Hunger geschwächt und erniedrigt waren – und weil sie alles verloren hatten. Dann scheint einem der Tod eine bessere Lösung zu sein als das Leid. Ich kenne dieses Gefühl, weil ich es selbst erlebt habe."

Mit schwerem Herzen verabschiede ich mich von Herrn Šustermanis und kehre zu Pesla zurück.

Am Samstagmorgen fordert Pesla mich auf, mit ihr zusammen zu beten – um zu bitten, dass das Wunder der Rettung durch Gott nicht vergeht. Als wir fertig sind und uns vom Boden erheben, klopft es an der Tür. Ich verstecke mich im großen Zimmer. Eine Dame ist gekommen, Pesla zu besuchen. Ich bleibe im Zimmer und warte, dass sie wieder geht. Plötzlich öffnet sich die Tür, Pesla kommt mit ihrer Besucherin zu mir herein und macht uns miteinander bekannt:

„Das ist meine liebe Tochter Frida, von der ich dir erzählt habe. Die Engel des Himmels haben sie zu mir geschickt. Das ist Frau Šeink, meine Freundin." Frau Šeink eilt auf mich zu, umarmt und küsst mich, wobei sie mit bebender Stimme durch Tränen hindurch sagt:

„Mein teures Fridalein, wie viel hast du erlitten!"

Auch ich weine. So viel unerwartetes Mitgefühl berüht mich.

„Lasst uns gemeinsam zum Allmächtigen beten, auf dass Er uns den Weg der Rettung zeige!", fordert uns Frau Šeink in flüssigem Deutsch auf.

Wir knien alle drei nieder. Frau Šeink liest Bibelverse, die wir Satz für Satz wiederholen. Nach den Gebeten verabschieden wir uns fröhlich voneinander, und im Weggehen sagt Frau Šeink:

„Wenn du willst, kannst du einmal zu mir kommen, um die Wäsche zu waschen, du musst nur sehr vorsichtig sein, weil im Obergeschoss unseres Hauses SS- und Stabsoffiziere wohnen."

Frau Šeink ist etwa Ende dreißig, Anfang vierzig Jahre alt und eine gutaussehende, geschmackvoll gekleidete Dame. Sie hat mir anvertraut, dass sie zwei Juden, Vater und Sohn, mit Lebensmitteln helfe. Sie würden mit Schmucksachen bezahlen. Jetzt hätten sie sie gebeten, ein Versteck für sie zu finden, und dafür eine großzügige Belohnung in Aussicht gestellt. Frau Šeink habe auf Peslas Wohnung gehofft, aber wegen mir sei das natürlich ausgeschlossen. Frau Šeink ist sich mit Pesla einig, dass all diese Dinge von oben geregelt sind, so sei der Wille Gottes. Zum Abschied umarmen wir einander nochmals.

Zwei Tage später, an einem späten Montagabend, wird laut an unsere Haustür geklopft. Männerstimmen rufen drohend:

„Aufmachen! Wo ist das Vögelchen, das Sie hier verstecken?!"

Eher tot als lebendig verstecke ich mich im Zimmer hinter der Tür.

„Ich weiß nicht, vielleicht irgendwohin ausgegangen", antwortet Pesla unsicher und lässt sie herein.

In der Wohnung ist es dunkel, es gibt keinen Strom. Sie beginnen die Suche vom Korridor aus, indem sie ein Streichholz nach dem anderen anzünden, dann rücken sie in Küche und Zimmer vor, wobei sie jeden Winkel untersuchen, unter dem Bett nachschauen, hinter dem Schrank, bis sie mich hinter der Tür finden.

„Du kommst mit!", befehlen die Polizisten und schieben mich in Richtung Haustür.

Ich werfe den Mantel über, schnappe mir mein Wolltuch … Die Tür schließt sich, und ich höre, wie Pesla weinend anfängt zu beten.

Vor Angst kann ich das Tempo der Polizisten nicht mithalten, meine Knie sind weich.

‚So, jetzt werde ich gleich wieder zur Erschießung gebracht', denke ich. Das Blut gefriert mir in den Adern, und ich fange an, über meine eigenen Füße zu stolpern.

Ich werde aufs Polizeirevier gebracht. Der Raum ist ziemlich groß. Ein langer Tisch, Stühle, ein großer runder Eisenofen ist eingeheizt. Bei ihnen ist es so warm und häuslich, helles Licht, auf dem Tisch ein Telefon. Ein Polizist steht da und reinigt sein Gewehr.

‚Damit werden sie mich wohl erschießen', denke ich. Der am Tisch sitzende Polizist ruft mich zu sich:

„Wer bist du und wie heißt du?"

„Ich? Eine Frau bin ich", antworte ich, indem ich die einfältige Provinzlerin gebe.

„Knöpf' den Mantel auf!", befiehlt er.

Ich gehorche. Wahrscheinlich bin ich so schwach, abgehärmt und abgerissen, dass es gut zu meiner Rolle als Dummchen passt. Es sieht so aus, als ob sie anfangen, mir zu glauben.

„Wie heißt du?"

„Anna Schulze", schießt es mir in den Sinn.

„Wie?", fragt einer der Polizisten, die mich hergebracht haben, verblüfft. „Pesla hat einen anderen Namen genannt!"

„Pesla glaubt, dass ich eine von ihren Töchtern bin und nennt mich bei deren Namen."

„Sag' mal, in welchem Jahr bist du geboren?", setzt der Polizist das Verhör fort.

„Ich weiß nicht, ich glaube 1905."

„Und wo bist du geboren?"

„In Gulbene habe ich gewohnt und auch anderswo."

„Ich frage nicht, wo du gewohnt hast, sondern wo du geboren wurdest", fragt er beharrlich.

„Ich weiß nicht, das haben meine Eltern mir nicht gesagt."

„Geh', leg' dich ein bisschen hin, auf diese Stühle da", weist er mich an, womit die Befragung beendet ist.

‚Auch gut', denke ich, während ich mich von dem Tisch entferne, ‚wenigstens werde ich diese Nacht noch überleben.' Ich stelle mir einige Stühle zurecht, lege mich lang und tue so, als würde ich schlafen, bin aber hellwach.

Währenddessen versucht der Polizist, der mich verhört hat, telefonisch Informationen einzuholen. Er telefoniert hierhin, dann dorthin und fragt Daten über eine gewisse Anna Schulze ab.

„Hör mal, bist du vielleicht in Dzērbene geboren?"

„Ja, natürlich, in Dzērbene, genau da bin ich geboren! Jetzt erinnere ich mich!", springe ich auf, als ich die Frage höre. Ich halte mich an ihr fest wie an einem rettenden Strohhalm.

„Weshalb hast du keine Papiere?" Der Polizist zweifelt noch immer.

„Die habe ich verloren."

„Und wovon lebst du dann, wenn du keine Lebensmittelkarten hast?"

„Ich bin sehr krank und esse ganz wenig."

„Setz' dich hin und iss etwas, hier hast du ein Butterbrot mit Käse." Er reicht mir ein Brot, das er aus dem Papier gewickelt hat, und fährt fort:

„Morgen früh gehst du zur Präfektur und besorgst dir einen Pass."

„Wo muss ich den Pass holen?"

„Das sagte ich doch – auf der Präfektur."

„Aber wo ist die Präfektur?", fahre ich fort, die Dumme zu spielen.

Er nimmt ein Blatt Papier, notiert eine Adresse, zeichnet auf, wie man dort hingelangt, und fügt noch hinzu:

„Wenn du da bist, dann sag', dass du Anna Schulze aus Dzērbene bist und deinen Pass verloren hast, dann stellen sie dir einen neuen aus. So, und jetzt geh' nach Hause."

Ich traue meinen Ohren nicht, der Verstand vermag dieses Wunder noch nicht zu fassen. Ich eile zu Pesla. Sie betet immer noch, kniet neben ihrem Bett, die Augen sind verweint, die Lippen murmeln irgendetwas. Als wir einander erblicken, brechen wir in Tränen aus und umarmen einander.

„Ich bin von den Todgeweihten zurückgekehrt", sage ich schniefend. „Es ist ein Wunder, dass sie mich haben laufen lassen."

Pesla beruhigt mich:

„Ich wusste, dass du zurückkommst. Ich habe so sehr geweint und für dich zu Gott gebetet – und da bist du nun!"

Ich fange an zu glauben, dass ihre Worte und Gebete wirken. Wir knien beide nieder und sind erfüllt von Dankbarkeit gegenüber dem Allerhöchsten für Seine unbegreiflichen Wunderwerke.

Jemand hat mich verraten, das ist klar. Kein Wunder, denn neugierige Leute suchen ständig nach etwas Verdächtigem, das sie der Polizei melden können, um eine Belohnung zu kassieren oder sich eine Gunst zu verdienen. Möglicherweise hat mich ein Hauswart bemerkt und gemeldet.

Hier kann ich nicht mehr länger bleiben. Morgen früh muss ich Pesla verlassen. Aber wohin soll ich gehen? Ich denke hin und her und beschließe, zu Frau Šeink zu gehen. Sie hatte mir doch angeboten, dass ich ihre Wäsche waschen könne. Zwar ist es auch dort nicht sicher, aber aus Peslas Wohnung muss ich sofort verschwinden. Sie können wiederkommen und überprüfen, ob ich mir den Pass besorgt habe, und freiwillig auf die Präfektur zu gehen, ist zu riskant.

Am Morgen verabschieden wir uns herzlich, wir hängen inzwischen sehr aneinander. Pesla sucht einen für die Situation passenden Psalm heraus, wir lesen ihn laut und erbitten Seine Gnade, indem wir demütig vor dem Allmächtigen niederknien.

Frau Šeink

Frau Šeink und ihr Mann wohnen nicht weit von Pesla entfernt in der Laimdotas iela, in einem schönen zweigeschossigen Haus mit Garten. Als ich angekomme und klingele, öffnet Frau Šeink und führt mich rasch hinein. Sie wohnt im Erdgeschoss. Wir umarmen einander, ich berichte, welche Wunder mir in den letzten Tagen widerfahren sind. Sie führt mich in ein kleines Zimmerchen und lässt mich ablegen. Dann kniet sie nieder, faltet die Hände, betet zu Gott und fordert mich auf, es ihr gleichzutun, indem ich nach ihr Psalmworte und ein Lied wiederhole. Nach dem Gebet fragt mich Frau Šeink:

„Wo soll ich dich nur verstecken, dass mein Mann es nicht erfährt? Vielleicht soll ich ihm sagen, dass ich ein Mädchen vom Land eingestellt habe, das mir im Haushalt hilft? Oder sage ich besser, dass du nur einen Tag bei uns bleibst? Was meinst du?“

Sie weiß nicht, was sie tun soll, zweifelt, erwartet meinen Rat, doch ich weiß nicht, was ich antworten soll.

„Welche Arbeiten im Haushalt kannst du verrichten?“, erkundigt sich Frau Šeink. Sie ist der Verzweiflung nahe.

„Ich kann jegliche Arbeit verrichten und auch nähen.“

„Gut. Die Hauptsache ist, dass du meinem Mann gefällst. Wenn er dich erst einmal schätzt, dann ist alles in Ordnung.“

Gegen Abend schickt mich die Hausherrin in die Badewanne, damit ich die Läuse loswerde. Das letzte Mal war ich vor mehreren Monaten bei Sonja Bobrowa in der Badewanne. Beim Waschen schaue ich mich im Spiegel an – ich bin mager wie ein mit schlaffer Haut überzogenes Skelett und sehe aus wie eine neunzigjährige Greisin. Wie wohl das warme Bad tut! Ich dehne diesen Augenblick so weit wie möglich in die Länge.

Doch nun ans Werk: Ich wische Staub, mache die Betten, wasche Wäsche. Die Šeinks sind offenbar wohlhabend, Kinder haben sie keine. In der Wohnung gibt es mehrere elegant eingerichtete Zimmer mit Einbauschränken, eine große Veranda sowie Küche und Vestibül. Wohnzimmer und Schlafzimmer sind prachtvoll möbliert. Später erfahre ich, dass das Mobiliar einer jüdischen Familie gehört hat, die es nicht mehr gibt. Also haben die Šeinks die Möbel „geerbt".

Nachts versteckt Frau Šeink mich im Keller, damit ihr Mann glaubt, ich sei fort. Die Nacht vergeht in Wärme und Sicherheit.

Am nächsten Morgen stattet mich die Hausherrin mit einem weißen Häubchen und einer Schürze aus und setzt mich im Vestibül an die Nähmaschine, damit ich die Wäsche und Hemden ihres Mannes ausbessere. Stunde um Stunde vergeht bei der Arbeit. Unerwartet betritt einer der Nachbarn, ein SS-Mann, die Wohnung und fragt Frau Šeink, ob ihr Mann zu Hause sei. Ohne ihn zu beachten, fahre ich mit der Arbeit fort, obgleich ich vor Angst wie erstarrt bin, die Hände zittern und wollen mir nicht gehorchen.

„Er kommt erst am Nachmittag heim", antwortet sie freundlich. „Ich werde ihm sagen, dass Sie nach ihm gefragt haben, er wird dann zu Ihnen kommen."

„Vielen Dank, Madame!" Der SS-Mann schlägt die Hacken zusammen und geht wieder.

„Gut, dass du dich nicht umgedreht hast", sagt die Šeink erschrocken und legt mir den Arm um die Schulter. „Das ist ein SS-Offizier, der all seine Bekannten belehrt, wie man Juden unfehlbar am Ausdruck der Augen erkennt."

„Weshalb haben Sie mich dann in die Diele gesetzt, wo mich jeder der reinkommt, gleich bemerken kann?", frage ich sie.

„Was vor aller Augen geschieht, ist weniger verdächtig", erklärt Frau Šeink. „Es wäre gar nicht gut, wenn ein Besucher bemerkt, dass sich irgendwo in der Wohnung jemand aufhält – das würde nur umso neugieriger machen."

Ich habe drei Nächte im Keller verbracht. Herr Šeink hat mich bereits in der Wohnung arbeiten sehen, aber er weiß noch nicht, dass ich im Keller übernachte. Herr Šeink arbeitet in der Stadt in einem Büro. Er ist weder Adventist noch Nazi, hat aber mit den benachbarten SS-Leuten ein gutes Verhältnis, obwohl er an ihren Taten und Gelagen nicht teilnimmt.

Frau Šeink kann die Wahrheit nicht mehr vor ihrem Mann verbergen und erzählt ihm, wer ich bin. Anfangs ist Herr Šeink nicht besonders freundlich. Er ist kühl und abweisend und wirft mir hin und wieder misstrauische Blicke zu. Da er jedoch sieht, wie eifrig ich arbeite und mit dem Herzen bei der Sache bin – ich nähe, putze die Wohnung, wasche Wäsche, auch seine weißen Hemden, und dies alles ohne jede Bezahlung – zeigt er mehr Gewogenheit und beschließt, dass ich nicht mehr im Keller schlafen soll. Der Hausherr empfiehlt seiner Frau, mir einen Schlafplatz in der Wohnung in einem der entfernteren Zimmer zuzuweisen.

Doch das ist nicht von Dauer. Eines Morgens kommt Frau Šeink blass, traurig und aufgewühlt aus dem Schlafzimmer. Sie erklärt, dass sie mich nicht mehr länger in ihrer Wohnung verstecken kann. Ihr Mann könne nachts nicht schlafen vor Angst, dass trotzdem jemand von mir erfährt. Meinetwegen müssen sie jetzt die Tür abschließen, was den Nachbarn verdächtig erscheinen könnte, weil sie früher nie die Tür abgeschlossen haben.

Frau Šeink verspricht, ein anderes Versteck für mich zu finden. Schon am selben Tag fährt sie zu Bekannten nach Pārdaugava, aber ohne Erfolg – niemand ist bereit, ein solches Risiko einzugehen. Wir überlegen, was ich tun und wohin ich gehen soll. Am nächsten Tag fährt sie wieder weg, diesmal zu anderen Bekannten, aber wieder ohne Ergebnis …

Es wird Sonntag, nun ist schon eine Woche vergangen, seit ich in der Laimdotas iela wohne. Eine sympathische junge

Deutsche ist Frau Šeink besuchen gekommen. Sie ist hochgewachsen, schlank, blond, sehr energisch und fröhlich. Frau Šeink freut sich sehr über diesen Besuch. Sie sind gute Freundinnen und haben sich lange nicht gesehen.

Die Hausherrin macht uns beide bekannt und erzählt ihrem Gast alles über mich, was sie weiß. Die junge Deutsche mustert mich skeptisch, als würde sie am Wahrheitsgehalt meiner Geschichte zweifeln. Ich spreche sie zuerst an:

„Sie wohnen auf dem Land? Vielleicht könnte ich ein paar Wochen bei ihnen wohnen? Ich kann gut nähen. Ich würde Ihnen einen Mantel nähen, der ihre Schönheit unterstreicht. Wirklich, das kann ich."

Nachdem sie kurz überlegt hat, antwortet die junge Frau:

„Gut, Frida, du kannst mit mir mitkommen, aber unterwegs halten wir Abstand. Ich gehe voran, du folgst ein Stück hinter mir. Wenn dich jemand auf der Straße anhält, dann kennst du mich nicht."

Nachdem sie noch eine Weile geblieben ist, macht sich die Besucherin zum Gehen bereit. Auch ich verabschiede mich von Frau Šeink, wir umarmen einander wie alte Freundinnen, ich danke ihr für die Sorge und die erwiesene Freundlichkeit.

Olivia Viļumson und ihre Familie

Der Name meiner neuen Wohltäterin ist Olivia. Sie sagt, sie werde in der Stadt noch ein paar andere Freunde besuchen und danach nach Hause zurückkehren. Ich halte zu ihr einen Abstand von etwa einem Häuserblock ein, lasse sie nicht aus den Augen, versuche, mit ihrem flotten Schritt mitzuhalten. Unvermittelt betritt Olivia das Haus Artilērijas iela 17. Ich folge ihr auf dem Fuß, die Wohnung betreten wir zusammen. Hier wohnen ihre

Freundinnen, die Schwestern Sascha und Greta. Olivia erzählt den jungen Frauen alles über mich, was sie von Frau Šeink gehört hat. Sascha und Greta nehmen mich freundlich auf, zeigen Verständnis und Mitgefühl, bieten an, mich zu setzen.

„Mach' dir keine Sorgen", beruhigen sie mich, als sie meine Verlegenheit sehen. „Wir werden niemandem von dir erzählen. Wir werden zu Gott beten, dass Er hilft und rettet."

Auch sie sind überzeugte Adventistinnen.

Olivia und ich haben noch einen weiten Weg vor uns, lange können wir uns nicht aufhalten. Vor dem Weggehen setzt sie sich kurz zu mir und fragt, ob ich einen Marsch von fünfundzwanzig Kilometern Entfernung schaffen werde.

„Wenn es ums Überleben geht, bin ich bereit, auch hundert oder mehr Kilometer zu gehen", antworte ich überzeugt, und wir treten auf die Straße hinaus.

Wieder gehen wir wie zuvor: sie voraus, ich ein Stück hinter ihr. Wir lassen die Innenstadt hinter uns, überqueren die Daugava-Brücke und gehen durch Pārdaugava, bis wir an der Bauskas šoseja (Bauskaer Landstraße) stehen bleiben. Die Straße ist leer, uns kommen so gut wie keine Passanten entgegen.

Aus der Ferne nähert sich ein schwarzer Punkt. Er erweist sich als ein Bauer, der mit Pferd und Schlitten auf der Straße unterwegs ist. Olivia versucht das Pferd anzuhalten, aber der Bauer beachtet sie gar nicht, das Pferd trabt munter weiter. Geschickt wie eine Sportlerin rennt Olivia ein Stück und springt rasch auf den Schlitten, und ich stehe immer noch auf der Straße. Nun fange auch ich an zu rennen, um den Schlitten einzuholen. Das Herz hämmert, dass es gleich aus der Brust zu springen scheint. Noch ein wenig Anstrengung, dann bin auch ich auf den Schlitten gesprungen. Der Bauer bemerkt uns zwar, schenkt uns aber keine Aufmerksamkeit. Olivia und ich sprechen nicht miteinander, wir wechseln nicht einmal Blicke:

Soll er denken, dass wir einander fremd sind und nur zufällig nebeneinander sitzen.

So fahren wir etwa fünfzehn Kilometer, bis sich der Weg teilt. Hier müssen wir abbiegen. Olivia springt mit derselben Leichtigkeit vom Schlitten, ich fahre noch ein Stückchen weiter, dann springe auch ich ab und falle der Länge nach auf die Nase. Der Mann treibt in aller Seelenruhe sein Pferd an und setzt seinen Weg fort, ohne sich umzusehen. Ich laufe zu Olivia.

„Auf dieser Straße“, sagt sie, „sind es noch sieben Kilometer, aber hier wird niemand vorbeikommen, den Rest der Strecke müssen wir zu Fuß gehen.“

Der Weg führt über Felder, durch einen Wald und durch schneeverwehte Senken. Hin und wieder ist irgendwo ein vereinzeltes Gehöft zu erkennen, Menschen sieht man keine. Es wird bereits dunkel.

„Dort auf dem Hügel ist es, unser Haus“, verkündet Olivia freudig.

‚Das bedeutet, dass wir unser Ziel wohlbehalten erreicht haben. Die Gegend ist das reinste Paradies‘, denke ich, ‚welche Stille – und diese schöne Natur! Wie viele solcher Orte es wohl noch geben mag, wo sich Gefangene des Ghettos hätten verstecken können …? Dichter Wald, Hügel und Täler! So viele Verstecke gibt es hier, was für ein Glück, dass ich hierher geraten bin!‘

Olivia führt mich ins Haus. Ihre Mutter wirft mir einen unfreundlichen Blick zu, als würde sie fragen:

„Und was hast du uns diesmal für ein hübsches Ding mitgebracht?“

Angespannte Stille. Olivia nimmt die Mutter zur Seite und erzählt ihr flüsternd etwas. Auch der Vater kommt herein, ein stattlicher Mann mit roten Wangen, hochgewachsen, um die 70 Jahre alt, mit langem, dichtem Bart, fast wie der

Weihnachtsmann auf den Weihnachtsgrußkarten. Aufgeregt unterhalten sie sich flüsternd miteinander und streiten, während sie überlegen, was sie mit mir anfangen sollen. Olivia versucht, die Mutter zu beruhigen. Der Vater ist distanziert. Endlich einigen sie sich, dass ich mich ein paar Wochen lang als Gast der Familie im Haus aufhalten könne. Ich bin ihnen dankbar.

Die Viļumsons sind eine einheimische deutschbaltische, christliche Familie – auch sie sind Siebenten-Tags-Adventisten. Später erfahre ich, dass sie und Frau Šeink, ebenso wie Pesla, Sascha und Greta, Mitglieder ein und derselben Gemeinde sind!

Das Viļumson`sche Haus besteht aus einer einzigen Stube, in der sich auch die Küche befindet. In der Mitte des Zimmers wird die niedrige Decke von einem Rundholz gestützt. Das Licht scheint durch zwei kleine Fensterchen ins Haus, auf den Fenstersimsen stehen Blumentöpfe. Der Kachelofen und der gemauerte Herd bilden die Unterteilung zwischen Stube und Küche. Über dem Herd hängen Pfannen und Töpfe. Die Küchentür führt in den Sommeranbau, dessen Wände aus Sperrholz bestehen. Durch sein großes Fenster ist der Hof der Nachbarn zu sehen, die wohlhabender zu sein scheinen: mit einer großen Scheune, einem Stall und aufgestapelten Brettern.

Als die Sonne untergegangen ist, halten die Viļumsons eine Andacht ab. Dann essen alle gemeinsam zu Abend und begeben sich zur Nachtruhe.

Am Morgen erforsche ich sorgfältig jeden Winkel des Hauses, um zu wissen, wo ich mich verstecken kann, wenn unerwartet ein Fremder erscheint. Die Viļumsons haben mich gewarnt, dass hin und wieder ein Gemeindebeamter oder ein Polizist auf dem Fahrrad mit einer Benachrichtigung herkommen würde, auch die Nachbarn könnten gelegentlich vorbeischauen. Sie haben zwar einen kleinen Hund, aber der schläft immer selig im Haus unter dem Tisch und fängt erst dann an zu bellen, wenn der Fremde bereits in der Stube steht. Hauptsache, die Familie wird nicht unvorbereitet überrascht – ich muss es schaffen, mich rechtzeitig zu verstecken, um neugierigen Blicken und Verdächtigungen zu entgehen.

Untereinander sprechen die Viļumsons Deutsch, aber mit mir nur Lettisch. Ich löse das Olivia gegebene Versprechen ein und nähe ihr einen Mantel. Sobald ich an der Nähmaschine sitze, arbeite ich konzentriert, bis die Arbeit fertig ist. Der Mantel sitzt wie angegossen und kaschiert auch Olivias hagere Figur. Alle sind begeistert. Jetzt bitten auch Mutter und Vater, ihnen Mäntel zu nähen.

Ich freue mich, dass sie mit meiner Arbeit zufrieden sind und immer mehr Kleidungsstücke von mir angefertigt haben wollen. Ich verspreche, alle ihre Wünsche auszuführen. Doch die Arbeit geht nicht so schnell von der Hand, wie ich gern möchte. Oft muss das Nähen wegen unerwarteter Gäste unterbrochen werden. Dann und wann kommt der fünfjährige Nachbarsjunge Ļoļiks zum Spielen herein. Dann muss ich mich verstecken, denn der kleine Junge erzählt zu Hause immer seinen Eltern und der Großmama, was er gesehen hat. Wir möchten, dass so lange wie möglich niemand von mir erfährt; ein Gast aus der Stadt kann sich schließlich nicht allzu lange bei einer alles andere als wohlhabenden Familie aufhalten. Die Haustür zu verriegeln, wäre unklug – das würde verdächtig wirken, denn normalerweise schließen die Leute auf dem Land ihre Türen nicht ab.

Zwei Wochen bin ich nun dort. Die Mutter klagt immer häufiger, dass sie es schwer haben, satt zu werden. Ich verstehe, dass ein zusätzlicher Esser belastend für die Familie ist. Die Viļumsons haben ein Gemüsegärtchen, eine einzige Kuh und einige Hühner. Außerdem verlangt das Gesetz, diverse Abgaben an die deutschen Machthaber zu entrichten. Eines Abends diskutieren sie wieder einmal, was sie mit mir anfangen sollen. Die Mutter Viļumson empfiehlt, den jüngeren Sohn Hein um Rat zu fragen, der neun Kilometer entfernt in Ķekava wohnt. Vielleicht kann er helfen.

Schon am nächsten Tag bricht Olivia zu ihrem Bruder auf und erzählt ihm alles. Sie kehren zu zweit zurück, weil der Bruder mich selbst sehen will. Meine Geschichte erschüttert ihn, und er bittet seine Eltern von Herzen, mich auf keinen Fall fortzuschicken, und verspricht, für meine Verpflegung zu sorgen.

„Dies ist Gottes Wille. Er will, dass Frida lebt. Wenn wir sie nicht retten, begeht unsere Familie eine große Sünde!", sagt er voller Überzeugung.

Stille tritt ein, alle überdenken das Gesagte. Es wird beschlossen, dass ich bleibe. Ich bin überrascht von Heins überzeugenden Worten. Die ganze Familie ist sehr religiös. Die Adventisten glauben, dass die Juden das Volk des Bundes mit Gott sind und begegnen ihm mit großer Achtung.

Hein (Heinrich) ist ein gutaussehender junger Mann. Kinder haben er und seine Frau Edith noch keine. Er arbeitet in Ķekava als Müller, Mangel leiden sie nicht.

Die Tage und Wochen vergehen wie im Flug. Im März lässt der Winter endlich nach, der Schnee taut, es wird wärmer und sonniger. Nun kann auch der Sommeranbau als Versteck genutzt werden. Ich putze ihn, wische die Pfützen auf, die vom Fenster herabgetropft sind, reinige Decke und Wände. Hier nähe ich auch, bemühe mich aber dabei, still und leise zu sein. Solange es hell ist, verlasse ich das Haus nicht, denn den Nachbarn wurde gesagt, dass der Gast wieder heim nach Riga gefahren sei. Für Olivia ist der Frühling die schwerste Zeit: Sie hat Tuberkulose, leidet unter häufigen und langwierigen Hustenanfällen, man kann hören, wie beim Atmen ihre Lunge rasselt. Sie ist wie ein schöner, aber innerlich von Maden zerfressener Apfel. Manchmal würgt sie der Schwindsuchthusten so sehr, dass sie Blut spuckt. Sie ist sehr ordentlich und peinlich bemüht, zu verhindern, dass die Hausgenossen sich anstecken. Jeden Tag nimmt sie eifrig ihre Medizin. Innerhalb kurzer Zeit sind wir enge Freundinnen geworden, und ich empfinde großes Mitleid mit ihr.

In den Zeiten, wo sich ihre Krankheit verschlechtert, übernehme ich alle ihre häuslichen Arbeiten: Ich wische den Holzfußboden, bis er glänzt, putze sämtliche Ecken, wische Staub und helfe Mutter Viļumson in der Küche. Wasser hole ich nachts, denn der Brunnen befindet sich in einiger Entfernung unmittelbar am Waldsaum. Ich schöpfe die Eimer voll und gleite ohne das geringste Geräusch am Nachbarhof vorbei. Um Wasser für den ganzen Tag zu holen, gehe ich dreimal hintereinander zum Brunnen. Der Weg den Hügel hinauf mit zwei Eimern voll Wasser ist der schwerste Abschnitt, insbesondere deshalb, weil ich ganz leise am Nachbarhaus vorbeigehen muss. Der Großputz findet immer freitags vor der Sabbatfeier statt. Die Mutter erinnert mich freundlich daran, auch für mich selbst die Zeit zu nehmen, mich und meine Wäsche zu waschen, mich zu kämmen und auf das Abendgebet vorzubereiten.

Der ältere Sohn der Viļumsons heißt Kurt. Er ist mit einer Lettin namens Ruta verheiratet, die beiden wohnen in Riga. Kurt arbeitet als Sanitäter in einem Krankenhaus. Als sie einmal kommen um die Eltern zu besuchen, wird Kurt in mein Geheimnis, ohne dass seine Frau es hören kann, eingeweiht. Er ist sehr beunruhigt, dass seine Eltern eine Jüdin verstecken, und macht ihnen Vorwürfe:

„Weshalb müssen wir die Helden spielen und wegen einer Jüdin Kopf und Kragen riskieren", sagt er, obwohl auch er ebenso wie alle anderen in dieser Familie, streng adventistisch erzogen wurde.

Kurt versucht die Eltern zu überzeugen, dass sie mich wegschicken sollen, wenn ihnen ihr eigenes Leben lieb ist, aber ohne Erfolg. Er fährt bedrückt und unzufrieden heim. In Bezug auf mich bleibt alles beim Alten.

Anfang April ist es warm, die Zeit für die Feldarbeit ist gekommen. Den Nachbarn wird erzählt, dass ich wieder einmal zu Besuch gekommen sei, um zu helfen. Mit der Arbeit wird am frühen Morgen begonnen. Olivia bringt mir bei, wie man Stallmist aufgabelt und gleichmäßig auf der Erde verteilt. Danach lerne ich, die Erde mit dem Pferdepflug zu pflügen. Anfangs ist es quälend schwer. Ich habe nicht genug Kraft, den schweren eisernen Pflug zu halten, das Pferd schleudert mich hin und her, die Furchen geraten krumm und schief. Ich gebe nicht nach, sondern packe mit zusammengebissenen Zähnen und schweißüberströmt fest die Griffe des Pfluges, bis ich das schwere Pflügerhandwerk erlernt habe. Allmählich werden die Furchen hinter mir gerade und das Pferd vor mir gehorsamer. Nach dieser Arbeit kann ich mich kaum noch auf den Beinen halten, ich krieche fast auf allen Vieren nach Hause, freue mich aber über das Geschaffte.

Dem Pflügen folgen Aussaat und Anpflanzen. Auf dem Feld werden Kartoffeln, Rüben, Möhren und anderes Gemüse wachsen. In der Nähe des Waldes haben die Viļumsons auch ein kleines Gewächshaus, wo die Tomatensetzlinge schon üppig ausgeschlagen haben. Das Gewächshaus wird häufig meine Zufluchtsstätte. Hier verstecke ich mich, wenn sich ein Fremder dem Viļumson`schen Hof nähert. Im Gewächshaus fühle ich mich relativ sicher, arbeite dort mit großer Freude und hole gerne jeden Tag die benötigten vierzig Eimer Wasser, um die Setzlinge zu gießen.

Eines Tages werden wir unerwartet von Bekannten der Viļumsons aus dem Nachbardorf überrascht, als ich mich im

Haus befinde. Ich werde ihnen als eine Freundin der Mutter aus der Adventistengemeinde vorgestellt.

Einer der Gäste fragt mich:

„Wie kommt denn das, dass du, jung und hübsch, wie du bist, nicht bei den Deutschen arbeitest?"

„Ich bin krank, deshalb bin ich von der Arbeit freigestellt", rechtfertige ich mich.

Das macht uns vorsichtig. Es ist klar, dass man ohne polizeiliche Meldung nicht lange an ein und demselben Ort wohnen darf, jederzeit kann jemand kommen, um die Papiere zu überprüfen. Auf dem Land fällt jeder Neuankömmling sofort auf.

Ich muss mich wieder verstecken. Tagsüber nähe ich, die Nächte verbringe ich in einem Heuhaufen. Im Sommer ist es ungleich leichter, sich zu verstecken – die Natur selbst beschützt mich.

Die Viļumsons haben die Genehmigung, im Wald Heu zu mähen. Hier auf der Waldlichtung vergeht beim Heumachen der größte Teil meines Sommers. Ich habe gelernt, das Heu mit der Sense zu mähen und es zum Trocknen auf Heureuter aufzureitern. Olivia und ihr Vater, Ferdinand Viļumson, kommen auch oft, um bis zum Mittag zu arbeiten. Wenn sie wieder heimgefahren sind, bleibe ich im Wald, gehe spazieren, sammle Pilze und Beeren. Bei Einbruch der Dunkelheit kehre ich auf die Wiese zurück und schlüpfe in einen der Heuhaufen. So vergeht der Sommer, bis die Herbstregenschauer kommen. Ich kehre ins Haus der Viļumsons zurück. Die Nachbarn erfahren, dass die Freundin aus Riga wieder zu Besuch gekommen ist, um bei der Ernte zu helfen.

Die ganze Familie arbeitet auf dem Feld – wir graben Kartoffeln, ziehen Möhren und Rüben und ernten Zwiebeln. Sogar Kurt und seine Frau sind gekommen, um zu helfen.

Meinetwegen ist Kurt lange nicht bei seinen Eltern gewesen, aus Furcht, dass sie jemand verrät, was für die gesamte Familie eine Katastrophe wäre. Nun hat er sich beruhigt, da er sieht, dass meine Anwesenheit gar nicht so gefährlich ist und ich seinen Eltern sogar nützlich bin. Zudem nehme ich an ihren Gebeten teil und beachte die religiösen Familientraditionen. Das erscheint ihm sehr wichtig – ich bin eine weitere gerettete Seele. Trotzdem verhält er sich mir gegenüber zurückhaltend, ist vorsichtig und spricht nur im allernötigsten Fall mit mir.

Ruta wurde gesagt, ich sei Lettin und eine Freundin von Olivia, die hin und wieder zu Besuch aus Riga kommt. Ruta bittet mich, ihr ebenfalls etwas zu nähen, aber Kurt mischt sich ein und redet es seiner Frau aus – er wolle das nicht. Ruta gehorcht ihm aufs Wort. Einige Tage später fahren sie wieder nach Hause.

Der Winter naht und damit neue Schwierigkeiten: Wo soll ich die kalte Jahreszeit verbringen? Olivia fährt fast jeden Tag zu Freunden in die Stadt, um eine Unterkunft für mich zu finden. Niemand möchte das Risiko auf sich nehmen. Diesmal helfen Hein und Edith aus, die mir anbieten, eine Weile bei ihnen in Ķekava zu wohnen und diverse Näharbeiten zu verrichten, Edith besitze viele Stoffreste. Und eines Abends kommt Hein mit Pferd und Wagen, um mich abzuholen.

Hein und Edith wohnen im oberen Stockwerk eines zweigeschossigen Holzhauses, in dem auch mehrere Familien deutscher Soldaten untergebracht sind. In der Wohnung gibt es zwei Durchgangszimmer mit Tür auf einen langen Korridor. Alle Bewohner eines Stockwerks teilen sich eine einzige Toilette.

Die Gegend um Ķekava ist sehr malerisch. Sie sieht genauso wie das Vorbild für die idyllischen Landschaften deutscher und holländischer Radierungen aus – der Fluss mit Wasserfall und Wassermühle, ringsherum Wald, ordentlich bestellte Felder, von grünen Gärten umgebene Bauernhäuser wohlhabender Leute. Im Sommer muss man sich in dieser Gegend wie im Märchen fühlen. Wundervoll für diejenigen, die das Recht haben hier zu leben …

Edith verhält sich mir gegenüber sehr gastfreundlich: Sie ist bemüht, mich möglichst gut zu verköstigen. Die von ihr zubereiteten Speisen sind außerordentlich wohlschmeckend und aromatisch. Mit Behagen genieße ich den Duft frisch gebackenen Brotes – an Mehl fehlt es ihnen natürlich nicht. Edith bereitet die unterschiedlichsten Gerichte zu, kocht häufig leckere, mit Sirup gefüllte Klöße, die in Sauermilch schwimmen. Kein Wunder, dass ich bei solch bester Verpflegung rasch zunehme. Nun sehe ich nicht mehr aus wie eine ausgemergelte Alte. Aber in Angst lebe ich weiterhin.

Bevor ich auf den Abort gehe, lausche ich aufmerksam, schaue durch das Schlüsselloch und gleite, wenn ich mich davon überzeugt habe, dass wirklich niemand in der Nähe ist, klammheimlich aus der Wohnung und kehre ebenso verstohlen wieder zurück. Meistens sondiert allerdings Edith die Lage, und auf ihr Zeichen hin verlasse ich das Zimmer, während sie aufpasst. Manchmal vergeht eine ganze Stunde, ehe die Luft rein ist.

Tagelang nähe ich für Edith Kleider. So vergehen einige Wochen relativ ruhig. Eines Tages klopft es unerwartet an der Tür. Augenblicklich verschwinde ich in einem Schrank und lege mich reglos hin wie in einem Sarg. Edith verschließt die Schranktür und steckt den Schlüssel ein. Ich höre alles, was in der Wohnung geschieht. Ihr Bruder ist zu Besuch gekommen. Er hat beschlossen, als Freiwilliger zu den Deutschen zu gehen, und ist gekommen, um sich von seiner Schwester zu verabschieden.

„Ich begreife nicht, weshalb du aus freien Stücken in die Hölle gehst?“, versucht Edith ihn von seinem Entschluss abzubringen.

„Wenn alle so denken wie du, wer kämpft dann gegen die Bolschewiken?“ Ihr kriegerischer Bruder sitzt da und verbittet sich, solch feigen Unsinn zu reden.

„Ich bin der Ansicht, dass jeder Krieg unmoralisch ist und im Widerspruch zu Gottes Willen steht“, beteiligt sich nun auch Hein an dem Gespräch.

So vergeht der ganze Tag. Ediths Bruder prahlt herum und erzählt von seinem ausschweifenden Leben mit Mädchen, die ihm nie einen Korb geben würden. Währenddessen liege ich reglos im Schrank, ich muss ganz dringend auf die Toilette, aber er sitzt nur da, schwafelt, isst und trinkt. Ich atme kaum, unterdrücke jedes Husten oder Niesen. Endlich beginnt er seine Sachen zusammenzusammeln, fährt aber trotzdem fort zu reden und zu reden. Wenn er doch wenigstens für einen Augenblick das Haus verlassen würde! Ich fühle, dass ich es nicht länger aushalte! Erst spät abends verabschiedet er sich endlich und fährt weg, tief überzeugt von seiner Wahrheit und zufrieden mit seiner „soldatisch großen Mission für den Führer, Deutschland und das neue Lettland“.

Edith öffnet die Schranktür und erkundigt sich, ob ich noch lebe. Ich springe aus dem Schrank und schieße wie ein Pfeil auf die Toilette, wobei ich jegliche Vorsicht außer Acht lasse. Das Glück ist mir hold, und unbemerkt kehre ich zurück.

Die Zeit meines Aufenthalts in Ķekava nähert sich ihrem Ende. Man kann nicht lange an einem Ort bleiben, wir haben uns auf höchstens einen Monat geeinigt. Olivia holt mich ab und verkündet, Sascha und Greta seien bereit, mich bei sich in Riga aufzunehmen. Wir verabschieden uns herzlich und machen uns auf den Weg.

Überwintern in Riga

Sascha, Greta und ihr Vater wohnen in einer kleinen Kommunalwohnung im dritten Stock, in der sich mehrere Mietparteien eine Küche teilen.[51] Die Toilette befindet sich im Treppenhaus im Zwischengeschoss. Vater Klebais ist schon sehr betagt, betrachtet sich jedoch als modernen Mann: Er mag es, Schnaps zu trinken und gut zu essen. Meistens ist er angetrunken und gutgelaunt. Die Töchter stellen mich als ihre lettische Freundin Anna vor.

Greta arbeitet als Krankenschwester in einem Lazarett, Sascha ist Köchin im Tuberkulosekrankenhaus. Morgens begleiten die beiden erst ihren Vater, danach gehen sie selber zur Arbeit und schließen hinter sich die Tür ab. Ich bleibe allein in der großen Wohnung, sitze da und nähe meinen neuen Freundinnen Kleider. In jedem Haus hilft mir meine Nähkunst, mir die Menschen, die mich aufnehmen, gewogen zu machen, und diese Familie stellt keine Ausnahme dar. Nicht alle Nachbarn verlassen tagsüber das Haus, weshalb ich äußerst vorsichtig sein muss, wenn ich auf die Toilette gehe. Hier ist das komplizierter als anderswo, weil man eine halbe Treppe nach unten gehen und deshalb einen Augenblick abpassen muss, dass sich weder auf unserem Stockwerk noch eine Etage tiefer jemand befindet. Manchmal dauert es Stunden, bis die Luft rein ist.

Eines Tages erhalten meine Freundinnen Besuch von ihrer Tante. Sobald es an der Tür klopft, krieche ich sofort unter das Bett. Die Tante ist sehr bekümmert – es gibt schlechte Nachrichten von der Front.

„Die Russen haben meinen Erik gefangen genommen, es wird immer schlimmer“, jammert die Tante. „Die Nächte hindurch weine ich und den ganzen Tag über bete ich.“

Sascha bittet sie, sich zu setzen, und kocht einen Tee.

„Wisst ihr, wie schrecklich es den Unsrigen bei Stalingrad ergangen ist, welch blutige Kämpfe dort stattgefunden haben?“, fährt sie unter schweren Seufzern fort, ihr Herzeleid auszubreiten. „Die Unsrigen erleiden furchtbare Verluste, Gott allein weiß, wie das enden wird.“

„Ja, ich habe es von meinen Patienten im Krankenhaus gehört“, bestätigt Greta. „Sie erzählen, dass sie in ein wahres Blutbad geraten sind. Und was die Russen nicht schaffen, das erledigt die bittere Kälte des Winters. Viele werden mit abgestorbenen Gliedmaßen und schon halb verfaulten Leibern hergebracht, der Gestank und der Anblick sind entsetzlich.“

Ich lausche ihren Gesprächen und höre im Hintergrund das Klappern der Löffel und Tassen. Nachdem sie sich noch eine Weile unterhalten haben, verstummen sie. Der Radioempfänger wird eingeschaltet. Trauermusik wie auf einer Beerdigung erklingt. Für mich bedeutet das, dass die Rettung naht. Eine Niederlage der Deutschen ist für mich eine gute Nachricht. Wie gut, dass meine Freundinnen nicht in mein Herz schauen und meine Gedanken lesen können. Sie sind durch und durch Deutsche und trauern nicht wegen Hitlers Niederlage, sondern um ihr Volk und um Deutschland.

Die Frauen rufen den Allmächtigen an und beginnen inbrünstig, für Gerechtigkeit und Hilfe für ihre Brüder zu beten, die an der Front leiden. Ich kann mich ihnen nicht anschließen und bete, unter dem Bett liegend, für den Untergang Nazi-Deutschlands.

Sechs Wochen arbeite ich bei den Klebais' in der Artilērijas iela, dann bringt mich Olivia für den letzten Wintermonat zu Ediths Eltern nach Pārdaugava[52]. Das hat Olivia ihnen abgerungen, indem sie versprach, dass ich großartige Kleider nähen würde. Sie hat mich als hervorragende Schneiderin gerühmt und ihnen natürlich alles über mich berichtet, damit sie wissen, was sie riskieren.

Ediths Eltern wohnen in einem kleinen Holzhäuschen mit zwei Zimmern und einer Küche. Der Abort ist diesmal glücklicherweise drinnen. An der anderen Seite des Hauses befindet sich ein gesonderter Eingang zu einem weiteren Zimmer, in dem Ediths Schwester wohnt – eine junge, umtriebige

Dame, die bereits zu einem Kind von einem deutschen Soldaten gekommen ist. Wenn sie zur Arbeit geht, gibt sie ihren quengeligen Säugling in die Obhut ihrer Mutter. Auch Ediths Großvater, ein ehrwürdiger, ergrauter Herr, wohnt hier.
So verbringe ich nun einen ganzen Monat damit, den Damen der Familie Kleidung zu nähen – Mäntel, Kleider und Kostüme. Die Arbeit besteht im Wesentlichen darin, Kleider von Juden, die nun zur übrigen Bevölkerung gelangt sind, umzuändern, und das fällt mir sehr schwer. Ich erbebe jedes Mal, wenn ich ein neues Kleidungsstück zur Hand nehme: Wer war wohl sein Besitzer? Es sind ebenso Kleider für Kinder und für Männer wie Röcke, Blusen und Abendkleider für Frauen.

Ediths Mutter ist freundlich und mit meiner Arbeit zufrieden, sie setzt sich häufig neben mich und philosophiert über das Leben.

„Bloß gut, dass unser Sohn zur Armee gegangen ist", beginnt sie einmal offenherzig das Gespräch. „Er ist so … nun, wenn er hier wäre, könntest du nicht bei uns wohnen. Seine Freunde sind Saufkumpane und leichte Mädchen. Zwei Kinder ein und derselben Mutter: Der Sohn ist ein Nazi, und die Tochter versteckt eine Jüdin."

„So ist das Leben", antworte ich ihr. „Freund und Feind, edle Menschen und Bestien – häufig geboren aus einem Schoß, von einer Mutter gesäugt."

„Ja, du hast recht", seufzt sie schwer, „und ich schäme mich für meinen Sohn."

Bald ist meine Arbeit beendet. Auch die Lebensmittelreserven sind erschöpft, und ich beschließe, wieder nach Katlakalns zu den Viļumsons zu gehen.

Sie haben mich schon seit einigen Tagen zurückerwartet. Anfangs wohne ich im Haus, um mich vor den Nachbarn zu verstecken, später gehe ich in den Hof hinaus, als sei ich gerade wieder zu Besuch gekommen. So gewinne ich Zeit bis zum Frühling. Allmählich bin ich überzeugt, dass man sich auch an

Angst gewöhnen kann – so wie an alles andere auch. Manchmal scheint es, dass auch die Viļumsons sich mit der gefährlichen Situation abgefunden haben und die Gefahr nicht mehr fürchten, die von allen Seiten lauert.

Eines Tages kommt Kurt mit schlechten Nachrichten: In der Stadt sind Gerüchte im Umlauf, dass die Viļumsons eine Jüdin bei sich versteckt haben. Es herrscht langes Schweigen. Es kommt mir vor, als seien alle Blicke auf mich gerichtet, um ohne Worte zu sagen: Unser Leben liegt in deinen Händen, bitte schone uns und finde ein anderes Versteck!

„Ich werde weggehen", erkläre ich, indem ich mich vom Tisch erhebe. „Meine besten Freunde will ich nicht einem so großen Risiko aussetzen."

Nach einem Augenblick peinlicher Stille wird Mutter Viļumson tätig und macht mir einen Korb mit Lebensmitteln zurecht. Ich höre Olivia mit dem Vater und in der Küche Kurt mit der Mutter flüstern – es tut ihnen trotz allem leid, dass ich fort muss.

„Einen solchen Menschen darf man nicht verlieren", flüstert Olivia. „Sie ist doch eine heilige, gerettete Seele. Es ist ein wahres Wunder Gottes!"

„Aber was sollen wir machen? Und wenn sie nun plötzlich kommen und sie finden? Dann sind wir alle erledigt! Wir haben keine Wahl."

Wir beten gemeinsam und nehmen unter Tränen Abschied.

„Wohin willst du gehen?", fragt Mutter Viļumson mitfühlend.

„Ich verstecke mich in den Wäldern der Umgebung, vielleicht finde ich noch andere gute Menschen wie euch", teile ich ihnen meine nicht existierenden Zukunftspläne und nebulösen Absichten mit.

Wir verabschieden uns herzlich voneinander, und ich gehe in Richtung Wald. Von allen Seiten umgeben mich riesige Kiefern. Für einen kurzen Augenblick erinnert diese Weite an den Duft der Freiheit. Die Bäume, Büsche und Höhlen des Waldes bieten gute Verstecke. Ich renne, tanze und schlage sogar Purzelbäume. Wenn mich jemand sehen würde, könnte er meinen, ich hätte den Verstand verloren.

Als es dunkel wird, kehre ich dennoch leise in den Hof der Viļumsons zurück und verstecke mich im Heuschober. Nach einer Stunde höre ich, wie jemand zu mir nach oben klettert. Ich sehe nach – es ist Olivia, unten steht ihr Vater.

„Komm runter", sagt sie zu mir, „komm zurück ins Haus."

„Weshalb?", frage ich verständnislos.

„Als du fort warst, haben Vater und ich in der Bibel gelesen, und unser Gewissen hat sich gemeldet: Haben wir recht gehandelt? Wir haben weitergelesen, bis uns ein Psalm ins Auge stach. Wir haben verstanden, dass Gott durch die Angst unseren Glauben prüfen will – ob wir in dieser Situation Ihm und Seiner Lehre treu bleiben."

„Gott ist allmächtig", fügt Vater Viļumson hinzu. „Wir dürfen Seine Wege nicht in Zweifel ziehen. Wenn es Gottes Wille ist, dass wir dich verstecken, dann wird der Feind dich nicht entdecken. Wenn es nötig ist, wird Er ihn blind, taub und ohnmächtig machen."

Sie sprechen so inbrünstig und überzeugend, dass der Glaube auch in mein Herz einzieht. Ich schaue in den gestirnten Himmel, und Tränen der Dankbarkeit rinnen über meine Wangen. So viel Menschlichkeit, Wohlwollen und Mitgefühl geht von diesen Menschen aus!

Die Viļumsons befolgen jede Zeile der biblischen Schriften und gehorchen in Demut dem Allerhöchsten. So komme ich wieder in ihre Obhut. Ich bemühe mich, noch vorsichtiger so zu sein als zuvor. Mein Zuhause ist jetzt überwiegend der Wald. Im Sommer im Wald zu leben, ist ziemlich sicher. Den größten Teil der Zeit verbringe ich mit Beeren- und Pilzesammeln – und die Nächte im Heu.

Nur gelegentlich gehe ich zu den Viļumsons, oft komme ich zur Gebetszeit und werde eingeladen, mich der Andacht anzuschließen. Wir knien nieder, singen dem Herrn Loblieder und Psalmen, um Seine gerechten Werke und Wunder zu lobpreisen. Gleichzeitig zerreißen quälende Gedanken mein Herz:

‚Oh, Gott, wie lange muss ich noch einen fremden Glauben praktizieren?! Wann ist das alles vorbei, wann werde ich wieder frei sein?'

Oft denke ich an meine Angehörigen, an meine Mutter und die Schwestern. Vielleicht hat eine von ihnen überlebt? Es ist kaum anzunehmen. Und dennoch – ich bin schließlich auch noch am Leben, und sollten sie überlebt haben, dann werden wahrscheinlich auch sie denken, dass ich tot bin. Ich will unbedingt leben. Wenn ich nur so lange leben kann, um zu berichten, wie mein Volk vernichtet wurde … dann hätte ich keine Angst mehr zu sterben. Ich empfinde es als eine Pflicht gegenüber meinen ermordeten Freunden und allen, die scheinbar spurlos verschwunden sind. Ich weiß, was mit ihnen geschehen ist, und ich werde davon berichten.

Die Augenblicke des Gebets sind die Zeit meiner schwersten Gedanken. Auch ich bete, allerdings auf meine Weise. Mir kommt ein Gespräch mit Olivia in den Sinn: „Ich an deiner Stelle hätte wahrscheinlich zugelassen, dass man mich ermordet, anstatt durch so schwere Prüfungen, Leiden und Ängste zu gehen. Was ist schon das Leben? Welchen Sinn hat es? Ist es nicht wie ein nutzloses Geschenk? Ich will dir ehrlich sagen: Ich achte es nicht allzu hoch. Das Erdenleben ist nur eine vorübergehende Wohnung auf dem Weg zum wahren, ewigen Leben. Und die einzige Aufgabe des Menschen ist es, sich auf die Ewigkeit vorzubereiten."

„Wie kannst du so etwas sagen?", entgegnete ich. „Man lehrte mich, dass das Leben für den Menschen das teuerste Geschenk Gottes ist. Man muss es hüten und achten. Uns allen ist nur ein einziges Leben auf Erden gegeben – und die Entscheidung, Gutes oder Böses zu tun. Er wird uns nach unseren Werken richten."

„Du sprichst wie eine Heilige. Vater sagt, das seist du. Deine Worte machen, dass ich mich schäme für das, was ich gesagt habe."

„Ich bin keine Heilige! Ich bin wie ein Blatt, das der Wind hin und her treibt. Mal fliege ich hoch in die Luft, mal werde ich zu Boden geworfen. Du musst dich nicht schämen für deine Worte. Du bist so voller Güte und Herzlichkeit! Ich habe dich liebgewonnen wie meine eigene Schwester!"

„Ich habe immer geglaubt, dass das Erdenleben nur eine Haltestelle ist, an der wir warten, bis das himmlische Leben beginnt – ewige Freude und Seligkeit."

„Vielleicht hast du mit der Ewigkeit recht, aber man kann es nicht wirklich wissen. Das, was wir jedoch sicher wissen, ist, dass wir hier und jetzt leben. Gott beobachtet uns von oben und sieht zu, was wir aus unserem Leben machen. Wir sind vor Ihm verantwortlich für unsere Worte und Taten. Er hat uns mit einer bestimmten Absicht hier auf dieser Erde erschaffen, ebenso wie die Welt, in der wir leben. Wir müssen dankbar sein für dieses teure Geschenk – das Leben!"

Einmal mitten im Sommer – an jenem Tag erhole ich mich nach einem längeren Aufenthalt im Wald im Haus der Viļumsons – schaut Emilija, die Tochter der Nachbarn, bei Olivia vorbei. Nachdem sie sich eine Weile unterhalten haben, holt Olivia die Kleider, die ich ihr genäht habe, aus dem Schrank, breitet sie vor ihrem Gast aus und beginnt mich zu rühmen. Ich sitze daneben und beobachte. Emilija fährt mit dem Finger über die akkuraten Nähte, die verzierten Kragen und die Manschetten.

„Wenn du willst, kann Anna dir auch Kleider nähen! Gerade hat sie nichts zu tun. Sie könnte eine Weile bei euch arbeiten, ihr habt doch eine Nähmaschine zu Hause", schlägt Olivia vor.

„Ja, natürlich! Mama würde sehr froh sein", pflichtet Emilija begeistert bei, wobei sie weiterhin die Kleider betrachtet. „Mama überlegt nämlich schon seit längerem, was sie mit den Stoffen anfangen soll, die sie vor Jahren gekauft hat und die immer noch im Schrank herumliegen."

Emilija bespricht sich mit ihrer Mutter, und als sie wieder zu uns zurückkommt, werden wir uns über alles einig. Ich ziehe in den benachbarten Bauernhof der Jurkewitschs um.

Emilija lebt mit ihrer Mutter und den Brüdern in einer reichen Bauernwirtschaft. Sie besitzen ein großes Stück Land, Kühe, Pferde, Schweine, Hühner und Enten. Die Viļumsons haben Emilija erzählt, ich sei eine lettische Freundin von Olivia aus Riga, die wegen ihrer schlechten Gesundheit von der obligatorischen Arbeit bei den Deutschen freigestellt ist. Ich weise sie allerdings darauf hin, dass ich den Machthabern trotzdem besser nicht unter die Augen komme, weil ich die Arbeitsbefreiung dann verlieren könnte; sie versprechen, mich vor fremden Blicken zu schützen. Die Familie besitzt zwei Häuser – das alte, in dem sie wohnen, und ein im Bau befindliches, in dem es noch keinen Fußboden und keine Innenausstattung gibt. Es gelingt mir, die Jurkewitschs zu überzeugen, dass es für mich besser wäre, im Rohbau zu arbeiten und zu übernachten. Sie haben nichts dagegen einzuwenden.

Anstelle von Dielen gibt es im Neubau nur einen Stampflehmboden, die Wände sind unverputzt und über dem Kopf sind die Dachsparren zu sehen, aber es gibt viele Bretter, Sperrholzplatten und eine ganze Palette verschiedener Baumaterialien, hinter denen ich mich verstecken kann, falls es nötig ist.

Ich mache mich sogleich an die Arbeit: Wir wählen die Schnitte aus, ich nehme Maß und schneide die Stoffe zu. Die als Fundament dienenden Rundbalken erfüllen den Raum mit dem Duft von frischem Harz, und wie ein munterer kleiner Motor nähe ich von früh bis spät.

Die Jurkewitschs sind freundlich zu mir, bringen mir dreimal am Tag etwas zu essen und erkundigen sich stets, ob es mir auch an nichts fehle. So vergehen die Tage. Emilijas Bruder ist ein Junggeselle um die vierzig Jahre. Er fängt an, mich häufig zu besuchen, unterhält mich mit Gesprächen, macht mir Komplimente und bringt stets eine Kleinigkeit mit, um mir eine Freude zu machen – Blumen oder ein Stück Kuchen. Eines Tages offenbart er mir seine Gefühle und macht mir einen Antrag. Ich habe schon gespürt, dass dieser Augenblick irgendwann kommen würde, hoffte die Arbeit jedoch rechtzeitig zu beenden und wieder zu verschwinden.

„Na, was wäre ich dir schon für eine Frau", winke ich ab. „Ihr habt eine so reiche Wirtschaft, zwei Häuser, viel Land, Rinder und Federvieh, da brauchst du doch eine gesunde Frau, die tüchtig arbeiten und die Wirtschaft führen kann. Ich tauge absolut nicht für dich. Siehst du nicht, wie kränklich ich bin?", versuche ich nach Kräften, ihm seine Absichten auszureden. Ich erzähle, dass ich nicht mehr lange zu leben habe, die Krankheit würde mein Inneres zerfressen, und schon nach kurzer Zeit würde er Witwer sein.

Endlich pflichtet er mir bei, obgleich nur widerwillig:

„Ja, lass uns lieber nur Freunde bleiben", beendet er das heikle Gespräch und trollt sich wieder.

Die Zeit vergeht auf eintönige Weise. Eines Tages höre ich, wie Motorräder näher kommen. Unerwartet fahren Deutsche im Hof vor und erklären, dass sie alles durchsuchen müssen. Im ersten Augenblick denke ich verängstigt, dass sie gekommen sind, um mich zu holen, dass mich jemand verraten hat. Sofort raffe ich alle Nähutensilien zusammen und verstecke mich hinter den Brettern. Zuerst gehen die Deutschen zum alten Haus. Kurz darauf höre ich, wie Emilija die Tür des Neubaus öffnet und sich mit gespielter Kaltblütigkeit an die Deutschen wendet:

„Bitte, treten Sie ein, durchsuchen Sie alles und überzeugen Sie sich davon, dass niemand bei uns ist!"

Durch einen Spalt zwischen den Brettern sehe ich, wie ein SS-Mann hereinkommt, sich umschaut, aber gleich wieder fortgeht, ohne überhaupt mit dem Suchen begonnen zu haben. Wir sind mit heiler Haut davongekommen. Zeigt mir der Allmächtige wieder Seine starke Hand und bekräftigt, dass Er es wünscht, dass ich lebe? Ich jedenfalls empfinde es als ein abermaliges Wunder.

Später, als sie wieder fort sind, kommt Emilija zu mir und berichtet, die Deutschen seien auf der Suche nach Deserteuren. Sie durchsuchen jeden Hof, wobei sie sogar ihre eigenen SS-Leute verdächtigen. Das sind gute Nachrichten: Es steht also nicht zum Besten für die Deutschen.

Einige Tage nach diesem Zwischenfall beende ich die Näharbeiten und schicke mich an, zu den Viļumsons zurückzukehren. Emilija und ihre Mutter geben mir etwas Geld, mehrere Kilo Butter und andere Lebensmittel. Das alles bringe ich Mutter Viļumsons und gebe es ihr. Nach der Begrüßung und nachdem wir gegessen und gebetet haben, ziehe ich in den Wald um, wo bereits die Heuwiese auf mich wartet. Die körperliche Arbeit an der frischen Luft erscheint mir nach der angespannten Näherei geradezu als Wohltat.

Am Abend krieche ich erschöpft und müde in einen Heuhaufen. Ich esse Brot mit Milch und sinke friedlich in süßen Schlummer. Plötzlich werde ich von einem merkwürdigen Geräusch geweckt. Ich hebe den Kopf und schaue aufmerksam in die Runde. So schnell ihn die Füße tragen, rennt ein junger Mann über die Wiese auf meinen Heuhaufen zu, um sich darin zu verstecken. Er sieht nach einem Deserteur aus. Freude erfasst mich – die Deutschen stecken also wirklich in Schwierigkeiten.

Anders als im ersten Jahr, schenken die Letten den Propagandareden der Nazis über den nahen Endsieg offenbar keinen

Glauben mehr und versuchen auf unterschiedliche Weise sich der „großen Ehre“ zu entziehen, in die „glorreiche Armee“ eingezogen zu werden. Viele entschließen sich, abzuwarten und sich im Wald, Keller oder Erdbunker zu verstecken. Also werde ich nicht mehr lange warten müssen!

Später höre ich mitten in der Nacht eine leise Frauenstimme:

„Huhu! Huhu!“, ruft sie im Wald nach jemandem.

Ich spitze die Ohren und sehe, wie zwei Gestalten aufeinander zugehen, die eine gibt der anderen ein Bündel – wahrscheinlich hat eine Verwandte dem Deserteur Lebensmittel gebracht. Danach trennen sie sich: Die Frau geht in Richtung eines Bauernhofes fort, der junge Mann verschwindet im Wald. Solche Szenen gibt es in den letzten Wochen immer häufiger zu sehen. ‚Ausgezeichnet‘, denke ich.

Am Wochenende gehe ich für gewöhnlich nach den Viļumsons sehen. Der Samstag oder Sabbat ist ihr geheiligter Ruhetag, an dem die Familie sich erholt, fastet und die Zeit mit Gebeten verbringt. Sie beten und fasten für alle Leidtragenden des Krieges – sowohl für die Deutschen als auch für die einheimische Bevölkerung – und erbitten Schutz für ihre Angehörigen und Freunde. Ich bin bemüht, mich ihrer Lebensweise und Traditionen anzupassen, weil ich als Teil der Familie betrachtet werde.

Samstags kommt das gesamte Leben in der Wirtschaft zum Erliegen. Es herrscht vollkommene Ruhe und Stille. Eine Kuh ist jedoch ein lebendes Wesen: Sie muss gemolken und auf die Weide getrieben werden. Dies wird mir überlassen. Für einen Augenblick unterbreche ich das Fasten, trinke frisch gemolkene Milch und nasche ein rohes Ei, wenn eines der Hühner irgendwo im Stall eines gelegt hat. Danach habe ich Gewissensbisse – dass die Viļumsons denken könnten, ich sei nicht gottesfürchtig genug.

‚Aber für wen soll ich denn fasten?', überlege ich. ‚Etwa für die armen Deutschen? Hat es überhaupt Sinn, im Namen eines fremden Glaubens zu fasten? Ich befolge die Bräuche dieser Familie, um ihre Gefühle nicht zu verletzen. Aber ich habe die ganze Woche gearbeitet wie ein Pferd. Ich will an meinem freien Tag nicht fasten.' Trotzdem esse ich nichts, wenn die anderen dabei sind.

Einmal zeigt mir Olivia eine Stelle in der Heiligen Schrift, wo es heißt, dass ein Fremder die Verbote und Einschränkungen einer Gemeinschaft wie die Sabbatruhe oder das Fasten nicht einhalten müsse. Mir wird unwohl zumute: Weshalb weist sie mich extra darauf hin? Vielleicht will sie nicht, dass ich mich schuldig fühle? Möglicherweise sieht man es mir an der Nasenspitze an, dass ich gegessen habe – oder aber sie ist von selber darauf gekommen, nachdem ihre Mutter einmal ein trockenes Stück Brot in meiner Manteltasche fand.

Normalerweise verstecke ich schon rechtzeitig vor dem Sabbat eine Scheibe Brot, einen Zwieback, eine Möhre oder etwas anderes Unverderbliches in meiner Tasche. Einmal kam es vor, dass ich meinen Mantel im Hof beim Heuschober liegen gelassen hatte, und als Mutter Viļumson für ihre Kuh Heu holte, fand sie ihn mitsamt den Vorräten. Lachend kam die Mutter ins Haus und erzählte auch den anderen von ihrem Fund. Ich war tief beschämt, erklärte aber dann mutig: „Es kann immer etwas passieren – wenn nun plötzlich die Polizei kommt und ich nicht mehr ins Haus gelange, um etwas zu essen für unterwegs mitzunehmen?"

Meine Antwort gefiel ihnen, niemand wies mich zurecht, sondern allesamt lobten sie meine Umsicht, auf unerwartete Situationen stets gefasst zu sein.

Olivia verfügte über eine besondere Intuition. Sie schien meine Gedanken zu lesen und meinen tiefverborgenen Wunsch zu verstehen, mit den Meinigen zusammen zu sein und so zu beten, wie es in unserer Familie üblich war. Nie hat sie mir vorgeworfen, dass ich keine vorbildliche Adventistin geworden bin.

Mitte des Sommers ist die beste Zeit, um Beeren zu sammeln, und nach den Regengüssen beginnt die Pilzsaison. Diese Zeit mag ich am liebsten. Olivia und ich streifen weit in die Gehölze und das Dickicht des Waldes hinein und kehren mit schweren Körben zurück, gefüllt mit den Gaben der Natur. Es reicht sowohl für uns selbst als auch zum Verkaufen und für Gastgeschenke. Wir bereiten Frau Šeink, Sascha und Greta eine angenehme Überraschung, auch Pesla erhält Geschenke, aber wo ich untergeschlüpft bin, verrät ihr niemand – sie könnte es ihren Klatschbasen gegenüber ausplappern.

Allein tiefer in den Wald zu gehen, riskiere ich nicht, Beeren lese ich normalerweise ganz in der Nähe des Hauses. Um den Nachbarn aus dem Weg zu gehen, halte ich mich oft in einem Heureuter auf.

Einmal schlägt Olivia vor, mehrere Kilometer weit in den Wald vorzudringen, wo wir bisher noch nicht gewesen sind: Es heißt, dort würden viele Beeren wachsen.

„Ich selbst kenne den Weg nicht“, sagt sie, „aber Marta kommt mit uns, sie kennt die Gegend wie ihre Westentasche.“

Marta ist eine Adventistin aus dem Nachbardorf, und ich habe sie schon mehrere Male beim Beten bei den Viļumsons getroffen. Sie empfindet mich als eine der Ihrigen, da wir ja ein und derselben Gemeinde angehören. Wir sind lange unterwegs und legen eine beträchtliche Entfernung zurück, bis wir uns auf völlig unberührten Waldwiesen und Hügelabhängen ans Beerenlesen machen. Als mein Korb schon voll ist und ich zu meinen Freundinnen zurückkehre, stolpere ich, wobei einige Beeren aus dem Korb fallen. Ich bin über eine alte Schaufel ohne Stiel gefallen, die in der Erde steckt. Es scheint eine Soldatenschaufel zu sein. Ich rufe Olivia und zeige ihr meinen

Fund: Was könnte das bedeuten?

„Nimm sie mit und versteck' sie irgendwo", sagt Olivia zu mir, indem sie das verrostete Metallstück betrachtet, „eines Tages könnte man sie brauchen."

„Was soll ich mit so einer Schaufel?", frage ich sie.

„Versteck' sie! Warum nicht? Es kostet ja nichts."

„Gut, ich nehme sie mit, vielleicht nützt sie mir einmal", stimme ich ihr zu.

Ein Jahr später wird diese Schaufel mir das Leben retten.

Bepackt mit Körben voller duftender Erdbeeren, Blaubeeren und Himbeeren marschieren wir heim. Wir nähern uns dem Haus. Nicht weit von der Landstraße haben die Deutschen Scheinwerfer aufgestellt.

„Wozu sind die da?", frage ich.

„Mit denen leuchten sie in den Himmel aus, um nachts russische Flugzeuge ausfindig zu machen", erklärt Olivia.

„Merkwürdig, warum haben sie die Scheinwerfer gerade hier aufgestellt?", frage ich beiläufig, nur aus Neugierde. „Es ist doch kein einziger Armeestützpunkt in der Nähe."

„Genau deshalb, weil hier kein einziges militärisches Objekt ist", antwortet sie kompetent. „Von hier aus, in fünfundzwanzig Kilometern Entfernung, kann man Riga besser schützen. Sie tun das, um die Stellungen um Riga zu stabilisieren."

Ich bin begeistert: Die Deutschen müssen Riga schützen! Ich bemühe mich, meine Freude nicht zu zeigen.

Eines Abends nach dem Singen der Psalmen bin ich gerade dabei auf meinen Heuschober zu krabbeln, um zu schlafen, als plötzlich gleißend helle Lampen, die hoch über dem Boden angebracht sind, empor strahlen und den Himmel ausleuchten. Die ganze Gegend ist taghell. Was geht hier vor? Was bedeutet das? Sind die Roten tatsächlich schon da?

Mein Herz pocht, dass es gleich zum Mund herauszuspringen

scheint. Ich betrachte die ungewöhnliche nächtliche Illuminierung und warte auf ein Wunder. Das Dröhnen von Flugzeugmotoren wird hörbar, und es tauchen in einer Reihe einer nach dem anderen sowjetische Bomber auf. Aus ihnen werden Bomben auf Wald und Feld abgeworfen. Überall ist Lärm, eine Bombe explodiert ganz nahe neben dem Haus der Nachbarn, der Jurkewitschs. Am nächsten Morgen laufen wir los, um uns die Bombentrichter anzuschauen. Es erscheint merkwürdig, dass die sowjetischen Flieger keinen besseren Ort zum Abwerfen ihrer Bomben gefunden haben als die Felder und Gräben neben abgelegenen Höfen. Die Piloten wurden wahrscheinlich von dem Scheinwerferlicht in die Irre geführt, sie dachten, dass sich hier Militäranlagen befinden.

Während des nächtlichen Bombardements waren die Leute in der ganzen Gegend zu Tode erschrocken. Die meisten warfen sich in der Nähe ihrer Häuser auf den Boden, manche weinten, andere beteten zu Gott vor Angst, dass jeden Augenblick eine Bombe explodieren und sie töten könnte.

Mir hingegen macht das alles keine Furcht. Für mich ist es ein Zeichen der nahen Rettung. Ich warte auf die russische Armee und die Befreiung. Doch die Enttäuschung ist groß, als die Flugzeuge, nachdem sie die Bombardierung beendet haben, verschwinden und wieder Stille eintritt. Alles ist wieder wie zuvor, nur die Scheinwerfer bleiben eingeschaltet. Der dunkle Himmel wird von grellen Lichtstrahlen zerschnitten, die nach russischen Flugzeugen tasten.

So vergeht ohne jedes Anzeichen von Kampfhandlungen ein Tag nach dem anderen.

Edith und Hein kommen zu Besuch, weil sie gehört haben, dass ganz in der Nähe Bomben gefallen sind, und sich Sorgen machen. Als sie am Abend wieder nach Ķekava zurückfahren, laden Sie mich ein mitzukommen, um wieder eine Weile bei ihnen zu arbeiten.

Edith hat von ihrer Mutter mehrere Kleiderbündel bekommen, die Juden zurückgelassen haben. Sie sind alle ermordet worden, und nun muss ich ihre Kleider für Edith und Hein und auch für Ediths Mutter in Riga umschneidern. Die Arbeit ist nicht schwer, aber ungemein bedrückend: Vielleicht haben diese Kleidungsstücke einem meiner Freunde oder Bekannten gehört? Ich bemühe mich, diese Gedanken aus dem Kopf zu verdrängen, aber sie kommen immer wieder zurück wie aufdringliche Fliegen. Jedesmal, wenn ich ein neues Kleidungsstück zur Hand nehme, denke ich daran.

Der Aufenthalt bei Edith und Hein ist wie ein Sanatorium und ein Gefängnis zugleich. Ich darf nicht hinausgehen, sondern nähe und esse nur. Edith füttert mich wie beim letzten Mal mit den delikatesten Speisen. Immer überlegt sie, was sie Neues kochen könnte, und macht das Essen zum Hochgenuss. Abermals nehme ich zu, werde mollig und komme zu Kräften und die freudige Erwartung einer baldigen Niederlage der Deutschen und auf die näher rückende Freiheit hält an.

Edith und Hein freuen sich aus einem anderen Grund – bald soll ihr Kind zur Welt kommen. Sie sind schon seit sechs Jahren verheiratet und haben mit Ungeduld erwartet, dass sich Nachwuchs ankündigt. Edith bittet mich, ihr Umstandskleider zu nähen. Gerne erfülle ich ihre Wünsche, und Edith ist zufrieden mit meiner Arbeit.

So vergeht ein ganzer Monat. Eines Samstags verkündet Hein, dass ich zurück zu den Eltern fahren muss. Er sagt, ich solle mich auf die Stange seines Fahrrads setzen – wir müssten sofort los. Adventisten ist es am Sabbat streng verboten, sich zu betätigen. Statthaft ist dies nur in einem Fall äußerster Notwendigkeit, wenn ein Leben in Gefahr ist. Also ist die Ursache ernst genug, dass ich nicht länger hierbleiben kann. Ohne etwas zu fragen, klettere ich auf sein Fahrrad, und vor aller Augen fahren wir am hellichten Tag los.

„So ist es sicherer", erklärt Hein.

Ich trage das einfache Kleid einer Bäuerin und ein weißes Kopftuch. Zwei Kilometer fahren wir die Hauptstraße entlang, dann biegen wir ab und holpern die sieben Kilometer über einen Feldweg. Hein erklärt, er habe diesen Weg gewählt, um eine Begegnung mit der Wachmannschaft der Scheinwerfer zu vermeiden, die von jedem, der vorbeigeht oder -fährt, die Papiere überprüfen.

Hein beginnt mit aller Kraft in die Pedale zu treten. Erst verstehe ich nicht, was los ist, und erst einen Moment später bemerke ich, dass sich vor uns eine ganze Schar Deutscher befindet.

„Schau, im Dorf findet eine Razzia statt, alles ist umzingelt, die Polizisten durchsuchen die Häuser", flüstert Hein mir zu. „Bleib' ganz ruhig sitzen, es gibt kein Zurück, ich fahre so schnell wie möglich."

Vor Angst beginne ich zu zittern, auch Hein ist kreidebleich. Wir jagen immer nur voran, ohne nach rechts oder links zu schauen, damit nicht der Eindruck entsteht, dass wir uns wegen irgendetwas Sorgen machen oder beunruhigt sind. Die Polizisten halten uns nicht an, offenbar schätzen sie uns als harmlose Dorfbewohner ein, wenn wir schon so sicher in ein umstelltes Dorf hineinfahren. Als wir dem Blickfeld der Spürhunde entschwunden sind, jagen wir auf den Einsiedlerhof der Viļumsons zu. Zuhause angekommen, halten wir alle, erschüttert vom soeben Erlebten, gemeinsam ein langes Abendgebet.

„Es ist ein Wunder Gottes. Er sieht alles und schützt uns vor dem Bösen. Seine Gnade ist mit uns", bekennt Vater Viļumson demütig.

Der Glaube dieser Menschen ist ungeheuer stark. Der Glaube an das Gute und das selbstlose Sichaufopfern für einen anderen – das ist ihr Glaubensverständnis, das die Familie praktiziert, egal unter welchen Umständen.

Hein fährt noch am selben Tag zurück. Ich bin zurück bei den Viļumsons und verstecke mich wieder im Wald. Von Zeit zu Zeit tauche ich auf, arbeite ein wenig im Garten, wohne ein Weilchen im Haus – und verschwinde wieder aus dem Blick. Wieder wird es Herbst. Der blutige Krieg dauert nun schon über zwei Jahre. Wird er jemals enden? Wie lange noch?

Mich beschäftigt die Frage, wo ich den Winter verbringen soll. Meine Freundin Olivia, meine treue Fürsprecherin und Fürsorgerin, fährt mit dem Fahrrad zu den Klebais', um sie zu bitten, mich wieder bei sich aufzunehmen. Sascha und Greta sind einverstanden, und schon am nächsten Tag gehe ich, nachdem ich mich herzlich von den Viļumsons verabschiedet habe, zu Fuß nach Riga.

Die Schwestern empfangen mich voller Herzlichkeit – wie ein Mitglied ihrer Familie. In der Wohnung ist mir alles vertraut, und sogleich gehe ich ans Werk – wie immer mache ich mich ans Nähen und Putzen.

Die Wohnung teilen die Klebais' mit zwei weiteren Damen, die in einem abgetrennten Zimmer wohnen – den Schwestern Eichenberg.[53] Auch sie sind Adventistinnen und uns freundlich gesinnt. Ebenso wie seinerzeit ihrem Vater stellen mich Sascha und Greta ihnen als ihre lettische Freundin und Glaubensschwester vom Land vor. Die alten Damen mögen mich und laden mich ein, gemeinsam mit ihnen ihre Kirche in der Stadt zu besuchen. Sascha und Greta retten mich aus der unangenehmen Lage, indem sie erklären, die Gottesdienste in der Gemeinde, der ich und die Viļumsons angehören, würden sich von ihrer Kirche in Riga unterscheiden. Nachdem sie ein wenig gemurrt haben, belassen es die Damen dabei. Unser Verhältnis bleibt freundschaftlich.

Nachdem er festgestellt hat, wie gut ich mit der Hausarbeit zurande komme, beschließt der alte Klebais, dass ich mich gut als seine Gattin eignen würde. Er macht sich fein, um jünger auszusehen, gönnt mir allerlei Aufmerksamkeiten und redet immer häufiger vom Heiraten. Ich überhöre seine Komplimente geflissentlich und vermeide es, über dieses Thema zu sprechen. Ich sage, aufgrund meiner schlechten Gesundheit könne ich nicht heiraten. Da er ständig angeheitert ist, nimmt er mein Argument nicht ernst. Natürlich haben auch alle übrigen Mitbewohner die Sache bemerkt.

„Weißt du, dass mein Vater in dich verliebt ist?“, fragt Sascha grinsend. „Das wäre ja was, wenn du seine Frau werden würdest. Dann wärst du meine Mama! Hahaha!“

„Was redest du denn, dann wäre ich eure Schwester!“ Eher könnte ich seine Tochter sein. Solche Gespräche sind überhaupt nicht nach meinem Geschmack, aber das Thema kommt jeden Tag zur Sprache.

So verlebe ich sechs Wochen bei den Klebais‘ und es ist Zeit weiterzuziehen.

Wieder bei Frau Šeink

Immer, wenn ich einen neuen Unterschlupf brauche, findet die gutherzige Olivia eine Lösung. Diesmal hat sie sich zu Frau Šeink begeben und ihr von den schönen Anziehsachen erzählt, den schicken Kostümen und Kleidern, die ich für Edith und ihre Mutter aus Kleidern von Juden angefertigt habe. Damit ist der Appetit von Frau Šeink geweckt. Auch ihre Schränke seien voller Kleiderstoffe und Kleidungsstücke, die die jüdischen Eigentümer ihres Mobiliars zurückgelassen haben. Sie sollen umgeändert und getragen werden. Frau Šeink bittet Olivia, mich möglichst schnell zu ihr zu bringen. Natürlich ist es ein großes Risiko, mich bei sich zu Hause aufzunehmen, doch was für ein Gewinn! Herr Šeink wird zwar wieder große Angst haben, aber was nimmt man nicht alles in Kauf für die Capricen der Frau Gemahlin!

Am bezeichneten Tag treffe ich bei Frau Šeink ein. Sie führt mich in die Küche und flüstert wie schon bei meinem ersten Aufenthalt:

„Wenn nur mein Mann an dir Gefallen findet, dann kannst du lange bei uns bleiben, und niemand wird von dir erfahren."

Anfangs lässt sie mich einen großen Haufen schmutziger Wäsche waschen. Ich mache mich sofort an die Arbeit, weiche die Wäsche in der Badewanne ein und stecke sie zum Kochen in einen Kessel. Diese Methode habe ich von dem Adjutanten gelernt, als ich bei dem Offizier gearbeitet habe – so geht es schneller und leichter, und man muss die Wäsche nicht schrubben. Frau Šeink sieht skeptisch zu, aber nachdem sie das Resultat begutachtet hat, gestattet sie mir, die neue Waschmethode anzuwenden. Doch schon bald überlegt sie es sich anders und sagt:

„Weißt du was, Anna, lass uns lieber keine Zeit verschwenden, die Wäsche kann ich auch selber waschen. Machen wir uns sogleich an die Näharbeit!"

„Wie Sie wünschen, Madame!", antworte ich.

„Fang' mit einem Anzug für meinen Mann an. Das wird ihm eine Freude machen."

„Ich weiß nicht, ob ich das kann. Ich habe noch nie Anziehsachen für Männer genäht. Mein Spezialgebiet sind Damenkleider. Wenn ich nun wertvolles Material verderbe?"

„Nicht doch, nicht doch, ich weiß, dass du es schaffen wirst. Komm, schau dir den Stoff an! Ich habe Alpaka."

Nichts zu machen, für Diskussionen ist hier kein Platz. Das Anfertigen eines Anzugs kommt für mich praktisch dem Erlernen eines neuen Berufs gleich. Ich arbeite vierzehn bis sechzehn Stunden täglich, jede Naht nähe ich zweimal. Es kommt vor, dass ich das Fertige wieder auftrennen und umnähen muss. Mit dieser angespannten Arbeit vergehen zwei oder drei Wochen. Endlich kommt der Tag der Anprobe.

Ich bitte, dass Frau Šeink beim Anprobieren immer dabei ist und mir mit ihrem Rat zur Seite steht, damit der Anzug gelingt. Die Hauptsache jedoch ist, dass sie nicht auf falsche Gedanken kommt, wenn sie mich mit ihrem Mann allein lässt. Sie ist nämlich ungemein eifersüchtig.

Schlussendlich ist meine lange und anstrengende Arbeit von Erfolg gekrönt – die Šeinks sind zufrieden mit dem Ergebnis und beschließen, den Anzug als Ausgehkleidung zu benutzen. Ohne Atempause beginne ich, Kleider für Frau Šeink anzufertigen. Als Erstes nähe ich ein Abendkleid. Die Šeink ist derart begeistert, dass sie zu ihren deutschen Nachbarn rennt, um sie ihnen zu zeigen.

Die SS-Offiziere möchten ihren Frauen ebenfalls mit einer Überraschung eine Freude machen und bitten, Frau Šeink möge sie mit ihrer Schneidermeisterin bekannt machen. Ich weiß nicht, wie sie aus dieser kniffeligen Lage herauskam, habe jedoch verstanden, dass sie versprochen hat, mich den Nachbarn vorzustellen, wenn sich dazu die Gelegenheit ergeben sollte. Möglicherweise just aus diesem Grund bietet Herr Šeink bereits am nächsten Tag an, mir zu helfen, Papiere zu besorgen, um meinen Aufenthalt zu legalisieren.

Doch dies sind leere Worte. Man bräuchte gute Verbindungen zur Obrigkeit und viel Geld für Bestechungen, um Papiere für mich zu bekommen. Zudem sei das eine höchst gefährliche Angelegenheit. Und Herr Šeink gehört nicht zu den Menschen, die wegen einer Jüdin ein solches Risiko auf sich nehmen oder sich von einer größeren Geldsumme trennen wollten.

Frau Šeink schlägt vor, dass ich mir aus Sicherheitsgründen die Haare blondiere. Sie besorgt Bleichmittel, und die komplizierte Prozedur kann beginnen. Als die Haare blond sind, schaue ich in den Spiegel und erschrecke. Ich erkenne mich selbst nicht wieder: Die unnatürlich hellen Haare, die schwarzen Augen und die dunkle Gesichtshaut sehen ziemlich merkwürdig aus. Aber die Šeink ist mit dem Resultat zufrieden und charakterisiert meine skurrile Erscheinung als „arisch". Sie erkennt in ihr sogar etwas Besonderes und fragt mich allen Ernstes:

„Anna, woher stammen deine Vorfahren? Du hast aristokratische Gesichtszüge."

„Wo denken sie hin, meine Eltern und Großeltern waren ganz einfache Leute", erwidere ich ihr lachend.

Frau Šeink beharrt trotzdem auf ihrer These. Rassenreinheit und Aristokratie sind ihr Steckenpferd. Von diesem Augenblick an wird ihre Eifersucht krankhaft. Sie gibt zu, nachts regelmäßig ein zusammengefaltetes Stück Papier in den Türspalt zu stecken, um zu überprüfen, ob ich das Zimmer verlasse und mich mit ihrem Mann treffe, während sie schläft.

Mich packt das Entsetzen, weil ich nachts tatsächlich hinauszugehen pflege, um an der frischen Luft ein wenig herumzuspazieren. Sie hört zwar, wie ich hinausgehe und zurückkehre, aber nichtsdestotrotz verdächtigt sie mich und quält mich mit ihren unsinnigen Fragen, überzeugt, dass ich schlechte Absichten hege. Gerne würde ich dieses Haus verlassen, aber wo soll ich mitten im Winter hin?

Eines Tages werden die Šeinks plötzlich von einem SS-Offizier überrascht, der gekommen ist, um die Wohnung zu überprüfen. Sicherlich haben Frau Šeinks neue Kleider und die Prahlerei mit ihrer geschickten Modellschneiderin die SS-Leute im Obergeschoss misstrauisch gemacht. Möglich auch, dass sie mich irgendwie bemerkt haben.

Als es an der Tür klopft, sitze ich gerade zu Tisch und esse Brei. Blitzschnell stürze ich aus der Küche und schlüpfe im Schlafzimmer unter das Daunenbett, wobei ich versuche, das sorgfältig gemachte Bett nicht in Unordnung zu bringen. Ich erstarre, halte den Atem an und lausche dem Gespräch, das in der Diele geführt wird. Der deutsche Offizier unterhält sich höflich mit Frau Šeink. Die Schlafzimmertür wird geöffnet. Rasch wird die ganze Wohnung in Augenschein genommen. Der ungebetene Gast berichtet von den Schwierigkeiten, Quartiere für deutsche Offiziere zu finden, und von der Notwendigkeit, zugunsten des Sieges auf den eigenen Komfort zu verzichten.

Als sie einen Moment lang unmittelbar neben dem Bett stehen, erleide ich vor Angst einen dermaßen großen Schock, dass ich quälende Schmerzen im Bauch bekomme und der just gegessene Brei, der mir im Halse stecken geblieben ist, mich zu ersticken droht. Glücklicherweise führt die Hausherrin den Deutschen weiter, um ihm die anderen Zimmer zu zeigen. Ich bin gerettet.

Später erfährt Herr Šeink, dass der wahre Grund für diesen Besuch tatsächlich die Angeberei seiner geschwätzigen Gattin gewesen ist – und nicht das Unterbringungsproblem deutscher Offiziere. Mein Glück war, dass die Durchsuchung so oberflächlich war. Wenn die Deutschen Herrn Šeink nicht so gut leiden könnten, hätten sie gründlicher gesucht.

Am selben Tag möchte ich die Wohnung der Šeinks verlassen, aber Madame besteht darauf, dass ich das begonnene Kleid fertig nähe. Außerdem kommt es ihr noch in den Sinn, einen Großputz zu veranstalten. Zwei Tage lang wische ich die Wände ab und turne auf einer Leiter herum, um die verrußten Decken zu säubern. Solch ein Reinemachen hat die Wohnung seit Jahren nicht erlebt.

Frau Šeink überwacht meine Arbeit, kommandiert herum und seufzt alle Augenblicke: „Wer wird jetzt für mich reinemachen, nähen und waschen?“

Zum Schluss glänzt und funkelt alles – Boden, Wände und Decken sind mit Seife und Soda gereinigt. Ich hingegen sehe aus wie ein Schornsteinfeger: Über Jahre angesammelter Staub und Schmutz bedecken meinen Kopf, das Gesicht und sogar den Rücken. Mit letzter Kraft habe ich wie ein geschundenes Pferd geschuftet, um zum letzten Mal sämtliche kapriziösen Anweisungen der Hausherrin auszuführen.

Herr Šeink ist ebenfalls zufrieden mit meiner Arbeit, und weshalb auch nicht? Noch nie hat er das Haus so sauber und aufgeräumt gesehen, und außerdem arbeitet die Dienstmagd ohne jeden Lohn.

Nur noch eines bin ich schuldig – das Kleid. Eifrig arbeite ich, um es möglichst rasch fertigzustellen. Die Šeinks haben sich inzwischen beruhigt und versuchen, mich zum Bleiben zu überreden. Sie sagen, nun sei nichts mehr zu befürchten, das Schlimmste sei vorbei und es würde niemand mehr kommen, um die Wohnung zu durchsuchen.

So zieht sich ein Tag nach dem anderen dahin. Schließlich wüsste ich auch gar nicht, wohin ich gehen sollte, abgesehen von den Viļumsons, die im Winter jedoch selber kaum über die Runden kommen und auch kein geeignetes Versteck haben. Die Eifersuchtsanfälle der Šeink setzen sich fort und sie lässt keine Gelegenheit aus, um meine Redlichkeit und Ehrlichkeit zu prüfen.

Eines Morgens, als ich ihr Schlafzimmer aufräume, finde ich unter dem Bett mehrere Pralinen. Ohne weiter darüber nachzudenken, sammle ich sie ein und lege sie in ein Schälchen auf dem Nachttisch. Später fragt mich die Herrin: „Magst du keine Pralinen?"

„Ich würde lieber noch ein Stückchen Brot, eine Kartoffel oder etwas Brei essen statt Pralinen", antworte ich.

Erst jetzt verstehe ich, dass dies eine Falle war – eine Überprüfung meiner Anständigkeit: Die Pralinen waren abgezählt und absichtlich auf dem Boden verteilt. Derartige Spielchen trieb sie mehrmals mit mir.

Ich bekomme viel zu wenig zu essen – zweimal täglich werden mir nur kleine Portionen zugeteilt. Abends gehe ich häufig mit knurrendem Magen zu Bett.

Eines Tages arbeite ich in der Küche und knabbere gierig an einem Zwieback, den ich gefunden habe. Überraschend betritt der Hausherr die Küche. Ich schaffe es gerade noch, in eine Ecke zu schlüpfen und mit dem Besen am Abfalleimer herumzuhantieren.

„Was machst du hier?", fragt er.

„Nichts Besonderes, ich will gleich den Boden aufwischen." Ich verstecke den Zwieback, aber ich schäme mich, die Röte steigt mir ins Gesicht und die Wangen beginnen zu glühen. Ich gelobe mir, lieber bis zur Erschöpfung Hunger zu leiden, als mich noch einmal an ihren Brosamen und Essensresten zu vergreifen.

So diene ich weiterhin den Šeinks. Tag um Tag vergeht. Seit der Wohnungsdurchsuchung habe ich regelmäßig Bauchschmerzen. Mit jedem Tag nimmt der Schmerz zu. Schließlich kann ich das Bett nicht mehr verlassen und vermag keine Nahrung anzurühren. Mit einer Wärmflasche auf dem Bauch liege ich da und denke voll Grauen, dass ich bei den Šeinks nun wohl sterben werde. Hinzu kommt, dass auf meinem Rücken ein riesiges Geschwür aufgeplatzt ist, aus dem Eiter heraustritt.

Frau Šeink erzählt mir, sie habe einmal eine Ausbildung zur Krankenschwester gemacht und könne das Geschwür verarzten. Doch als sie den eitrigen Furunkel erblickt, wird ihr schlecht, und ich darf mich davon überzeugen, dass sie nicht mehr von Medizin versteht als ich.

Ich habe niemanden, von dem ich Hilfe erwarten kann. Frau Šeink beklagt sich, dass der Haushalt vernachlässigt wird. Wenn ich meine eitrigen Verbände in ihrer Wohnung auswasche, schimpft sie mit mir, weil sie panische Angst vor Infektionen hat. Ich fühle mich so schwach und entkräftet, als ob ich schon auf der Schwelle des Todes stehe. Mit aller Kraft kämpfe ich, versuche, mich am Leben zu halten. Eines Tages jedoch, spüre ich, dass es mir besser geht und ich rasch zu genesen beginne – abermals ist ein Wunder geschehen! Da oben passt wirklich jemand auf mich auf!

Auch die Šeink freut sich:

„Ich hatte so große Angst um dich", seufzt sie erleichtert. „Wäre dieser Furunkel nicht aufgeplatzt, dann wäre der Eiter ins Blut gelangt und hätte deinen ganzen Körper vergiftet. Dann wärst du gestorben, aber was wäre aus uns geworden? Wie hätten wir dich begraben sollen? Aber, gelobt sei Gott, du bist gesund geworden! Gott sei Dank! Er ist gut", verkündet sie und zieht sich zum Beten zurück.

Als ich wiederhergestellt bin, nehme ich meine Arbeit als Dienstmagd wieder auf. Die Šeinks finden jeden Tag neue Arbeiten und Pflichten für mich. So vergeht der Winter. Der Frost hat nachgelassen, es wird immer wärmer. Allmählich erwacht die Natur, an den Bäumen zeigen sich Knospen, das Gras beginnt zu sprießen – der Frühling ist gekommen. Die Šeinks haben einen eigenen kleinen Garten. Die Hausherrin schickt mich hinaus, um ihn umzugraben und Gemüse in den Beeten anzupflanzen. Ich fürchte mich, am hellichten Tage das Haus zu verlassen.

„Die Offiziere können mich sehen", sage ich zu ihr.

„Keine Sorge", versucht Madame mich zu beruhigen, „ich werde ihnen sagen, ich hätte eine Hilfsarbeiterin in Dienst genommen."

Ich beginne also, den Boden in ihrem Gemüsegarten zu bearbeiten, wobei mein Gesicht von einem Kopftuch verdeckt ist und ich die ganze Zeit darauf achte, immer mit dem Rücken zum Haus gewandt zu bleiben. Die SS-Leute interessieren sich tatsächlich für mich und fragen die Šeink, was das für ein gebeugtes Wesen sei, das da tagelang im Garten arbeitet. Sie glauben ihrer Nachbarin und beachten mich nicht weiter.

Wenn Frau Šeink mir gnädig gestimmt ist, lässt sie sich mit mir auf Gespräche über das Leben ein.

„Anna, manchmal kann ich mich gar nicht genug wundern, wenn ich dich betrachte. Wie konntest du all diese zweieinhalb Jahre ganz allein durchhalten, dass du immer noch am Leben bist ohne ärztliche Hilfe?"

„Sie sind doch auch gläubig und werden verstehen – es ist Gottes Wille, was mit meinem Leben geschieht, und allem Unglück zum Trotz sind es Seine Wunderwerke."

„Ja, ja, du hast recht, alles liegt in Gottes Hand. Wusstest du, dass die Deutschen immer noch gruppenweise Juden in den Wald bringen, um sie dort zu erschießen?"

Mir wird übel, das Blut weicht mir aus dem Gesicht, aber sie redet immer weiter.

„Dieser Vater und sein Sohn, die ich bei Pesla unterbringen wollte, leben auch nicht mehr. Sie haben mir viel Schmuck angeboten, damit ich sie rette, aber ich konnte ihnen nicht helfen", sagt sie mitfühlend. „Ich weiß nicht einmal, wo sie umgebracht wurden."

Herr Šeink hört abends im Radio Nachrichten. Manchmal kommt es vor, dass ich mich im Nebenzimmer aufhalte, um nach dem Abendessen den Tisch abzuräumen. Aufmerksam lausche ich – es läuft eine Sendung aus London in deutscher Sprache. An sämtlichen Fronten geht es den Deutschen an den Kragen, die Zügel entgleiten ihren Händen: Die Roten greifen in der Ukraine und in Weißrussland an, hinter der Frontlinie verüben Partisanen Sprengstoffattentate. Ich tue so, als würde ich nichts hören und verstehen, aber innerlich jubele ich – sehr bald schon werde ich frei sein! Wann werde ich diesen Tag erleben?

Eines Tages kommt Frau Šeink zu mir und bittet mich um Rat:

„Anna, was meinst du? Mein Mann möchte mit mir ins

Kino gehen. Soll ich es tun?“

„Wenn es ein guter Film ist, warum denn nicht?“, antworte ich ihr, da mir die Einschränkungen der Adventisten in Bezug auf Vergnügungsveranstaltungen völlig entfallen sind.

„Aber für uns, die wir uns dem Glauben hingegeben haben, ist es Sünde, ins Kino, Theater oder in die Oper zu gehen.“ Offensichtlich kämpft sie mit ihrem Gewissen, zugleich jedoch prüft sie auch mich.

„Manchmal gibt es Umstände, da eine kleine Sünde statthaft ist“, versuche ich sie zu ermutigen. „Und wie würde es aussehen, wenn Ihr Mann allein ins Kino geht?“

„Gut, ich werde deine Empfehlung in Betracht ziehen“, antwortet die Šeink.

Ins Kino gehen sie, aber in Madames Augen bin ich tief gesunken und habe ihr Vertrauen verloren. Jetzt ist sie vollkommen davon überzeugt, dass ich, da ich bereit bin, Gott gegenüber zu sündigen, ganz klar auch mit ihrem Mann gesündigt habe. Ich versuche der Šeink klarzumachen, dass ich krank, ungepflegt, von Geschwüren übersät, hässlich und ausgemergelt wie ein Skelett bin – weshalb sollte ihr Mann mich auch nur eines Blickes würdigen, da er eine schöne und treue Gattin an seiner Seite hat! Aber nichts vermag sie zu überzeugen und ihr seelisches Gleichgewicht wiederherzustellen. Sie wird von Misstrauen und Verdächtigungen gequält, und trotzdem lässt sie mich nicht fort – bis zu dem Tag, als die Wohnung zum zweiten Mal durchsucht wird. Dieser Zwischenfall zwingt uns endlich, uns voneinander zu trennen.

Völlig unverhofft wird kräftig gegen die Tür getrommelt. Ich renne flink ins Schlafzimmer, komme aber nicht weiter als bis zur offen stehenden Tür, hinter der ich mich verstecke. Zwei SS-Offiziere sind gekommen. Sie sprechen höflich mit Frau Šeink, dann machen sie wie beiläufig einen Rundgang durch sämtliche Zimmer. Einer kommt ins Schlafzimmer, in dem ich mich befinde, schaut sich kurz um und geht wieder weg. Ich höre, wie sie sich für die Störung entschuldigen, und die Wohnungstür schließt sich wieder.

Dieser plötzliche Besuch hat uns einen gehörigen Schrecken eingejagt. Er ist der letzte Tropfen in dem sowieso schon übervollen Fass von Herrn Šeinks Geduld.

„Anna muss unverzüglich unser Haus verlassen!“, weist er seine Gattin an. „Ich bin nicht bereit, mein Leben für diese Jüdin zu riskieren, selbst wenn sie deine Glaubensschwester ist.“

Endlich lassen die Šeinks mich gehen, ohne sich wieder etwas Neues auszudenken, was ich zuvor noch machen muss.

Frau Šeink gibt mir ein paar alte Kleider, die sie nicht braucht, und ein buntes Wolltuch, das ich mir umschlagen kann. Es ist Zeit, Abschied zu nehmen.

„Vielleicht kannst du dich retten und bleibst am Leben“, beginnt Frau Šeink, „aber wir müssen wahrscheinlich fliehen und alles zurücklassen, denn für die Unsrigen sieht es nicht gut aus an der Front.“ Sie wirkt hilflos und bedrückt. So sehe ich sie zum ersten Mal.

Vor einigen Tagen sah ich, wie die Šeink und ihr Mann im Garten einen kleinen Gegenstand aus der Erde ausgruben. Als sie wieder ins Haus kamen, trug Herr Šeink eine Metallkassette in den Händen, in der sich wahrscheinlich die Familienschätze befanden – Gold, Brillanten, Münzen … Das ist ein unmissverständliches Zeichen, dass sie sich auf die Flucht vorbereiten und packen.

„Grüß’ Olivia und komm nicht mehr zu uns!“ Zum Abschied wird die Šeink wieder von der Eifersucht gepackt, und sie ergeht sich in Vorwürfen. „Du hast mein Brot gegessen und unter meinem Dach gelebt! Und so dankst du mir alles, was ich für dich getan habe?“

„Lassen Sie das“, entgegne ich, „wir sind doch gottesfürchtige Frauen!“

„Trotzdem ist zwischen euch etwas gewesen“, beharrt sie.

„Möge der Allmächtige mich strafen, wenn ich Sie belogen habe! Und möge er Ihnen Ihre ungerechten Beschuldigungen vergeben!“

Ich laufe auf die Straße hinaus und blicke unwillkürlich dorthin zurück, wo ich diesen schweren Winter verbracht habe. Frau Šeink steht am Fenster und sieht mir verächtlich nach.

„Du Närrin!“, möchte ich ihr zurufen. „Dein Mann hatte auch nicht das geringste Interesse an mir. Wenn du dereinst auf der Flucht bist, wenn all deine Gedanken und Kräfte aufs Überleben ausgerichtet sind und deine einzige Sorge ist, wo du einen Bissen Brot herbekommst und wo du übernachten kannst – wenn es dein Leben ist, das an einem seidenen Faden hängt, dann wirst du vielleicht Verständnis für mich haben!“

Letzte Prüfungen

Ich bin unterwegs nach Katlakalns, zu den einzigen Freunden, die mir noch geblieben sind: Den lieben, guten Viļumsons. Dort bin ich immer willkommen. Inzwischen, da ich schon mehr als zwei Jahre umherstreife und mich verstecke, habe ich gelernt, jeden Tag so zu leben, als sei es der letzte. Schicksalsergeben, aber wohl wissend, dass jemand dort oben mich beschützt – mir ist eine Aufgabe gegeben, und ich werde überleben, um sie erfüllen zu können. Doch diese Schicksalsergebenheit geht auch mit einer kleinen Dosis Sorglosigkeit einher.

Ich beschließe also, mit der Tram der Linie 10 über die Daugava in Richtung Bauskas šoseja (Bauskaer Landstraße) zu fahren. Noch vor einem Jahr hätte ich dergleichen nicht gewagt. Mit gesenktem Kopf mische ich mich in die Menge und besteige mit den anderen die Tram. Sobald ich mich hingesetzt habe, wenden sich mir viele misstrauische Blicke zu. Ein weiblicher Fahrgast fasst mich besonders durchdringend ins Auge. Ich fange an, mich ungezwungen auf Lettisch mit meinem Sitznachbarn zu unterhalten, und sogleich lässt die in der Luft liegende Anspannung nach. Jetzt, da alle überzeugt sind, dass ich eine Lettin bin, kann ich die Fahrt beruhigt fortsetzen.

Von der Endhaltestelle der Tram habe ich noch rund zwanzig Kilometer zu gehen. Ich bin vollkommen kraftlos, die offene Wunde am Rücken, die von dem Geschwür geblieben ist, brennt, der Bauch tut weh. Ich bekomme kaum einen Fuß vor den anderen, bin zusammengekrümmt wie ein altes Mütterchen – diesmal brauche ich es gar nicht zu spielen. Der Weg kommt mir endlos vor. Erst gegen Abend nähere ich mich dem Haus der Viļumsons und muss auch noch einen Umweg von mehreren Kilometern machen, um nicht der Wachmannschaft bei den Scheinwerfern in die Arme zu laufen.

Als ich endlich bei den Viļumsons ins Haus taumele, erkennen sie mich zuerst nicht wieder, sie sind verwirrt und erschrocken – so sehr bin ich gealtert, abgemagert und gebeugt. Als sie mich erkannt hat, eilt Olivia auf mich zu und umarmt mich. Eine gute Mahlzeit, Erholung, die Sorge und Liebe der Freunde bewirken große Wunder bei mir. Als ich wieder bei Kräften bin, berichte ich ihnen in allen Einzelheiten von meinen Missgeschicken und Problemen in der Stadt. Als Olivia von Frau Šeinks krankhafter Eifersucht hört, lacht sie schallend und sagt: „Die Šeink ist wirklich verrückt – früher war sie sogar auf ihre eigene Mutter eifersüchtig.“

Nach einer Weile erzählt Vater Viļumson, dass derzeit im Dorf große Unruhe herrsche: Häufig kommen Beamte mit verschiedenen Verordnungen ins Haus, regelmäßig finden Durchsuchungen und Überprüfungen der Papiere statt. Es sei sicherer, wenn ich mich im Wald verstecke. Olivia will mich begleiten, aber ich rede es ihr aus, weil die Erde noch feucht, die Luft klamm und die Nacht kalt ist – das wäre ihrer Gesundheit nicht zuträglich. Und da bald die Heuernte beginnt, werden wir uns ja noch häufig genug sehen.

Herr Viļumson gibt mir eine Decke mit, und ich verschwinde in die schwarze Nacht. Die Augen haben sich bereits an die Dunkelheit gewöhnt, ich habe gelernt, den Pfad, Bäume und Büsche auch im Dunkeln zu erkennen. Ich richte mich im dichten Unterholz in der Nähe vom Hof der Viļumsons ein. Es ist ein gutes Versteck – ich selbst bin den Blicken verborgen, kann aber alles sehen, was ringsherum geschieht. Ich wickle mich in die Decke, rolle mich zwischen den Büschen auf dem feuchten Gras zusammen und schlafe im Handumdrehen ein. Mit jedem Tag fühle ich mich gestärkter – die Kräfte kehren zurück. Die Sonne, die von Wiesenduft erfüllte frische Luft und die einfache ländliche Kost sind die beste Medizin. Als die Zeit der Heumahd gekommen ist, bin ich wieder in Form und kann anfangen, auf der Wiese der Viļumsons mit der Sense zu arbeiten.

Das Heumachen hat mir immer große Freude bereitet. Über dem Kopf ein unfassbar weites, klares Himmelsgewölbe, ringsum wogt ein Meer von saftigem Gras. Ich mähe und schaue zufrieden zurück: Ein Streifen nach dem anderen, bis nur noch Stoppeln auf der Wiese zu sehen sind. Der Duft des frisch gemähten Grases wirkt wie ein Lebenselixier. Als Vater Viļumson angefahren kommt, ist das Gras schon leicht getrocknet, so dass wir es auf die Heureuter aufreitern können.

Nachdem das Heumachen auf der hausnahen Wiese beendet ist, ziehen wir fünfundzwanzig Kilometer weiter – schon seit vielen Jahren mähen die Viļumsons auch auf den entfernten Waldwiesen Gras. Vater Viļumson weist mir die Grenzen der Wiese an, arbeitet bis zum Abend gemeinsam mit mir und kehrt dann nach Hause zurück. Ich bleibe allein, aber das beunruhigt mich nicht – je weiter weg von den Menschen, desto besser. In der Nähe gibt es kein einziges Haus, keine Spur von Zivilisation, es sind nur die Geräusche des Waldes zu hören, die Stimmen der Tiere und Vögel. Ich fühle mich frei – frei von der Angst, die mich so lange verfolgt hat. Mit großem Enthusiasmus arbeite ich weiter. Spät am Abend ziehen sich am Himmel dichte Wolken zusammen und ein Gewitter bricht los. Ich sammle das frisch gemähte, aber schon ein wenig angetrocknete Gras zu einem großen Haufen zusammen und verkrieche mich in ihm. Immer wieder prasseln starke Regenschauer nieder, die Baumwipfel schwanken im böigen Wind. Der Grashaufen erweist sich als ungeeignete Zuflucht, und bald bin ich bis auf die Knochen durchnässt. Das Gewitter kommt näher – Blitze durchzucken den Himmel und bedrohlich grollt der Donner. Meine Mutter pflegte in solchen Momenten zu sagen, der Allmächtige zürne.

Ich bin völlig durchnässt. Gut, dass es eine warme Nacht ist. Ich kann nicht einschlafen und beobachte das Toben der Natur. Mit einem Mal endet das Gewitter ganz unvermittelt – ebenso rasch, wie es begonnen hat. Am klaren Himmel tauchen die Sterne auf, an denen ich mich bis zum Morgengrauen erfreue.

Bei Sonnenaufgang krieche ich aus dem Gras und verteile es, damit es den Tag über wieder trocknen kann. Es verspricht sonnig und warm zu werden. Plötzlich erstarre ich wie versteinert: Zischelnd gleiten große Schlangen durch das Gras. Ich greife nach der Sense und beginne eine nach der anderen zu zerstückeln, bis sie alle tot sind.

Einige Tage später kommt Ferdinand Viļumson im Pferdegespann angefahren. Wir laden eine große Fuhre auf und fahren gemeinsam nach Hause. Nach dem Abladen errichten wir neben dem Haus einen großen Heuschober, in dem ich mir wie in einer Höhle einen Schlafplatz bereite. Im frischen Heu gibt es viele pieksende Wicken und Riedgras, das fürchterlich brennt, besonders, wenn es in die Augen gerät. Ich grabe mich tiefer ein, schüttle das Heu auf und lege mich schlafen. In der Nacht habe ich einen Traum: Eine schwarze Schlange hat sich mir um den Hals geschlungen und würgt mich, gleich werde ich ersticken. Ich habe Angst und will schreien, doch plötzlich geschieht ein Wunder: Die Schlange lässt von mir ab und gleitet fort. Ich erwache schweißgebadet. Ich bin mir nicht sicher, ob es nun ein Traum war oder ob sich tatsächlich in der Nacht eine Schlange um meinen Hals gelegt hat.

Nach dem Heumachen beginnt die Pilz- und Beerensaison. Häufig sammeln Olivia und ich zu zweit. Olivia hat mir eingeschärft, nie ohne Streichhölzer in den Wald zu gehen: Der Krieg hat die Wölfe aus ihren angestammten Revieren vertrieben, und jetzt durchstreifen sie in Rudeln die Wälder der Umgebung. Jeden Tag sammeln wir körbeweise Pilze und Beeren. Das Leben im Wald ist zu meinem Alltag geworden, ich kenne jedes Geräusch und spüre sogar nachts, was ringsumher geschieht.

Im Dorf machen gute Nachrichten die Runde: Es heißt, die Rote Armee sei bereits in Jelgava, also schon ganz nahe.[54] Eine heitere Stimmung erfasst mich und der Wunsch, die Frontlinie zu überqueren.

Einige Tage später besuchen Nachbarn die Viļumsons, und irgendwann wird auch über den Kriegsverlauf diskutiert.

„Ich habe gehört, dass die Unsrigen den Roten Jelgava abgenommen haben“, sagt einer.

„Ja, sie haben Jelgava zurückerobert und die Russen außerdem um 150 Kilometer zurückgeschlagen“, bestätigt ein zweiter.

„Stimmt, aber unter großen Verlusten.“

„Die Unsrigen haben mit einem Gegenangriff geantwortet. Wir sollten die Wehrmacht nicht unterschätzen! Die Deutschen halten sich noch wacker und sind in der Lage, die Front zu stabilisieren. Rückschläge mussten sie auch früher in Kauf nehmen, trotzdem sind sie unbesiegbar!"

Ich vermag mich nicht zu beherrschen und mache meinem Zorn Luft:

„Seht ihr denn wirklich nicht, dass Hitler am Ende ist? Er hat schwere Niederlagen in Russland erlitten und ganze Heeresteile verloren. Jetzt ist die Front nur hundert Kilometer von uns entfernt. Der Krieg ist verloren, und an allem herrscht immer größerer Mangel – an Verpflegung, an Munition, an Soldaten ..."

Olivia lässt mich nicht ausreden. In meiner Aufgewühltheit habe ich sicherlich schon viel zu viel gesagt.

Von der Offenheit meiner Worte erschrocken, versuchen die Nachbarn noch etwas einzuwenden. Olivia bedenkt mich mit einem vorwurfsvollen Blick und beendet den scharfen Wortwechsel:

„Alles liegt in Gottes Hand. Wie Er es will, so wird es sein. Es ist nicht an uns, darüber zu befinden, wie der Krieg endet, und erst recht sollten wir darüber nicht in Streit geraten!"

Wie begossene Pudel gehen die Nachbarn einer nach dem anderen nach Hause. Auch ich bin verwirrt und breche in Tränen aus, als ich allein mit Olivia zurückgeblieben bin. Sie nimmt mich in den Arm und beruhigt mich mit ihrer sanften Stimme:

„Wein' dich aus, dann wird dir leichter ums Herz. Ich weiß, dass du uns nicht absichtlich gefährden wolltest. Du konntest es einfach nicht mehr mit anhören. Ich hoffe nur, dass sie uns nicht anzeigen."

„Das hoffe ich auch", antworte ich schniefend. „Ich weiß nicht, was in mich gefahren ist, es tut mir wirklich leid."

Der Sommer neigt sich seinem Ende entgegen, es wird September. Die Roten erobern Lettland Stück für Stück, aber

Riga ist noch immer in deutscher Hand. Olivia bringt ihren Bekannten Pilze und Beeren nach Riga und kehrt mit Neuigkeiten zurück: Die Deutschen schicken sich an, Riga zu verlassen, bereiten eilig ihre Evakuierung vor, plündern die Stadt und stocken die Reihen ihrer Armee auf. Der Zwangseinberufung sind jetzt ausnahmslos alle Männer unterworfen – auch diejenigen, die bislang von ihr befreit waren. Alle müssen mit nach Deutschland gehen.

Die totale Mobilisierung betrifft auch die Viļumsons: Hein erhält seinen Einberufungsbefehl. Allerdings haben die Deutschen seine Religionszugehörigkeit berücksichtigt; der Glaube verbietet es einem praktizierenden Adventisten, eine Waffe in die Hand zu nehmen. Er ist als Koch in einem Heeresteil innerhalb des lettischen Gebiets abgestellt. Zumindest muss er nicht an die vorderste Frontlinie.

An einem sonnigen Tag im Frühherbst führt mein Lebensweg wieder unmittelbar am Abgrund des Todes vorbei. Es ist Mitte September, ein Samstagnachmittag. Nach einer im Wald verbrachten Woche bin ich nach Hause gekommen, um mich zu waschen, meine Kleidung in Ordnung zu bringen und den Lebensmittelkorb wieder aufzufüllen. Um mich nach dem langen Weg ein wenig auszuruhen, lege ich mich, so wie ich aus dem Wald gekommen bin, kurz aufs Bett. Plötzlich kommt in hohem Tempo ein Auto angerast und hält vor dem Haus. Drei angetrunkene deutsche Polizisten und ein Lette springen heraus, stoßen ohne anzuklopfen die Tür auf und betreten das Haus – ich sitze in der Falle.

Der lettische Polizist ist zu allem Unglück nüchtern und sehr sachlich.

„Wer wohnt hier und wie viele Personen sind bei Ihnen polizeilich gemeldet? Zeigen Sie mir bitte das Hausbuch!“, kommt er gegenüber dem Hausherrn gleich zur Sache.

Also eine Personenkontrolle. Wir sind alle zu Tode erschrocken. Mutter Viļumson wird übel, sie muss sich aufs Bett setzen, der alte Ferdinand sucht die Papiere heraus. Endlich findet er das Hausbuch und reicht es mit zitternden Händen dem Polizisten.

„Wer ist diese Frau?“, fragt dieser ihn, indem er auf mich zeigt.

Ich liege reglos auf dem Bett, das Gesicht ins Kissen gepresst, und denke: ‚Will mir das Schicksal einen bösen Streich spielen? So oft bin ich dem Tode entronnen, und jetzt, da die Befreiung schon mit Händen zu greifen ist – die Roten stehen zwanzig oder dreißig Kilometer entfernt –, soll ich auf so eine dumme Art und Weise geschnappt werden?‘

„Das ist unsere Bekannte, sie hilft uns bei Gartenarbeiten“, murmelt Vater Viļumson mit bebender Stimme.

Während des Gesprächs mit dem Polizisten tritt mir der kalte Schweiß aus allen Poren.

„Weshalb ist sie nicht im Hausbuch eingetragen?!“, brüllt einer der deutschen Polizisten.

„Sie ist gerade erst angekommen, wir haben es noch nicht geschafft, zur Verwaltung zu gehen“, fährt Vater Viļumson fort, sich wenig überzeugend zu rechtfertigen.

Ich liege immer noch da, aber in mir tobt ein Sturm – so wie damals im Wald von Rumbula vor der Erschießung. Ich stelle mir schon vor, wie man mich hier direkt vor der Haustür im Hof vor aller Augen erschießt und auch die Viļumsons nicht schont, alle werden niedergemäht, das Haus niedergebrannt und das Dorf dem Erdboden gleichgemacht. Einer der Polizisten kommt jetzt auf mich zu und fragt:

„Wer sind Sie? Zeigen Sie mir Ihre Papiere!“

Wie von kochendem Wasser verbrüht springe ich auf, bedecke das Gesicht mit den Händen und beginne gellend auf Lettisch zu schreien:

„Was wollt ihr von mir? Ich verstehe kein Deutsch! Erschießt mich doch! Los, schieß mich tot!“

Ich werfe mich zu Boden, umklammere krampfhaft meinen Kopf, als bekäme ich einen Anfall, und fange an, hemmungslos zu weinen. Erschrocken von meiner „Vorstellung", treten alle einen Schritt zurück.

Als der ruhige und beherrschte Lette sich wieder gefasst hat, wiederholt er ruhig die von den Deutschen gestellte Frage: „Wir wollen Ihre Papiere sehen. Zeigen Sie sie uns!"

Im Handumdrehen springe ich auf, weiche vor ihnen zurück und fahre fort, wie in einem Anfall von Irrsinn hysterisch zu schreien:

„Papiere?! Sie wollen Papiere! Gerade mit Müh' und Not bin ich diesen verfluchten Bolschewisten entkommen … Sie haben meinen Mann und die Kinder getötet, alles niedergebrannt …"

„Von wo sind sie geflohen?", unterbricht mich der Dolmetscher.

„Aus Gulbene (wir wussten, dass dieses Gebiet bereits befreit war), sie haben unser Haus und die Scheune niedergebrannt, uns das Vieh weggenommen, die Hühner geschlachtet. Alles ist verwüstet, ich habe als Einzige überlebt. Ich war im Wald Beeren lesen, als das alles geschehen ist. Wahrscheinlich hat uns jemand angezeigt und der Kollaboration mit den Nazis bezichtigt. Sie haben auf mich geschossen, als ich geflohen bin … Und Sie wollen Papiere?! Alles, was mir geblieben ist, trage ich am Leib! Ich habe alles verloren, einfach alles." Die Hände vor das Gesicht geschlagen, vergieße ich Tränen.

Stille tritt ein. Dann nähert sich mir einer der Deutschen, stupst mich an und fragt: „Sprechen sie Deutsch?" Ich schüttele den Kopf, ohne ihn anzusehen.

Der Polizist wendet sich an seinen lettischen Kollegen und erteilt ihm auf Deutsch Anweisungen:

„Sag' ihr, sie soll gleich morgen in die Stadt gehen, dorthin, wo die Flüchtlinge registriert werden, dann wird sie nach Deutschland geschickt."

Der lettische Polizist übersetzt das Gesagte wortwörtlich. Sie geben Vater Viļumson das Hausbuch zurück, verabschieden sich mit militärischem Gruß, schlagen die Hacken zusammen und gehen.

Wir stehen wie vom Donner gerührt, unfähig zu glauben, was unsere Ohren soeben gehört und unsere Augen gesehen haben. Sollte es wirklich wahr sein?

Nach einer kurzen Weile kommt Vater Viļumson zu mir, umarmt mich und küsst mich auf die Stirn. Mit Tränen in den Augen sagt er:

„Ich war vollkommen überzeugt, dass wir schon heute vor unseren Schöpfer treten werden. Gelobt sei Gott! Seine mächtige Hand hat uns gerettet."

Wir knien nieder und danken lange dem Allerhöchsten.

Beim ersten Morgenlicht kommt Frau Jurkewitsch zu uns geeilt und berichtet weinend, wie die Polizisten gleich nach der Visite bei uns ihr Haus überprüft haben:

„Sie haben meinen Schwiegervater auf den Stuhl gesetzt, sich um ihn herumgestellt und ihn lange verhört. Sie versuchten, Informationen über Deserteure, über euch und über Frida aus ihm herauszupressen." Sie haben die verschiedensten Kniffe angewandt, um den alten Mann zum Reden zu bringen – ihn am Bart gezogen, ihn verspottet, gedroht, ihn zu erschießen, aber er hat niemanden verraten. Er hat geantwortet, dass er nichts von Deserteuren wisse, über die Viļumsons nichts Schlechtes sagen könne und deren Besuch nicht kenne. So verging eine ganze Stunde, bis sie endlich von ihm abließen. Bevor sie wegfuhren, haben sie noch herumgeschrien und gedroht, alle zu erschießen und das Dorf niederzubrennen, wenn sich herausstellen sollte, dass jemand gelogen hat."

„Es sind schlimme Zeiten", fügt Vater Viļumson hinzu.

Am Nachmittag erscheinen abermals zwei der gestrigen Gäste bei uns, um den Hausherrn daran zu erinnern, dass ich mich unverzüglich in die Stadt zu begeben hätte, um mich registrieren und evakuieren zu lassen. Zu diesem Zeitpunkt jäte ich hinter dem Haus die Gemüsebeete. Ohne den Kopf zu heben, arbeite ich weiter, damit sie meine verräterisch dunklen Augen nicht sehen. Auch den anderen Hausbewohnern gegenüber wiederholen sie das Gesagte – sie sollen nicht zögern und mich umgehend zu den Flüchtlingen schicken.

Als die Deutschen dem Blick entschwinden, kommt Vater Viļumson zu mir und sagt:

„Frida, du musst so schnell wie möglich fort! Sonst gehen wir alle zugrunde."

„Ich weiß", pflichte ich ihm bei.

Eilig fülle ich einen Korb mit Lebensmitteln, packe meine Habe zusammen und mache mich, nachdem ich mich schweren Herzens verabschiedet habe, nach Riga auf. Ich habe die Feldstraße hinter mich gebracht und nach einer guten Stunde sehe ich die Chaussee vor mir. Man hat mich gewarnt, dass die Hauptstraße nach Riga streng bewacht wird, an mehreren Posten werden die Papiere kontrolliert. Meine Absicht ist, die Chaussee zu überqueren und in Richtung Daugava zu gehen – es heißt, auf dem Fluss würden kleine Dampfer verkehren, und mit ihnen könne man ohne Überprüfung der Papiere nach Riga gelangen.

Ohne etwas zu überstürzen, halte ich vom Wald aus aufmerksam Umschau nach allen Seiten, um den richtigen Augenblick abzupassen, in dem ich die Chaussee unbemerkt überqueren kann.

Ich sehe eine Frau auf einem Fahrrad von der Chaussee auf die Landstraße abbiegen. Ich schaue genauer hin – das ist ja Olivia! Sie ist auf dem Heimweg aus Riga. Alle Vorsicht vergessend, laufe ich aus dem Wald auf sie zu. Olivia hält an, und als sie sieht, dass ich meinen ganzen Besitz bei mir habe, fragt sie verwundert:

„Wo willst du denn hin? Bist du verrückt? Im Sommer gibt es hier mehr Deutsche als Flöhe. Lass uns rasch von der Straße verschwinden!"

Wir ziehen uns in den Wald zurück. Ich erzähle Olivia, was während ihrer Abwesenheit passiert ist, dass ich fortgehen musste, um meine besten Freunde, die mir auf Erden noch geblieben sind, keiner Todesgefahr auszusetzen.

„Und wo gedenkst du jetzt hinzugehen?" Aus ihren Augen sprechen Beunruhigung und Sorge.

„Ich weiß nicht recht, vielleicht nehmen Sascha und Greta mich auf."

„Hast du den Verstand verloren?", unterbricht sie mich. „Du darfst auf gar keinen Fall nach Riga gehen. In der Stadt herrschen Panik und Chaos. Die Deutschen sind in heller Aufregung, sie haben Angst vor Saboteuren und Spionen. An jeder Ecke werden die Papiere kontrolliert. Du schaffst es gar nicht bis in die Stadt, überall stehen Wachtposten. Und bei den Mädchen kannst du auch nicht bleiben, sämtliche Wohnungen werden jetzt durchsucht."

„Aber wo soll ich hin?" Ich bin völlig verzweifelt.

„Weißt du was? Ich habe eine Idee. Komm, fragen wir Gott! Wie Er spricht, so werden wir handeln! Wenn Er mit ja antwortet, gehst du in Stadt, wenn Er nein sagt, gehst du zurück zu uns."

„Und wie gedenkst du das von Ihm zu erfahren?", frage ich skeptisch.

„Das wirst du gleich sehen. Lass uns etwas näher zur Straße gehen!" Mit mir im Schlepptau marschiert sie los.

Ich warte, was nun passieren wird, und denke: ‚Jetzt ist es schon soweit, dass sie sich mit Gott persönlich unterhält, sie ist schon merkwürdig.'

„Schau, ich habe zwei Zettelchen." Sie zeigt sie mir und kritzelt etwas auf das eine, das andere lässt sie leer. „Jetzt werde ich sie zusammenrollen und auf die Straße werfen."

Olivia wirft beide Röllchen in die Luft empor, läuft sogleich dorthin, wo sie heruntergefallen sind, und öffnet sie mit großem Interesse.

„Siehst du?“, erklärt sie mir, „dieser Zettel zeigt zum Wald, der andere nach Riga. Zum Wald zeigt der markierte Zettel. Also will Gott, dass du zurück in den Wald gehst. Du musst bei uns bleiben, denn in der Stadt gehst du zugrunde. Lass uns gehen, grüble nicht so viel!“

Olivias Augen funkeln, und es ist ihr gelungen, mich zu überzeugen.

„Aber wo soll ich mich verstecken?“, frage ich sie verwirrt.

„Im Wald, so wie bisher!“, antwortet Olivia bestimmt. „Das ist der sicherste Ort, und wir anderen sind nicht gefährdet.“

Rasch marschieren wir nach Hause. Ich denke über Olivia nach und bewundere sie – sie ist ein einfaches Mädchen vom Land, aber wie viel Klugheit, Menschenliebe und Mitgefühl ist in ihr! Nie ist sie gleichgültig gewesen, sondern hat immer geholfen und mich oft vor dem Tod gerettet! Ich fange an zu glauben, dass sie mein Schutzengel ist.

Bevor wir das Haus erreicht haben, lässt Olivia mich im Wald warten: fährt voraus, um ohne das Wissen ihrer Eltern noch mehr Lebensmittel für mich zu holen. Bald kehrt sie mit einem Korb in der einen Hand und unserem einstigen Fund aus dem Wald in der anderen zurück – der verrosteten Schaufel.

„Nimm, die wirst du im Wald gebrauchen können“, sagt Olivia mit Nachdruck. Sie gibt mir auch Streichhölzer und empfiehlt mir, mich im Unterholz des Waldes zwischen Himbeersträuchern zu verstecken, wo es große, höhlenartige Erdkuhlen gibt. „Da wird dich niemand finden. Aber jetzt geh' los, bevor es dunkel wird. Morgen komme ich dich besuchen.“

Wir umarmen einander und trennen uns. Ich gehe etwa drei Kilometer tief in den Wald hinein – dorthin, wo wir beide mehr als einmal umhergestreift sind, um Himbeeren zu sammeln.

Danach geht der Wald in moorigen Jungwald und Sumpfgelände über, wo es viele Moosbeeren gibt. Hier war dafür unsere bevorzugte Gegend.

Die Nacht ist sehr kalt und klamm, obwohl es erst September ist. Ich sitze gegen eine Kiefer gelehnt da und lausche aufmerksam den Geräuschen des Waldes. Schaufel und Streichhölzer – meine einzigen Waffen gegen Wölfe – halte ich in Bereitschaft. Die Wälder sind in dieser Gegend unberührt und dunkel, das dichte Unterholz erstreckt sich von hier aus über Dutzende von Kilometern. Ich bin völlig durchgefroren und habe Schüttelfrost. Ungeduldig erwarte ich den Morgen.

Sobald man im ersten Morgengrauen erkennen kann, ob sich jemand nähert, beginne ich rasch schnell hin und her zu laufen, um mich nach der ungewöhnlich kalten Nacht aufzuwärmen. Dann schaue ich mich nach einem abgelegenen Platz um, der sich als Versteck eignet. Ich entscheide mich für einen kleinen Hügel, auf dem zwischen vereinzelten Kiefern dichte Himbeersträucher wuchern. Hier beginne ich nun, eine Grube zu graben. In nicht allzu großer Tiefe haben sich die Wurzeln der Kiefern und der Himbeeren miteinander verflochten. Ich säubere sie und grabe weiter, bis das Wurzelgeflecht schließlich das Dach meines Verstecks bildet. Die Höhle ist nun tief genug, dass ich nicht entdeckt werde, wenn ich in ihr liege.

Am Nachmittag kommt Olivia und lobt das Ergebnis meiner Bemühungen: Der Platz sei ausgezeichnet gewählt, aus der Entfernung könne man nicht das Geringste bemerken. Olivia legt sich auf den Bauch und nimmt mein unter Zweigen und Wurzeln verborgenes Versteck in Augenschein. Sie berichtet, die Polizisten hätten mich nicht vergessen und seien nochmals erschienen, um zu überprüfen, ob ich bereits in die Stadt gegangen sei. Olivia bleibt bis zum Einbruch der Dunkelheit bei mir und verspricht zum Abschied, mich regelmäßig zu besuchen und mit Lebensmitteln zu versorgen.

Die nächste Nacht verbringe ich bereits in meiner „Behausung“, in die ich mich mit Mühe und Not hineinzwängen kann. Mich auszustrecken ist nicht möglich, weil die Grube zu kurz ist, und bei der kleinsten Bewegung und bei jedem Windhauch, der die Bäume über mir schwanken lässt, rieselt trockner Sand aus den freigelegten Wurzeln auf mich herab. Ich liege da, ohne einschlafen zu können. Füchterliche Gedanken beginnen mich zu verfolgen und ich habe das Gefühl, dass dies mein Grab ist, das ich mir selbst geschaufelt habe, dass ich hier sterben und für alle Zeiten liegen bleiben werde. Es ist wirklich gruselig.

Aus dem Dickicht des Waldes klingen die Geräusche von Vögeln und Tieren, aber nicht einmal vor Wölfen würde ich mich fürchten: So habe ich mich schon an das einsame Leben im Wald gewöhnt. Am furchteinflößendsten ist es, die Schritte von Menschen zu hören, dann zieht sich mir das Herz instinktiv vor Angst zusammen.

Am nächsten Tag vergrößere ich mein Versteck, so dass ich mich der Länge nach darin ausstrecken kann. Den ausgegrabenen Sand verstreue ich in größerer Entfernung, kleide den Boden mit langem Riedgras aus, dass ich haufenweise gepflückt habe, und bereite mir so eine Lagerstatt.

Es vergehen mehrere Tage, aber Olivia taucht nicht auf. Ich beginne mir Sorgen zu machen: Ob den Viļumsons wohl etwas zugestoßen ist? Vielleicht sind auch sie als Flüchtlinge nach Deutschland geschickt oder zum Arbeitsdienst gezwungen worden? Es muss etwas Ernstes passiert sein, wenn Olivia nicht kommt … Ich habe jetzt mehr Zeit als genug, um mir Sorgen und Gedanken zu machen.

Nach etwa einer Woche vernehme ich in der Ferne menschliche Stimmen. Ich horche genauer hin – es sind Deutsche! Wo soll ich nur Zuflucht finden, wenn es sogar in diesem abgelegenen Waldesdickicht gefährlich geworden ist?

Ich tarne den Eingang zu meinem Versteck noch besser und verlasse es lange nicht. Reglos liege ich da und lausche: Deutlich ist zu hören, dass Bäume gefällt werden und umstürzen, unaufhörlich wird mit Beilen gehackt und gehämmert – wahrscheinlich legen die Deutschen Schützengräben an oder bauen Erdbunker. Nach Einbruch der Dunkelheit sind weder Stimmen noch Arbeitsgeräusche zu hören.

Im Morgengrauen schlüpfe ich leise aus meiner Höhle und krieche zwischen den Himbeersträuchern tiefer in den Wald. Dann durchstreife ich mit dem Korb in der Hand das Unterholz. Urplötzlich tauchen in meiner Nähe wie aus dem Nichts mehrere Letten in deutschen Waffen-SS-Uniformen auf. Ich beuge mich nieder, als würde ich einen Pilz abschneiden.

Sie kommen näher und fragen, was ich hier mache.

„Pilze sammeln“, antworte ich, ohne den Kopf zu heben.

Vor Angst und Schreck bekomme ich Nasenbluten. Ich hole ein Taschentuch hervor und halte es mir vor die Nase, wobei ich mein Gesicht verdecke.

„Welcher Weg führt hier aus dem Wald hinaus?“, fragen sie mich.

„Der dort“, weise ich ihnen die Richtung und füge hinzu, dass die Landstraße ein paar Kilometer entfernt sei.

Sie gehen, aber ich kann mich noch lange nicht beruhigen. Nach dieser gefährlichen Begegnung bin ich zu Tode erschrocken. Ich gehe ein Stück, ruhe mich aus, stehe wieder auf und streife durch den Wald. Gegen Abend schleiche ich in Richtung meines Unterschlupfs. Nicht weit davon finden jetzt regelrechte Bauarbeiten statt. Also bereiten sich die Deutschen darauf vor, länger hierzubleiben.

Schon zwei Wochen sind vergangen, seit Olivia das letzte Mal bei mir war. Was wohl mit meinen Freunden geschehen ist? Die Lebensmittel aus dem Korb sind längst aufgebraucht, aber

Hunger fürchte ich nicht; ich ernähre mich von dem, was im Wald zu finden ist. Das Schlimmste ist der Durst. Im Wald gibt es keinen Tropfen Wasser, und Durst ist sehr viel schwerer zu ertragen als Hunger. Um etwas zu trinken zu finden, beschließe ich, zu einer Moorsenke im Moosbeerengrund zu gehen; dort war der Boden immer feucht und es gab Moorlaken. Doch ausgerechnet jetzt ist alles völlig ausgetrocknet, und der Boden ist ganz hart. Ich versuche zu graben, so weit meine Schaufel es mir erlaubt, stoße aber nicht auf Wasser. Wenn ich nur die aufgesprungenen Lippen und die ausgedörrte Kehle ein wenig benetzen könnte! Ich sammle Moosbeeren und esse sie, aber von ihnen bekommt man nur noch mehr Durst.

Eines Tages gerät der Wald unter schweres Artilleriefeuer, pfeifend fliegen die Geschosse durch die Luft und explodieren eins nach dem anderen. Die getroffenen Bäume fangen Feuer und stürzen um. Wahrscheinlich haben die Roten herausgefunden, dass Deutsche im Wald sind. Schade nur, dass sie ein Gebiet bombardieren, das ziemlich weit von ihrem Ziel entfernt ist – die Treffer sind näher bei mir als bei den Deutschen. ‚Sie werden sie sicher bald entdecken', tröste ich mich.

Ich krieche auf mein Versteck im Hügel zu. Wieder Kugelhagel und explodierende Bomben, diesmal von Flugzeugen aus. Sie haben die Deutschen entdeckt! Ich könnte tanzen vor Freude. Jetzt treffen die Roten exakt ihr Ziel. Die deutschen Schützengräben gehen mit Feuersäulen in die Luft, ich höre Schüsse und Schreie. Die Front ist ganz nah herangerückt.

Ich schlüpfe in meine Höhle, lege mich hin und horche: Der Beschuss dauert sehr lange. Es ist mir kaum möglich, ruhig im Versteck zu liegen – ich möchte hüpfen und schreien vor Begeisterung, doch der unerträgliche Durst holt mich in die Wirklichkeit zurück. Ich kämpfe, der Körper ist dehydriert, ich bin schon ganz matt und entkräftet, trotzdem zwinge ich mich mit letzter Kraft, nicht aufzugeben, nicht das Bewusstsein und den klaren Verstand zu verlieren.

Was soll ich tun? Die Befreiung ist schon so nah, möglicherweise direkt hier am Waldrand. Wenn der Allerhöchste mein Leben so lange bewahrt und durch so viele Gefahren geführt hat, dann wird Er mir helfen, auch diese Schwierigkeiten zu überstehen, ermutige ich mich. Ich habe mich inzwischen an die Luftangriffe und den Gefechtslärm gewöhnt. Je mehr Bomben und Flammen, desto näher rückt meine Befreiung.

Seit Olivias Besuch bei mir im Wald sind nun drei Wochen vergangen. Ich kann nicht mehr länger warten – es wäre unsinnig, zu verdursten. Ich beschließe es zu riskieren, die Frontlinie zu überqueren und zu den Roten zu gehen.

Da schießt mir ein Gedanke durch den Kopf: Vielleicht ist der Hof der Viļumsons ja schon befreit, und Olivia kann deshalb nicht zu mir kommen?

Ich sammle einen Korb voll Pilze, nehme allen Mut zusammen und gehe im Morgengrauen an den deutschen Befestigungsanlagen vorbei, um nach den Viļumsons zu sehen. Das ganze Gelände ist von Bombenkratern und zersplitterten Bäumen übersät. Ein paar Soldaten machen sich an einer Feldküche zu schaffen. Überraschenderweise lassen die Deutschen mich unbehelligt, wahrscheinlich halten sie mich für eine hiesige Bäuerin, die früh am Morgen Pilze gesammelt hat.

Als ich neben einem Bauernhaus einen Brunnen erblicke, lasse ich jegliche Vorsicht fahren. Ich stürze hin, schöpfe den Eimer voll und trinke, trinke und trinke – als wäre ich aus der Wüste gekommen. Jeden Schluck koste ich aus. Am Brunnen der Viļumsons trinke ich auch noch einmal tüchtig.

Vorsichtig nähere ich mich dem Haus, postiere mich hinter einem Gebüsch und beobachte, wie fremde Leute auf dem Hof herumlaufen. Dort stehen Autos, einige von ihnen sind ziemlich lädiert und sehen schrottreif aus. Außerdem sind einige getarnte Kanonen, eine Feldküche und deutsche Soldaten auszumachen, die sich miteinander unterhalten.

Ich will warten, bis einer von den Viļumsons auftaucht. Nach einer Weile verlässt die Mutter das Haus und kommt zum Brunnen. Ich verlasse die Deckung des Gebüschs und gehe ihr entgegen. Als sie mich sieht, erschrickt sie und fragt:

„Wo kommst du denn her?"

„Seit dem Tag, als ich von euch fortgegangen bin, wohne ich hier im Wald."

„Und wir dachten, dass du auf ein Flüchtlingsschiff verfrachtet und nach Deutschland geschickt wurdest. Aber geh' um Gottes Willen nicht ins Haus! Sie haben Truppenteile auf unserem Hof einquartiert", berichtet Mutter Viļumson besorgt.

„Keine Sorge", beruhige ich sie, „ich bin nur zum Trinken hergekommen und um etwas Brot zu erbitten. Ich verschwinde gleich wieder."

Währenddessen ist Olivia aus dem Haus gekommen. Ich freue mich sehr, sie zu sehen: Schließlich ist sie meine beste Freundin. Sie kommt zu mir gerannt, Freudentränen in den Augen, wir umarmen einander. Die Mutter geht fort – man darf nicht in Grüppchen herumstehen, das macht die Deutschen misstrauisch.

„Ich habe mir so große Sorgen um dich gemacht, Anna! Ganz allein im Wald ohne Nahrung, und dann wird noch ununterbrochen geschossen und bombardiert. Gott sei Dank, dass alles gut ist! Es war einfach unmöglich, zu dir zu kommen", berichtet Olivia außer Atem. „Ich habe es mehrfach versucht, aber dort befindet sich ein Heeresposten und lässt niemanden in den Wald. Das Haus ist ebenfalls voll, es gibt keine Möglichkeit, sich zu verstecken. Auf unserem Hof befindet sich jetzt ein Armeestab und auf dem Gelände sind Soldaten, sie übernachten im Heu und überall, wo sie zufällig ein Plätzchen finden."

Ich bitte Olivia um ein Gefäß, in dem ich Wasser mitnehmen kann. Sie holt zwei große Flaschen für mich aus dem Haus und einen Korb voll Lebensmittel.

„Hier, das reicht für längere Zeit! Versuch' aber auf gar keinen Fall, die Frontlinie zu überqueren, du würdest sofort getötet werden. Geh' zurück in den Wald und versteck' dich."

Wir verabschieden uns. Ich befolge ihren Rat und kehre zu meinem Versteck im Wald zurück. Allmählich kommt es mir so vor, als ob durch ihren Mund der Allessehende selbst spricht. Ich mache einen großen Bogen, um nicht auf den Wachtposten zu treffen. Es ist nicht auszuschließen, dass sie mich bemerkt haben und jetzt Verdacht schöpfen, dass ich sie ausspioniere.

Ich beschließe, bis zur Dunkelheit durch den Wald zu streifen und dann heimlich zu meiner Höhle zu gehen. Plötzlich beginnt wieder scharfer Beschuss, die Luft wird stickig vom Rauch des brennenden Waldes. Mein Versteck liegt genau in Richtung des Feuers. Ich bleibe stehen: Dort vorne wird verbissen gekämpft, weiterzugehen wäre der sichere Tod. Ich lege mich hinter einem dichten Gebüsch auf den Boden und warte ab. Manchmal verstummen die Schüsse, dann geht es wieder los. Mich quält die Frage, wo ich die Nacht verbringen soll. Ich werde wohl umkehren müssen, das Weitergehen ist nicht möglich.

Langsam nähere ich mich dem Hof der Viļumsons und beobachte aufmerksam, was auf dem Gelände vor sich geht. Armeeangehörige, Autos und Motorräder treffen ein oder fahren wieder fort, überall herrscht große Geschäftigkeit. Niemand beachtet mich, doch Olivia hat mich entdeckt und eilt mir entgegen. Ich erzähle ihr, dass im Wald eine Feuersbrunst wütet und heftige Gefechte stattfinden – nur deshalb sei ich umgekehrt.

„Und es ist auch gut, dass du wieder da bist", sagt sie, „jetzt kannst du bei uns bleiben. Die SS-Männer und Polizisten sind weg, dafür sind einfache Soldaten hergekommen. Sie sind nicht so misstrauisch, außerdem haben sie Sorgen genug – den Deutschen geht es nicht gut. Falls nötig, werden wir sagen, du seist eine Nachbarin. Sie werden dich aber gar nicht bemerken."

Ich riskiere es trotzdem nicht, ins Haus zu gehen – dort befinden sich viele Offiziere, die den Rückzug der Truppe leiten, und die werden schließlich nicht so häufig abgelöst. Ich richte mich im Stall neben dem Kuhverschlag im Stroh ein.

Am nächsten Tag kommt ein Soldat auf der Suche nach Deserteuren in den Stall und schaut sich um. Die Tür steht halb offen, Mutter Viļumson sitzt auf einem niedrigen Schemel und melkt ihre Kuh, ich stehe daneben und wir unterhalten uns.

„Wer ist diese Frau?", fragt er Mutter Viļumson streng.

„Die Nachbarstochter", antwortet sie erschrocken und unterbricht ihre Arbeit.

Sie dreht sich zu dem Deutschen um und wartet, was nun geschehen wird. Er untersucht den Misthaufen, verzieht wegen des widerlichen Gestanks das Gesicht und schärft ihr streng ein:

„Lassen Sie keinen Fremden hier herein!", und geht.

„Dem mächtigen Gott sei Dank!", seufzt die Mutter erleichtert auf. „Schütze uns, gütiger Herr!"

Vor Aufregung beginnt sie zu zittern. Ich helfe ihr, die Kuh zu Ende zu melken, und gemeinsam verlassen wir den Stall. Einen Moment lang stehen wir da, als würden wir uns unterhalten, doch dann gibt sie mir ein Zeichen, dass ich in den Stall zurückkehren soll. Später höre ich ein Klicken – sie schließt die Stalltür von außen ab.

Über den Sommer ist der Kuhmist im Stall zu einem riesigen Haufen angewachsen, der stellenweise bis an die Decke reicht. Auch eine ganze Schar Hühner übernachtet hier. Die

Luft ist derart stickig, dass man kaum atmen kann. Es wird immer schlimmer. Ich bekomme keine Luft, der Gestank verschlägt mir den Atem, ich bin schweißgebadet. An dem kleinen Fensterchen will ich ein wenig frische Luft schnappen, doch es lässt sich nicht öffnen, weil es mit Brettern vernagelt ist. Vom Sauerstoffmangel beginne ich ohnmächtig zu werden. Es ist unerträglich! Mir scheint, dass sogar die Kuh schwer atmet und um Luft ringt.

„Mein Gott! Du hast mich doch nicht ganze drei Jahre lang vor Gefahren bewahrt, damit ich jetzt an einem Misthaufen ersticke!", beginne ich zu beten.

Plötzlich schießt mir etwas in den Sinn – die Mistgabel! Irgendwo habe ich sie doch stehen gesehen. An die Wand gestützt, taste ich im Dunkeln nach der Forke. Als ich sie gefunden habe, krieche ich zurück bis zum Fensterchen und ramme die Mistgabel mit aller Kraft gegen die Bretter. Ich bin derart verzweifelt, dass ich mir wegen des dabei entstehenden Lärms keine Gedanken mache. Die Brettchen lockern sich, und ich reiße sie gänzlich fort. Gierig sauge ich die frische Nachtluft ein und bleibe bis zum Morgen ans Fenster gepresst stehen.

Früh am Morgen schließt Mutter Viļumson den Stall auf und kommt herein, um ihre Kuh zu melken. Ich erzähle ihr, dass ich beinahe erstickt wäre und entschuldige mich, dass ich gezwungen war, das vernagelte Fenster aufzubrechen. Sie wird blass: Ihr Mann hat vergessen, für den Sommer das Fenster im Stall zu öffnen. Vor dem Winter vernagelt er es immer, damit die Kuh nicht erfriert.

„Normalerweise lasse ich die Tür ja offen, aber diesmal habe ich sie deinetwegen abgeschlossen, damit nachts niemand hereinkommen kann", erklärt die Mutter verstört. „Du hättest tatsächlich samt der Kuh und den Hühnern ersticken können – in der Wärme dünstet der Mist giftige Stoffe aus. Das werde ich mir niemals verzeihen! Olivia hat recht: Gott schützt dich, du bist ihm teuer und er gab dir die Klugheit, das Fenster aufzubrechen."

„Ich wollte schon hinausklettern und mich in einem Heuhaufen verstecken, aber das Fenster ist zu klein", gestehe ich ihr.

„Bloß gut! In jedem Heuhaufen schlafen sechs oder mehr Soldaten, jeder Fleck und sogar der Keller ist voll mit ihnen. Jetzt darfst du nicht hinausgehen, warte ein wenig, diese Soldaten bleiben nur kurz bei uns. Bleib hier, ich spreche mit Olivia."

Bald beginnt morgendliche Geschäftigkeit und Trubel auf dem Hofgelände. Befehle ertönen, der Duft von Essen liegt in der Luft. Durch das Fensterchen sehe ich, wie von allen Seiten Soldaten kommen und sich um die Feldküche versammeln.

In der Tür erscheint Olivia und stößt eilig hervor:

„Komm schnell mit, solange die Armeeleute mit ihren Angelegenheiten beschäftigt sind."

Sie führt mich in ein Zimmer, das noch nicht fertig ausgebaut ist, und sagt:

„Du musst so tun, als seist du krank! Zieh schnell deine Kleider aus und das Nachthemd hier an, und dann leg' dich ins Bett!"

Sie stellt einen Hocker mit Medizinfläschchen und Tabletten neben das Bett, in das ich mich mit aufgerichtetem Oberkörper lege und für Olivia einen Pullover zu stricken beginne.

Im Nebenzimmer befindet sich der Armeestab. Durchs Fenster ist zu sehen, wie alle Augenblicke irgendwelche Armeeangehörige auf Fahrrädern oder Motorrädern vor dem Haus eintreffen. Sie kommen ins Haus geeilt, machen Meldung und sind wenige Minuten später wieder verschwunden. Kuriere bringen Päckchen, Befehle und Depeschen herbei oder fort. Eines ist klar – den Deutschen wird von allen Seiten zugesetzt, sie schaffen es nur knapp, ihre Einheiten abzuziehen.

Olivia geht es schlecht, sie hustet Blut, die fortgeschrittene

Tuberkulose will wie ein böser Schatten nicht von ihr weichen. Den größten Teil des Tages verbringt Olivia zusammen mit mir im Zimmer, liegt schweigend auf dem Bett und starrt mit ihren traurigen blauen Augen lange auf einen Punkt an der Decke. Sie atmet schwer, jedes Ausatmen wird von einem Rasseln im Inneren begleitet, das ihr Schmerzen bereitet, die nicht zu lindern sind. Mein Herz bricht, da ich mit ansehen muss, wie das Leben meiner geliebten Freundin in der Blüte ihrer Jugend verlischt und ich ihr einfach nicht helfen kann. Ich bemühe mich, Olivia aufzumuntern und zu beruhigen:

„Bald ist der Krieg vorbei, dann bringe ich dich nach Riga ins Krankenhaus, ich werde einen guten Arzt für dich finden."

„Liebe Frida! Ich weiß, dass du ein gutes Herz hast, aber ich fürchte, dass es schon zu spät ist. Wahrscheinlich werde ich den Frühling nicht mehr erleben." Tränen beginnen über Olivias Wangen zu rollen. Sie weiß genau, wie es um sie steht.

In diesen Tagen kommt Ruta zu uns: Kurt ist besorgt um das Schicksal seiner Angehörigen und hat seine Frau hergeschickt, um uns zu besuchen, weil er selbst nicht vom Dienst freigestellt wurde. Überall herrscht Verwirrung und Panik, häufig ist Gefechtslärm zu hören, den Deutschen brennt der Boden unter den Füßen. Ruta möchte mit uns sprechen und bittet um Rat, was sie tun sollen – sich verstecken oder nach Deutschland evakuieren lassen.

Olivia beschließt, Ruta die Wahrheit über mich zu offenbaren, damit sie uns hilft. Sie ruft sie ins Zimmer und erzählt ihr flüsternd, wer ich bin, was ich erlebt habe und wie ich zu ihnen gelangt bin. Von dem Gehörten ist Ruta vollkommen sprachlos, auf das blass gewordene Gesicht tritt der Schweiß. Immer wieder schaut sie zu mir, den Blick voller Entsetzen. Als Olivia ihren Bericht beendet hat, denkt Ruta noch eine Weile nach, dann steht sie auf und schickt sich zum Gehen an, wobei sie seufzt:

„Gott, sei gnädig und beschütze uns!"

„Es ist gar nicht so schlimm", Olivia nötigt Ruta, sich wieder hinzusetzen, „der Krieg ist bald zu Ende – hab' keine Angst! Doch wir werden eine Seele gerettet haben. Wir brauchen aber deine Hilfe, denn oft kommen SS-Männer her und sind neugierig. Du könntest sie vielleicht in ein Gespräch verwickeln und mit etwas Koketterie ablenken, damit sie nicht zu uns ins Zimmer kommen. Hauptsache, die Soldaten schöpfen keinen Verdacht und lassen Frida in Ruhe."

„Gut, ich werde tun, was ich kann", verspricht Ruta und beginnt sich in ihre Rolle einzufühlen. Sie amüsiert uns mit ihrem Ausprobieren verschiedener Gesichtsausdrücke, verführerischen Lachens und Herumspazierens.

Am nächsten Tag trifft eine neue Wehrmachtsabteilung auf dem Hof ein. Olivia und Ruta laufen den SS-Männern entgegen und verwickeln sie in Gespräche, damit ich Zeit habe, mich zu verstecken – im Haus darf sich niemand außer der Familie des Bauern aufhalten. Ich krieche unter die Matratze des Bettes und liege reglos da, wobei ich nur flach atmen kann. Mit ihrem Gewicht lastet die Matratze schwer auf mir, mein Blutkreislauf kommt ins Stocken. So liege ich bis zum Abend da. Nachdem die Autos weggefahren sind, kommt Olivia zu mir herein und bedeutet mir, dass ich hervorkommen kann: In dem Moment, als sie laut zu husten beginnt, arbeite ich mich unter der massiven Matratze hervor. Wir beginnen miteinander zu flüstern. Von dem Druck auf meinen Magen stoße ich seinen Inhalt auf. Aber um bis zur Toilette zu gelangen, muss ich durch die Diele gehen – und an den Deutschen vorbei.

„Ich halte es nicht mehr aus", sage ich zu Olivia.

„Geh' einfach an ihnen vorbei und hab' keine Angst!", ermutigt mich Olivia, „Das ist schon wieder ein anderer Trupp."

Nachdem ich mir ein Kopftuch umgebunden habe, gehe ich, ohne nach rechts oder links zu schauen, wie eine vollberechtigte

Bewohnerin des Hauses forsch an den Deutschen vorbei.

Zwei weitere Tage vergehen. Ruta ist sehr nett und freundlich zu mir. Jetzt ist nicht nur Olivia, sondern auch sie bemüht, mir auf jede erdenkliche Weise zu helfen und mich zu beschützen. Schade, dass sie beschlossen hat, zurück in die Stadt zu gehen. Wir bitten sie, noch ein paar Tage zu bleiben, aber Ruta ist nicht zu überreden. Sie muss zurück nach Hause, die Zeiten sind zu unruhig, um länger auf dem Land zu bleiben, und Kurt wird angefangen haben, sich Sorgen zu machen.

Jetzt folgt ein Ereignis dem anderen. Am selben Nachmittag kommen die Jurkewitschs in heller Aufregung zu uns geeilt. Vor Angst können die Nachbarn kaum sprechen. Nach und nach kommt heraus, dass ihnen soeben der neueste Befehl verlesen wurde: Alle Dorfbewohner müssen noch heute ihre Häuser verlassen und nach Deutschland gehen! Wer nicht gehorcht, wird zwangsevakuiert. Auch die Viļumsons werden von Verzweiflung erfasst. Was sollen sie tun?

Nachdem sie die verschiedensten Möglichkeiten erwogen und sich beraten haben, beschließen meine Retter, zu bleiben und sich zu verstecken – sie haben von den Roten nichts zu befürchten, weil sie sich auf keinerlei Weise die Hände schmutzig gemacht haben. Natürlich rate auch ich ihnen, nicht zu fahren. Die Familie plant, ganz in der Nähe im Wald in einer Senke einen Erdbunker zu bauen und dort den Machtwechsel abzuwarten. Ferdinand Viļumson ist überzeugt, dass sie niemand dort finden wird.

Für die Jurkewitschs ist dieser Platz nicht geeignet, weil sie ihr Vieh nicht dem Schicksal überlassen können. Sie wollen tiefer in den Wald gehen, etwa drei Kilometer von der Landstraße entfernt, dort gebe es eine Waldwiese und einen guten Zufluchtsort, wo man einen Erdbunker graben und auch das Vieh weiden lassen könne. So halten die Nachbarn jeweils an ihren eigenen Plänen fest.

Mutter Viļumson tut es besonders leid, sich von ihrer Braunen zu trennen – sie ist ihr ganzer Reichtum. Sie schlägt mir vor, mich den Nachbarn anzuschließen und ihre geliebte Kuh mitzunehmen. Die Jurkewitschs sind gerne mit diesem Vorschlag einverstanden.

„Gemeinsam ist es sicherer", befinden sie, „wir werden einander helfen."

Kaum sind die Nachbarn fort, tauchen auch bei uns Polizisten mit dem Befehl auf, das Haus zu verlassen und nach Deutschland zu gehen. Sie geben der Familie zwei Stunden Zeit, um sich reisefertig zu machen. Eile ist geboten. Wir packen unsere Sachen zusammen und verabschieden uns voneinander. Ich gehe mit meiner Kuh in Richtung Wald und hole bald die Jurkewitschs ein. Sie ziehen langsam in Richtung Versteck, indem sie das Vieh über das Feld in den Wald treiben. Meine Kuh schließt sich der Herde an.

Nach einigen Kilometern haben wir eine kleine, von dichtem Wald umgebene Siedlung erreicht. Hier müssen wir die Wanderung unterbrechen – ein Fliegerangriff und Artilleriebeschuss haben begonnen, die Gegend wird ununterbrochen bombardiert. Die Geschosse pfeifen über unsere Köpfe hinweg und explodieren von allen Seiten. Überall ununterbrochenes Krachen, die Erde bebt, Feuer wütet. Lange liegen wir flach am Boden. Wundersamerweise explodieren in unserer kleinen Waldsiedlung keine Bomben. Ich bin verängstigt und zugleich voller Freude: Schon ganz bald werde ich frei sein – frei wie ein Vogel am Himmel. Allmählich lässt die Bombardierung nach, die Flugzeuge entfernen sich.

Plötzlich tauchen in der Nähe deutsche Soldaten auf, die sich wahrscheinlich während des Luftangriffs im Wald versteckt hatten. Einige SS-Leute kommen zu uns gerannt und schreien, dass sich alle Flüchtlinge unverzüglich in Richtung Daugava zu begeben hätten – in Kürze würde ein Dampfer kommen, damit alle nach Deutschland evakuiert werden können. Der Nachbar antwortet, dass wir genau dorthin unterwegs seien.

Ich bleibe bei den Jurkewitschs, sie bauen auf meine Unterstützung, wobei sie immer noch nicht ahnen, dass ich Jüdin bin. Der Wald ist voll von Deutschen, die Soldaten haben überall Verstecke angelegt. Wieder beginnt der Beschuss. Geschosse explodieren, Bomben hageln vom Himmel. Es herrscht ein großes Durcheinander. Ich will nicht nach Deutschland und beschließe, den Augenblick zu nutzen, da alle am Boden liegen, um fortzulaufen. Über dem Kopf tobt der Hagel des Todes, es scheint, als würden die Roten jeden Meter mit Feuer durchkämmen. Ich laufe zurück zum Hof, aber das Haus ist leer, auch die Deutschen sind verschwunden. Ich renne den Berg hinunter zum Bunker der Viļumsons – sie sind dort, in Sicherheit. Ich warne meine Retter, sich nicht blicken zu lassen, weil die Deutschen jeden, den sie sehen, auf die Schiffe treiben. Nachdem ich ein Weilchen bei ihnen geblieben bin, gehe ich zurück zu den Jurkewitschs, doch diesmal von der Dorfseite her. Ich komme genau im richtigen Augenblick. Die Deutschen sind weg. Die Jurkewitschs erzählen mir, dass die Deutschen nach dem letzten Bombardement den Rückzug angetreten haben und nicht mehr zurückgekommen sind.

Wir gehen tiefer in den Wald, und nachdem wir eine von Kiefern umstandene Wiese erreicht haben, beginnen wir mit dem Bau eines Erdbunkers. Wir arbeiten bis zur Erschöpfung, graben Gruben und fällen Bäume für die Wandabstützungen und die Abdeckung. Am nächsten Tag ist das Versteck fertig. Kühe, Pferde und Schafe weiden auf der Waldwiese, das Vieh hat sich schon an den Lärm der häufigen Luftangriffe gewöhnt.

In diesem ganzen Durcheinander und Chaos fühle ich mich wie im Himmel, wie am Vorabend eines großen Festes – die Befreiung ist schließlich zum Greifen nahe! Wieder beginnt ein starkes Bombardement. Die Jurkewitschs werfen sich auf den Boden, weinen, zittern vor Angst, auch ich liege gemeinsam mit den anderen auf der Erde, aber in der Seele fühle ich mich leicht und beschwingt. Ich liege am Boden und beruhige sie:

„Keine Angst, ihr werdet sehen – hier wird keine einzige Bombe niedergehen! Glaubt ihr, die Roten merken nicht, dass es hier keine Deutschen mehr gibt? Von hier aus schießt doch niemand auf sie!"

Das Bombardement entfernt sich. Es herrscht Stille. Meine Nachbarn wundern sich, woher ich über solchen Mut und solche Gewissheit verfüge – und weshalb ich eigentlich so guten Mutes bin. Aber das ist mein Geheimnis; noch dürfen sie es nicht erfahren.

Tagsüber helfe ich der Bäuerin, die Kühe zu melken, an der Milch trinken wir uns satt. Es gibt so viel Milch, dass wir nicht wissen, wohin damit, und sie eimerweise wegschütten müssen. So vergehen einige Tage. Nur die in der Ferne hörbaren Explosionen zeigen an, dass der Krieg noch nicht aus ist.

Die Befreiung

Unvermittelt verstummt auch der Gefechtslärm jenseits des Waldes, und vollkommene Stille tritt ein. Das ist merkwürdig. Wir sitzen da und lauschen, um herauszufinden, wo die Front verläuft. Die Stille wird lediglich von den Stimmen der Vögel unterbrochen.

Wir können diese Ungewissheit nicht länger ertragen. Ich stehe auf und sage entschlossen:

„Ich gehe ins Dorf, die Lage sondieren!"

„Nein, es ist besser, wenn ich gehe", wendet Frau Jurkewitsch ein, „ich bin älter, das ist sicherer."

Bald darauf kehrt sie zurück, sie rennt und ruft aufgeregt:

„Steht auf, die Roten kommen!"

Diese Nachricht rauscht wie ein Feuerstrom durch mich durch. Wie verrückt stürze ich aus dem Wald, renne, springe über einen breiten Graben und bin auf dem Feldweg: Es ist wahr, die Roten sind da! Ein Militärtransport und Soldaten bewegen sich auf dem Weg voran. Ich rufe:

„Hurra! Hurra!"

Einige von ihnen sehen mich erstaunt und misstrauisch an. Wahrscheinlich wirke ich nicht ganz normal. Ich mache kehrt und renne zum Bunker der Viļumsons. Sie sind noch in ihrem Versteck.

„Kommt raus! Kommt raus!", schreie ich laut. „Es ist vorbei!"

Wir weinen vor Glück, umarmen und gratulieren einander, dass wir überlebt haben. Als wir uns ein wenig beruhigt haben, packen wir die Sachen zusammen und kehren heim.

Als wir das Haus erreichen, sehen wir, dass am Zaun ein toter Rotarmist am Boden liegt. Offenbar hat hier ein hitziges Gefecht stattgefunden; Kugeln und Granatsplitter haben das Haus überall zerlöchert, der Stall ist verwüstet, das Dach heruntergerissen.

„Was für eine Verheerung!", weint und jammert Mutter Viļumson.

„Wir haben viel Arbeit vor uns", sagt Vater Viļumson, indem er sich umsieht.

Wir hören, dass draußen ein Auto vorfährt. Freudig laufe ich hinaus, um die Soldaten zu empfangen, aber die Begeisterung verfliegt, als ich sie, die Waffen im Anschlag, auf das Haus zukommen sehe.

„Wo ist der Wirt?", fragt der Offizier böse.

„Vater Viļumson? Da drüben. Was wollen sie denn von ihm?", frage ich.

„Ist er ein Deutscher?"

„Ja."

„Er hat den Soldaten dort am Zaun getötet!“

„Nein, auf keinen Fall! Er kann es gar nicht getan haben – er ist gerade eben erst zurückgekehrt, aus dem Wald, wo sich alle versteckt hatten.“

„Aber ihre Nachbarn haben bezeugt, dass er geschossen hat. Er ist ein deutscher Saboteur.“

„Nein, nein! Was reden sie da?“, entgegne ich aufgeregt. Der alte Viļumson kommt, auf seinen Stock gestützt, aus dem Haus, um zu erfahren, was los ist. Zwei Soldaten gehen sogleich auf ihn zu.

„Wagen sie es nicht, ihn anzurühren!“, schreie ich und reiße mir, weil ich es nicht aushalten kann, das Kopftuch herunter und lasse mein schwarzes Haar frei auf die Schultern fallen, als würde ich mich von der Maske befreien, hinter der ich mich so lange versteckt habe. Zum ersten Mal in diesen drei Jahren kann ich den Menschen in die Augen sehen und offenbaren, wer ich bin. „Schaut! Ich bin eine Jüdin! Dieser Mann, den ihr grundlos beschuldigt, hat mich drei Jahre lang versteckt und vor den Nazi-Mördern gerettet, wobei er tagtäglich sein Leben und das seiner ganzen Familie aufs Spiel gesetzt hat! Nur ihretwegen stehe ich jetzt lebend vor euch!“

Die Rotarmisten halten inne, sie sind nicht mehr so kriegerisch gestimmt, können meinen Worten aber nicht wirklich glauben. Nachdem sie sich kurz beraten haben, beschließen sie, sich davon zu überzeugen, ob ich sie nicht täusche, indem sie einen jüdischstämmigen Soldaten herbeirufen. Ein junger Sergeant nähert sich mir und spricht mich auf Jiddisch an. Seit ich dem Todesmarsch entkommen bin, habe ich diese Sprache nicht mehr gehört. Ich klappe buchstäblich vor aller Augen zusammen und breche in Tränen aus. Auf Jiddisch berichte ich dem Sergeant von dem, was ich durchgemacht habe. Um uns herum versammeln sich immer mehr Menschen.

„Es besteht kein Zweifel, sie sagt die Wahrheit“, bestätigt der

Sergeant dem Offizier. „Sie meint, dass sie der einzige Mensch ist, dem es gelungen ist, dem Massenmord im Wald von Rumbula zu entkommen und zu überleben."

Schlagartig ändert sich die Atmosphäre. Die Soldaten kommen, um mir und den Viļumsons die Hand zu schütteln, befragen uns nach Einzelheiten, danken der Familie für ihr mutiges Handeln und versprechen, sie für eine Auszeichnung vorzuschlagen. Die Nachricht von der Heldentat der Viļumsons – die Rettung einer Jüdin – macht augenblicklich im ganzen Dorf die Runde.

Noch lange danach besuchen uns Nachbarn, Bekannte, Journalisten, Soldaten aus der Garnison und Mitarbeiter der Staatlichen Außerordentlichen Kommission, die die Nazi-Verbrechen untersucht. Unzählige Fragen werden mir gestellt. Es war nicht möglich, allen alles zu erzählen. Deshalb beschloss ich, meine Erinnerungen nach und nach in einem Heft niederzuschreiben.

Eines Tages werde ich Kinder haben. Wenn sie groß sind, können Sie meine Geschichte lesen und dafür sorgen, dass das, was geschehen ist, nicht vergessen wird.

Die Jahre nach dem Krieg

Es ist schwer, jenen Zustand von Beschwingtheit und Euphorie zu beschreiben, den die Handvoll Juden empfand, denen es gelungen war, bis zu dem Augenblick zu überleben, als die Sowjetische Armee[55] in Riga einmarschierte.

Nach und nach begannen auch Juden zurückzukehren, die nach Russland geflohen waren. Einmal haben wir uns in einem großen Raum versammelt. Es gab 87 Überlebende aus dem Männerghetto und mich als Einzige aus dem Frauenghetto.

Einer nach dem anderen redeten wir, ein jeder erzählte, was er durchgemacht hatte, und befreiten uns so von dem angestauten emotionalen Druck und teilten die vielen Wunder miteinander, die uns zu überleben halfen.

Nach meiner Geschichte wurde klar, dass ich die einzige Überlebende von mehr als 30.000 Menschen war, die während der beiden Aktionen ermordet wurden.[56] Die Zusammengekommenen umringten mich und überschütteten mich mit Fragen über ihre Familien und Verwandten: Ob ich sie kenne, ob ich sie gesehen habe? Worüber haben sie gesprochen, was taten sie und wie verhielten sie sich an den letzten Tagen, in den letzten Momenten ihres Lebens?

Ein junger Mann stellte sich mir vor – Motja Michelson. Er war schlank und schmächtig, mit dem typisch jüdischen länglichen Gesicht und traurigen schwarzen Augen. Motja war einer der 87 Ghettoinsassen, denen es glückte zu überleben. Beim zweiten Anlauf war es ihm gelungen, in den letzten Tagen der NS-Okkupation aus dem Rigaer Konzentrationslager Kaiserwald zu fliehen. Motja bot mir an jenem Abend an, mich nach Hause zu begleiten. Ich war einverstanden. Eine Woche später haben wir geheiratet.

Stückweise begannen wir, unser Leben wiederherzustellen. Wir zogen in die leere Wohnung der Šeinks. Frau Šeink und ihr Mann waren im Herbst 1944 nach Deutschland geflohen und leben wahrscheinlich noch heute dort.

Ich erfuhr, dass meine Möbel in den Besitz eines gewissen Vilis Lācis[57] übergegangen waren. Er gab sie mir erst dann zurück, als ich ihm mit den Behörden und dem Gericht drohte.

Nach einiger Zeit eröffnete ich mein Geschäft – ein Atelier für Damenkostüme und -kleider, in dem ich die Bestellungen der Kunden entgegennahm. Motja begann wieder in seinem Beruf als Elektroingenieur zu arbeiten.

Olivias Bruder Hein wurde, wie erwähnt, noch 1944 als

Koch in die deutsche Wehrmacht eingezogen und kam im selben Jahr, als die Deutschen den Rückzug aus Lettland antraten, bei einem Scharmützel an der Frontlinie ums Leben. Heins Frau Edith wurde mit ihrer Mutter nach Deutschland evakuiert.

Kurt wurde auf einem Schiff nach Ostpreußen zwangsevakuiert und ließ sich in Westdeutschland nieder. Seine Gattin Ruta blieb in Riga und kam später bei einem Autounfall ums Leben.

1945 erlosch Olivia unter meinen Händen wie eine niedergebrannte Kerze. Einige Stunden vor ihrem Tod glitt sie ins Delirium. Sie lag völlig ausgezehrt in meinen Armen und war nur noch Haut und Knochen. In meinem Leben werde ich niemals mehr eine so enge Freundin finden, wie es dieses deutsche Mädchen mit ihrem tiefen Glauben an Gott und ihrer klaren, herzensguten Seele war.

Meine teure Pesla kämpfte noch eine Weile gegen ihre vielen Krankheiten. Wir halfen ihr, so gut wir konnten. Sie starb 1945, im selben Jahr wie Olivia.

Für meine Retter, die Viļumsons, war Heins und Olivias Tod und die Flucht der übrigen Familienmitglieder ein schwerer Schlag. Sie lebten bis zu ihrem Tod in ihrem Bauernhaus in der Gegend von Katlakalns, Mutter Viļumson starb 1949, Ferdinand im Jahr 1955. In Lettland gab es keinen einzigen Vertreter der Familie Viļumson mehr. Für mich bedeutete dies einen großen Verlust. In meinem Herzen bleiben unauslöschliche Erinnerungen an sie zurück und ewige Dankbarkeit für die Errettung meines Lebens.

In der Familie Bērziņš starben Mutter Emilija und der Sohn Alfred. Die Übrigen sind gesund und munter. Von Zeit zu Zeit treffen wir uns.

Sascha und Greta wohnen in Riga. Sie sind meine besten Freundinnen. Wir treffen uns häufig und sind durch die während

des Vierteljahrhunderts unserer Freundschaft erlittenen Nöte und Schwierigkeiten eng miteinander verbunden.
Ich wurde zur Sonderkommission des NKWD vorgeladen, die die während der Okkupationszeit begangenen Gräueltaten der Nazis untersuchte. Als ich dort eintraf, wurde ich sehr freundlich empfangen. Es gab nur wenige Fragen, man ließ mich frei reden, alles wurde notiert. Zum Schluss wurde ich gefragt:

„Wie ist es möglich, dass sie überlebt haben?"

Ich begriff die Frage nicht und war irritiert.

„Wie meinen sie das?" Ich verstand wirklich nicht.

Ohne jede Emotion oder Empathie waren stahlharte blaue Augen auf mich gerichtet, und die Frage wurde wiederholt. Dann verstand ich die mitschwingende unausgesprochene Frage: Was ich den Deutschen gegeben habe, dass sie mich leben ließen. Ich spürte, wie mein Gesicht rot anlief vor Zorn.

„Es war nicht mehr nötig als die Selbstlosigkeit und Gutherzigkeit einiger Menschen, etliche Wunder und meine Hartnäckigkeit, damit ich überlebte und jetzt hier vor Ihnen stehen und alles erzählen kann, was ich durchgemacht habe – und auch die Geschichte jener Zehntausende von Menschen, die nicht überlebt haben!" Mit hoch erhobenem Kopf und glühendem Blick schrie ich meine Antwort beinahe heraus, wobei mir die Folgen vollkommen einerlei waren. Ich stand auf und ging. Niemand hat auch nur versucht, mich aufzuhalten.

Der Mann, der mich verhörte, war ein Lette, und ich hatte in meinem Bericht mehrfach die Grausamkeit von Letten erwähnt. Ich kam zu dem Schluss, dass dies wahrscheinlich der Grund war, warum er diese Frage stellte. Später wurde jedoch publik, dass der Grund für die Zweifel des NKWD ein allgemeiner Verdacht war: Die einzige Art und Weise, wie die wenigen Juden dem Tode entgehen konnten, war ihrer Meinung, für die Deutschen zu arbeiten. Deshalb wurden auch mehrere Juden verhaftet und als deutsche Spione angeklagt.

Nach zahlreichen Untersuchungen verstummten die gegen mich vorgebrachten Beschuldigungen. Verdächtig erschienen ihnen selbst die sowjetischen Kriegsgefangenen, die aus Deutschland zurückkehrten. Viele von ihnen wurden zu jahrelanger Fronarbeit deportiert. Die wenigen, die es geschafft hatten, sich vor den Nazis (und dem NKWD) zu retten, konnten endlich wieder ein normales Leben beginnen.

1945 wurde mein erster Sohn Lew geboren. In den nächsten vier Jahren verlief unser Leben relativ ruhig.

1949 kamen Gerüchte auf, dass alle, auf die der Schatten eines Verdachts fiel, nach Sibirien deportiert werden. Das bezog sich auch auf politisch unzuverlässige Bürger, Bourgeois, insbesondere auf die Besitzer größerer Ländereien – und natürlich auf Juden. Es hieß, dass bereits Güterzüge zusammengekoppelt werden, und dass es jeden Moment losgehen kann.

Mein Mann, unser dreijähriger kleiner Sohn und ich fingen an, uns vorzubereiten – wir legten Lebensmittel, warme Kleidung und Schuhe bereit und versuchten, uns psychologisch auf die möglicherweise unausweichliche Zukunft vorzubereiten.

Ich war im sechsten Monat schwanger, und meine Schwägerin riet mir, eine Abtreibung vornehmen zu lassen. Diesen Gedanken wies ich kategorisch zurück. Wie es kommt, so kommt es eben.

Es stellte sich aber heraus, dass die Aktion die Landwirte, die nicht freiwillig einer Kolchose beigetreten waren, betraf und diese nach Sibirien verschleppt wurden. Danach kehrte unser Leben in die gewohnten Bahnen zurück.

Eines Tages, als ich auf dem Markt einkaufen war, hörte ich eine Frauenstimme rufen: „Sie ist es! Sie ist es!“ Zwei Frauen starrten mich derartig erstaunt an, als würden sie ein Gespenst sehen. Eine von ihnen zeigte mit dem Finger auf mich.

Es waren Sarah und Nechama, meine so lange verloren geglaubten Schwestern. Wir umarmten uns, weinten und stellten einander unzählige Fragen. Sie hatten Riga vor dem Einmarsch der Deutschen mit dem letzten Flüchtlingszug verlassen und wurden in den fernen Osten Russlands evakuiert. Dort verbrachten meine Schwestern die Kriegsjahre bei schwerer Arbeit, da sie alles verloren hatten. Nach dem Krieg wurden sie zurück nach Riga geschickt.

Ich hatte nicht mehr gehofft, meine Schwestern jemals lebend wiederzusehen, und ebenso hatten auch sie nicht gedacht, dass ich hätte überleben können.[58]

Im Herbst 1950 wurde eines Abends laut an unsere Wohnungstür geklopft. Im Treppenhaus standen zwei NKWD-Leute mit einem Stück Papier in der Hand. Sie traten ein und erklärten, sie seien gekommen, um Motja zu verhaften.[59] Die Männer durchsuchten die Wohnung, vor allem die Bücher, Motjas Dokumente und Aufzeichnungen. Sie konfiszierten einige Bücher in hebräischer Sprache und alle seine handschriftlichen Notizen. Auch meine Aufzeichnungen über das in den vier Jahren der NS-Okkupation Erlebte wurden mitgenommen.

Zu diesem Zeitpunkt war mein zweiter Sohn Danja ein Jahr und vier Monate alt. Zunächst wurde Motja im Keller des NKWD-Gebäudes eingesperrt.[60] Später wurde er ins Zentralgefängnis überstellt und blieb ein ganzes Jahr in Haft.

Ich wurde oft für Verhöre zum NKWD zitiert. Immer wieder von neuem musste ich meine Lebensgeschichte erzählen: wie ich Motja kennengelernt habe, wer seine Freunde sind, ob er ein guter Ehemann ist, welche Orte wir gemeinsam besucht haben, ob er nicht die Sowjetunion verunglimpft hat, was ich von seiner früheren Tätigkeit weiß und so weiter …

Einmal fragte ich die Untersuchungsrichter:

„Was wird meinem Mann eigentlich vorgeworfen?“

„Wie, wissen Sie etwa nichts von seinen Verbrechen? Er ist doch ein Konterrevolutionär, ein Feind des Staates und des Proletariats. Bei der Durchsuchung Ihrer Wohnung haben wir Material gefunden, das beweist, dass er Anführer einer Gruppe zionistischer Revisionisten war, ein Faschist und ein Verräter der Sowjetunion. Er hat illegal Republikflüchtigen geholfen und gegen den Staat agitiert. Es ist belegt, dass er etwas über eine entflohene Person wusste und es nicht gemeldet hat."

Ein unfaires Troika-Gericht wurde abgehalten, das heißt eine geschlossene Gerichtsverhandlung unter der Beteiligung von drei NKWD-Richtern. Mit Hilfe falscher Zeugen wurde Motja zu zehn Jahren Schwerstarbeit in den Kohleminen von Workuta verurteilt, die sich jenseits des Polarkreises in der russischen Tundra befinden.

Der Kern der Anklage war folgender: Eine Person namens Spitz hatte die Sowjetunion illegal verlassen.[61] Es wurde ein gewisser Cemels verhaftet, weil er über die Flucht von Spitz informiert war, dies aber nicht gemeldet hatte. Während des Verhörs erwähnte Cemels Motja.[62] Er sagte, Motja habe alles gewusst und Spitz geholfen, aus dem Land zu fliehen, und dass Motja der Anführer einer Gruppe jüdischer Zionisten-Revisionisten sei.

Mir wurde verwehrt, Motja zu besuchen. Nur Päckchen mit Lebensmitteln und Kleidung durfte ich ihm gelegentlich schicken.

Die Gefängnisverwaltung misstraute Motja und gestattete ihm nicht, als Elektroingenieur zu arbeiten, deshalb wurde er in die Kohleminen geschickt. Das raue Klima, die ungewohnt schwere Arbeit und die unzureichende Ernährung ruinierten Motjas Gesundheit. Er erkrankte an Gelbsucht. Später ließ man ihn in einem Büro arbeiten.

Kurz vor seinem Ableben gab Stalin den Befehl aus, die Sowjetunion von „allen verdächtigen *zhidi* zu säubern". Ich war überzeugt, dass dies auch mich betraf, weil ich ja die Ehefrau eines politischen Gefangenen war. Das hätte meine Deportation bedeutet. Um mir eine Bürde abzunehmen, boten Motjas Bruder und seine Frau an, unseren älteren Sohn Lew zu adoptieren. Um die Adoption zu regeln, zogen wir tagelang von einer Behörde zur nächsten; aber immer fehlte uns irgendein Papier, so dass es nicht zur Adoption kam. Das Problem wurde durch Stalins Tod gelöst – die Adoption war nicht mehr nötig.[63] Ich blieb in Riga.

Im August 1953, ein halbes Jahr nach Stalins Tod, erhielt ich endlich die Genehmigung, Motja zu besuchen. Ich habe ihn fast nicht wiedererkannt. Er sah aus wie ein lebender Leichnam, mit gelber Haut über den Knochen und großen Augen, in denen die Hoffnung erloschen war.

Theoretisch wurde Motja im Rahmen der allgemeinen Amnestie nach Stalins Tod befreit. Dennoch wurde er noch nicht freigelassen, sondern nach Kostroma weitergeschickt. Motja wurde erst 1956 rehabilitiert, drei Jahre nach Stalins Tod, während der sogenannten Chruschtschow-Ära. Sämtliche Anklagepunkte gegen ihn wurden fallengelassen, und er war ein freier Mann. Motja hatte fünfeinhalb Jahre in unfassbar entsetzlichen Verhältnissen und bei Schwerstarbeit verbracht.

Als mein Mann nach Hause zurückkehrte, war er innerlich gebrochen und in einem verheerenden gesundheitlichen Zustand. Den Rest seines Lebens verbrachte er damit, Dokumente und Notizen von Augenzeugen zu sammeln und das Schicksal jener Juden zu beschreiben, die während der NS-Okkupation ums Leben kamen.

Meine Erinnerungen, die der NKWD/KGB konfisziert hatte, erhielt ich nicht zurück. Motja bestand darauf, dass ich alles noch einmal aufschreibe, damit unsere Kinder und auch andere Menschen erfahren, wie alles gewesen ist. Er hoffte, dies könne helfen, zu verhindern, dass Ähnliches sich in Zukunft wiederholt. Meine Aufzeichnungen habe ich 1966 beendet, und später wurden sie als Buch herausgegeben.

Motja liebte Israel mit seinem ganzen Herzen, seiner Seele und seinem Verstand. Er war der Ansicht, dass Israel die einzige Hoffnung für die Existenz und das Überleben des jüdischen Volkes sei. In diesem Geiste erzog Motja unsere beiden Söhne. Leider hat sich sein Traum, Israel zu sehen, nicht erfüllt. Nach dem Lager war seine Gesundheit zerstört, und 1966 starb Motja an einem Herzinfarkt.

Mein Sohn Lew, seine Frau und seine Schwiegereltern wanderten im Juni 1971 nach Israel aus. Mein zweiter Sohn Daniel, meine Schwester Sarah und ich folgten Lew auf Grundlage seiner Ausreisegenehmigung, die den Nachzug von Angehörigen vorsah, damit die Familien nicht zerrissen werden. Wir trafen am 29. Dezember 1971 in Israel ein.

Meine Söhne haben beide die Moskauer Staatsuniversität absolviert, Lew die Fakultät für Physik und Daniel die Mathematische Fakultät.

Jetzt sind wir alle hier in Israel. Lew und seine Familie wohnen in Haifa. Er hat am Israelischen Technologischen Institut die Doktorwürde erlangt und arbeitet derzeit als Dozent für Physik, aber sein Ziel ist die wissenschaftliche Forschungsarbeit. Daniel lebt mit seiner Familie in Tel Aviv, wo er an der Universität Mathematik unterrichtet. Er wird ebenfalls bald seinen Doktortitel erhalten.

Meine Schwester Sarah und ich wohnen gemeinsam in einer Zweizimmerwohnung in Haifa. Endlich kann ich sagen, dass ich, da ich mich unter den Meinigen befinde, meinen Seelenfrieden wiedererlangt habe. Einzig das Gewissen lässt mir keine Ruhe, so wie anderen Holocaust-Überlebenden auch. Weshalb bin ich am Leben, da doch alle meine Freunde den Tod fanden? Damit müssen wir leben, denn es gibt keine Antwort, und tief in meinem Herzen wird es immer diesen Schmerz geben, wenn ich daran denke.

Was Israel angeht, habe ich hier ein solches Gefühl von Heim und Heimat, wie ich es nie und nirgends gehabt habe. Für mich ist es wahrlich das Gelobte Land – ein Staat, auf den ich stolz sein kann und für den ich gern bereit wäre, mein Leben zu geben. Israel ist ein Staat, wo der Mensch frei denken und reden kann, wo er nicht in ständiger Angst vor Verhaftungen und Durchsuchungen leben muss, wo ein Polizist ein Diener ist und kein Gebieter. Ich bin heimgekehrt, in ein gutes Zuhause, endlich daheim …

Frida Michelson
Riga, 1966 / Haifa, Anfang der 1980er Jahre

Frida Michelson mit Ferdinand Viļumson, um 1950

Frida Michelson und ihr Mann Mordechai mit den Söhnen Lev und Daniel, im Jahr 1961

Zur Entstehung des Buches. Ein Nachwort von David Silberman

Die erste Idee zu diesem Buch reicht ins ferne Jahr 1958 zurück. Damals zog ich nach Beendigung meines Studiums am Polytechnischen Institut in Tallinn zu meinen Eltern nach Riga. In dieser Zeit war ich bereits schon ein entschiedener Gegner der Sowjetmacht, und mein größter Wunsch war es, den Eisernen Vorhang zu überwinden und nach Israel auszuwandern. Unauffällig begann ich, in Riga nach Gleichgesinnten Ausschau zu halten, weshalb ich mich dem „Gemischten Ensemble des Jüdischen künstlerischen Amateurchors" anschloss. Dies war die einzige Aktivität, die die antisemitischen Machthaber der Sowjetunion den Rigaer Juden eine gewisse Zeit lang genehmigt hatten. Dort fand ich bald Gesinnungsgenossen und freundete mich besonders mit dem Juristen David Garber und seiner Frau Miriam an.

Einmal machte David nach einer Probe mir gegenüber die leise Andeutung, dass ehemalige Häftlinge des Rigaer Ghettos Augenzeugenberichte über das im Ghetto und in den Konzentrationslagern Erlebte sammeln sowie alle bekannten Fälle festhalten wollten, in denen Juden den Nazi-Okkupanten aktiv oder passiv Widerstand geleistet haben. Wir wollten diese Idee auf jeden Fall aufgreifen und wir verabredeten uns eines Abends zu einem konspirativen Treffen in der Wohnung von Motja Michelson, dem Initiator dieses Vorhabens, in der Artilērijas iela: David Garber, Gari Levi, Benjamin Kaplan, Motja selbst und ich, David Silberman. Dort lernte ich auch Motjas Ehefrau Frida Michelson kennen, die wie durch ein Wunder am 8. Dezember 1941 im Wald von Rumbula vom Rand der Todesgrube entkommen war.

Bei einem dieser Treffen hatte ich die Gelegenheit, etwas mehr mit Frida zu sprechen, und ihre Geschichte hat mich vollkommen erschüttert, obwohl ich sie in groben Zügen bereits kannte. Das Gehörte prägte sich für alle Zeiten in mein Gedächtnis ein, so dass ich die Geschichte bekannt machen und alles aufschreiben wollte.

Diese Arbeit konnte nicht irgendeinem sowjetischen Journalisten, Reporter oder ideologisch eingestellten Schriftsteller anvertraut werden, die ja, wie bereits oft erlebt, jeden Fakt an die offiziellen Positionen der Kommunistischen Partei anpassten. Gleichzeitig hatte ich sowohl hinsichtlich meiner Ausbildung als auch meiner Tätigkeit nicht das Geringste mit Journalistik, Schriftstellerei oder literarischer Arbeit zu tun. Trotzdem war ich fest entschlossen – egal wie, ich muss Fridas Erinnerungen als den Bericht einer seltenen Augenzeugin bewahren, damit die künftigen Generationen die Wahrheit darüber erfahren, welche Schrecken sie erlebt hat.

Ich traf mich mehrere Male mit Frida, und sie erinnerte sich sehr, sehr gut an alles, was ihr widerfahren ist, das Erlittene war so lebendig in ihrer Erinnerung, als wäre das alles gerade erst geschehen. Mir wurde klar, dass es sich hier nicht nur um eine Zeugenaussage handelte, sondern dass Fridas Lebensgeschichte als Buch verewigt werden musste. Nicht einmal mit meiner Schnellschreibmethode, die ich auch bei meinen Gesprächen mit Žanis Lipke und anderen Zeitzeugen angewandt habe, vermochte ich alles mitzuschreiben. Einmal sagte ich zu ihr:

„Wissen Sie, Frida Selikowna[1], so werden wir diese Arbeit nie zu Ende bringen. Schreiben Sie lieber alles mit ihren eigenen Worten auf, so, wie es war – alles, was Sie gesehen und erlebt haben, Schritt für Schritt, Tag für Tag."

Wir waren alle in unseren Berufen tätig und hatten nur selten Zeit, uns zu treffen und gemeinsam an dem Buch zu

1 Fridas Vater hieß Selik (= selig, gesegnet). Die Anrede bei Vornamen und Vaternamen war in Russland und der Sowjetunion üblich. (Anm. d. Üb.)

arbeiten. Sie antwortete, sie könne die Erinnerungen nur auf Jiddisch niederschreiben (vor dem Krieg hatte Frida die sechsklassige jiddische Schule absolviert).

„Das macht nichts“, beruhigte ich sie. „Jiddisch ist meine Muttersprache, in meiner Familie haben wir ausschließlich Jiddisch gesprochen.“

Seit meinem sechsten Lebensjahr habe ich den Cheder[2] in der Synagoge von Preiļi besucht, aber schon nach einem Jahr begann der Krieg, und wir mussten nach Russland fliehen. Später brachte ich mir durch Selbstunterricht bei, Jiddisch zu lesen und zu schreiben. Nach dem Krieg fand meine Ausbildung nur auf Russisch statt. Ich versprach Frida, ihre Notizen zu überarbeiten und ins Russische zu übersetzen, denn nur wenige der jüngeren Generation lasen oder verstanden Jiddisch. Frida war mit meinem Vorschlag einverstanden, und so wartete ich, bis sie ihre Niederschrift beendet hatte.

1966 erhielt ich von Frida mehrere auf Jiddisch vollgeschriebene Hefte. Zwischen den von ihr geschriebenen Zeilen gab es auch Anmerkungen in Motjas Handschrift – Hinweise, Ergänzungen und Erklärungen. Auch er hatte das Rigaer Ghetto und das Grauen der Konzentrationslager übrlebt.

Erst mehrere Jahre später erfuhr ich, dass Frida diese Hefte auf meine Bitte hin zum wiederholten Male gefüllt hat, weil ihre ersten Aufzeichnungen zusammen mit Motjas Notizen 1950 konfisziert worden waren, als der KGB Motja aufgrund einer fabrizierten, verleumderischen Anklage wegen antisowjetischer Betätigung verhaftet hatte. So ist es gut möglich, dass die erste Fassung von Frida Michelsons Aufzeichnungen noch immer in den Geheimarchiven des KGB liegt. Es war nicht

2 Cheder (hebr. „Zimmer“): Bezeichnung für die traditionellen, religiös geprägten Schulen, wie sie im westeuropäischen Judentum bis zum Ende des 18. Jahrhunderts, im osteuropäischen Judentum bis zum Holocaust üblich waren.

leicht für Frida, zum wiederholten Male in diese belastenden Erinnerungen einzutauchen, und dennoch hat sie es getan. Ungeachtet all des Durchlittenen vermochte Frida ihren Optimismus zu bewahren, sie fand die Kraft, das Leben von vorn zu beginnen, und hegte den Wunsch, aktiv an der Wiedergeburt ihres Volkes teilzuhaben.

Als ich mit dem Übersetzen der Aufzeichnungen begann, geriet ich gänzlich in den Bann dieser Geschichte. Häufig musste ich weinen, als ich die Ereignisse im Ghetto, im Wald des Todes in Rumbula und die jahrelange Suche nach immer neuen Verstecken mitdurchlebte. Die dargestellten Szenen standen mir sogar nachts lebendig vor Augen.

Bei Fridas Aufzeichnungen handelte es sich um einen durchgehenden Text ohne Kapiteleinteilung und Überschriften, die Handschrift war stellenweise undeutlich und unleserlich. Zunächst schrieb ich den jiddischen Text ab, um mit ihm arbeiten zu können. Häufig kamen mir auf dem Weg zur Arbeit in der Tram oder im Trolleybus russische Formulierungen oder Idiome in den Sinn, die es mir erlaubten, Fridas Bericht adäquat zu übersetzen. Dann suchte ich rasch einen Stift und notierte den Einfall, um ihn nicht zu vergessen. Ich gab meiner russischen Übersetzung von Fridas Erinnerungen den Titel „Я пережила Румбулу" („Ja pereshla Rumbulu"/„Ich überlebte Rumbula"), unterteilte den Text in Kapitel und versah diese mit Überschriften. Die Übersetzung legte ich Frida abschnittweise vor, und sie war mit meiner Arbeit zufrieden. Es vergingen mehrere Jahre, bis Frida und ich die Arbeit an dem Buch beenden konnten, von dem sie all die Jahre der Nachkriegszeit geträumt hatte. Leider sollte Fridas Buch in Sowjetlettland das Tageslicht nicht erblicken.

Ende der 1960er Jahre tippte ich den Text mit mehreren Durchschlägen auf der Schreibmaschine ab und reichte ihn im Freundeskreis weiter. Er ging von Hand zu Hand und stieß auf großes Interesse in der damaligen Sowjetunion.

Im April 1971 erlaubte uns die Sowjetmacht endlich, die UdSSR zu verlassen und nach Israel auszuwandern. Sieben Jahre lang hatten wir hartnäckig gekämpft, obwohl unsere Anträge immer wieder abgelehnt worden waren; unzählige Male hatten wir uns an die unterschiedlichsten Instanzen gewandt – auch an internationale und die UNO –, bis wir schließlich auf dem Roten Platz in Moskau in den Hungerstreik traten. Der Protest begann am 10. März 1971 und endete am folgenden Tag, als der Innenminister der UdSSR, Nikolai Schtscholokow, persönlich zu Gesprächen mit uns Rigaer Demonstranten herauskam. Nach dieser Begegnung leitete er einen krassen Kurswechsel in der sowjetischen Politik hinsichtlich der Emigrationsfrage der sowjetischen Juden nach Israel ein, womit die Auswanderungsbewegung vieler Tausender Juden ins Gelobte Land, die sogenannte Alija, ihren Anfang nahm.

Man gab uns neun Tage Zeit zum Packen. Wir durften nicht von Moskau aus fliegen, sondern mussten mit der Bahn von Riga aus durch Brest fahren. Die Typo- und Manuskripte des Buches versteckte ich zwischen meinen vielen anderen Dokumenten und Büchern technischen Inhalts.

Am Zollkontrollpunkt in Brest durchsuchten sowjetische Grenzschützer gründlich meine Sachen, stießen auf das dicke Bündel Hefte und verhörten mich mehrere Stunden lang darüber, welche antisowjetische Propaganda ich da in den Westen bringen wolle. Mit großer Mühe gelang es mir, sie zu überzeugen, dass dies die persönlichen Aufzeichnungen meiner Verwandten über die Schrecken sind, die sie während der faschistischen Okkupation erlebt hat, und dass sie nichts mit Politik oder Ideologie zu tun haben.

Der Grenzschützer blätterte den dicken Stapel Papier sorgfältig durch und gab ihn mir zurück. Damit war das Manuskript gerettet.

Erstmals erschien das Buch 1973 in Israel auf Russisch unter dem Titel „Фрида Михельсон: Я пережила Румбулу“ (Frida Michelson: „Ich überlebte Rumbula“). Herausgegeben wurde es von dem Kibbuz Beth Lohamei Hagettaot (Haus der Ghetto-Kämpfer), einer Gemeinschaft von aus Polen ausgewanderten Juden, die 1943 am Warschauer Ghettoaufstand teilgenommen hatten und denen Fridas Erinnerungen sehr viel bedeuteten.

Als Fridas Cousin Wolf Goodman, der bereits 1937 aus Riga in die USA emigrierte, 1973 seinen Vater in Israel besuchte, fiel ihm „Я пережила Румбулу“ in die Hände und weckte sein starkes Interesse. Er machte Frida in Haifa ausfindig und befragte sie eingehend über alles, was im Buch beschrieben ist. Daraufhin entschloss sich Wolf, eine englische Ausgabe anzufertigen. Wir einigten uns darauf, dass die englische Fassung anhand von Wolfs und Fridas Gesprächen in Israel um Dialoge ergänzt und die Ereignisse ausführlicher beschrieben werden sollten. Auf Wolfs Initiative hin brachte der New Yorker Verlag *Holocaust Library* die englische Fassung 1979 unter dem Titel „I survived Rumbuli“ heraus.[3] Eine zweite Auflage erschien 1982.

Den Lesern in Lettland wurden Fridas Erinnerungen erst 2005 zugänglich, als die zweite, erweiterte russische Fassung des Buches in dem von dem Schriftsteller Leonid Koval gegründeten gemeinnützigen „Jüdischen historischen Verein des Ghettos und des Genozids“ (*Geto un genocīda Ebreju Vēstures biedrība*) in Zusammenarbeit mit dem „Rat der Lettischen jüdischen Gemeinden und Gemeinschaften“ (*Latvijas Ebreju draudžu un kopienu padome*) veröffentlicht wurde. Diese

3 „I survived Rumbuli“ by Frida Michelson. Translated and edited by Wolf Goodman. Auf diese Weise gelangte der Ortsname „Rumbuli“ in Umlauf, der in keiner anderen schriftlichen Quelle und auf keiner Landkarte existiert. (Anm. d. Üb.)

Fassung wurde um Fotografien und Anmerkungen von Dr. hist. Grigorij Smirin ergänzt.

Diese erweiterte russische Ausgabe wurde 2011 vom russischen wissenschaftlichen Bildungszentrum „Holocaust“ in Moskau nachgedruckt.

Ilze Eris' lettische Übersetzung mit dem Titel „Es izdzīvoju Rumbulā“ („Ich überlebte in Rumbula“) erschien 2014 auf Initiative des ICEJ Latvija[4]. Anhand der lettischen Fassung entstand 2016 die deutsche Übersetzung von Matthias Knoll.

Riga / New York, 2014 / 2019

4 ICEJ: International Christian Embassy Jerusalem, https://int.icej.org (Anm. d. Üb.)

Massenerschießung in Rumbula und der Holocaust in Lettland. Eine Chronologie von Paula Oppermann

1918 wird die unabhängige Republik Lettland ausgerufen. Die Verfassung stellt die Gleichberechtigung der jüdischen Minderheit sicher, die sich aktiv am kulturellen und politischen Leben beteiligt. Gleichzeitig sind Juden[1] antisemitischen Angriffen ausgesetzt. 1934 kommt es zum Putsch und der Etablierung eines autoritären Regimes unter Kārlis Ulmanis. Trotz zunehmendem Nationalismus entwickelt sich das jüdische Leben. 1935 leben über 90.000 Juden in Lettland, sie machen knapp 5 % der Bevölkerung aus.[2] Im Juni 1940 besetzt die Sowjetunion das Land. Private Unternehmen, darunter viele Betriebe jüdischer Einwohner, werden enteignet, die politischen und sozialen Strukturen des Landes zerstört. Im Juni 1941 deportiert das Regime über 14.000 Letten nach Sibirien. 12 % der Deportierten sind Juden, die zu diesem Zeitpunkt etwa 5 % der Bevölkerung ausmachen. Am Vorabend des Krieges befinden sich 70.000 Juden in Lettland.[3]

Am 22. Juni 1941 greift das nationalsozialistische Deutschland die Sowjetunion an. Den Wehrmachtverbänden folgen vier

---

1 Soweit nicht anders vermerkt, schließt im Folgenden die männliche Form die weibliche mit ein.

2 Aufgrund der Quellenlage ist die Angabe von Zahlen schwierig, sie sind entnommen aus: Stranga, Aivars: Latvia, in: Center for Judaic Studies at the University of Latvia: Methodological Materials "Holocaust Commemoration in the Baltics", Riga 2016, S. 8-10.

3 Etwa 15.000 jüdische Flüchtlinge aus Lettland überleben in der Sowjetunion; Шнейдере, Ирене: Латвийские евреи и советский режим (1944-1953), Дрибинс, Лео и. др. (ред.): Евреи Латвии и советская властъ 1928-1953. Научный очерк, Рига 2010, ст. 264-317, hier S. 265.

Einsatzgruppen der Sicherheitspolizei und des Sicherheitsdienstes. Einsatzgruppe A bezieht nach der Einnahme Rigas am 1. Juli Quartier in der Stadt. Ihr Leiter Walter Stahlecker rekrutiert lettische Freiwillige wie Viktors Arājs, die auf deutsche Initiative hin Synagogen zerstören, Juden auf offener Straße misshandeln und töten. In den folgenden Wochen erschießen die Angehörigen der Einsatzgruppe und Arājs' Männer im Wald von Biķernieki bei Riga über 5.000 Menschen, zunächst vor allem jüdische Männer. Bald gehen sie zum Mord an ganzen Gemeinden über. Sie werden vielerorts im Land von lettischen Freiwilligen unterstützt, die die Deutschen im sogenannten Selbstschutz organisieren. Bis September wird die jüdische Bevölkerung in den ländlichen Gegenden fast vollständig ermordet. In Riga zwingen die Besatzer die Juden sich zu registrieren, den gelben Stern zu tragen und Zwangsarbeit zu verrichten. Im Oktober müssen die 30.000 Rigaer Juden in ein Ghetto ziehen.

In dieser Zeit entscheidet die nationalsozialistische Führung in Berlin, tausende Juden aus dem Reich ins besetzte Osteuropa zu deportieren. Auch Riga ist Ziel der Deportationszüge. Heinrich Himmler, Reichsführer-SS und Chef der deutschen Polizei, ordnet die Ermordung der Rigaer Juden an. Daraufhin separieren die Besatzer in Riga am 29. November die arbeitsfähigen jüdischen Männer in einem abgetrennten Teil des Ghettos. Etwa 300 weibliche Häftlinge, die als Näherinnen arbeiten sollen, bringen sie in ein Gefängnis. Die übrigen Juden werden am 30. November von deutschen Schutzpolizisten und ihren lettischen Gehilfen unter dem Vorwand der Umsiedlung in den Wald von Rumbula, etwa 10 Kilometer östlich von Riga, getrieben. Wer fällt oder zu fliehen versucht, wird getötet.

In Rumbula zwingen lettische Polizeiangehörige die Menschen mit Waffengewalt, Kleidung und Habe abzulegen. Dann ermorden eigens vom Höheren Polizei- und SS-Führer Friedrich Jeckeln ausgewählte deutsche Polizisten die Juden in vorbereiteten Gruben mit Genickschüssen. Als die Nacht anbricht, wird die Aktion beendet. Nach Tagen des Frosts setzen die Täter den Mord am 8. Dezember fort. Diesmal versuchen mehr Menschen sich zu verstecken oder leisten Widerstand. Eine Einheit des Arājs-Kommandos tötet noch im Ghetto über 900 Menschen. Wie bereits am 30. November müssen jüdische Zwangsarbeiter deren Leichen später auf dem Alten Jüdischen Friedhof im Ghetto begraben.

An diesen zwei Tagen werden in Rumbula über 27.000 Menschen ermordet. Unter den Opfern sind neben den lettischen auch 1.053 Berliner Juden. Sie waren mit einem Transport am Morgen des 30. November in Riga angekommen und auf Jeckelns Befehl in Rumbula erschossen worden, bevor die lettischen Juden den Wald erreichten. Am 30. November überlebt keines der Opfer. Am 8. Dezember können sich neben Frida Michelson nur fünf andere Menschen retten.[4]

Im Folgenden werden etwa 20.000 Juden aus dem Reich ins besetzte Lettland deportiert. Deutsche und lettische Täter erschießen Tausende von ihnen direkt nach der Ankunft im Wald von Biķernieki. Die verbleibenden werden ins Ghetto geschleppt, das geteilt wird. Im „Kleinen Ghetto" verbleiben die noch etwa 4.500 lettischen Juden, im „Reichsjudenghetto" diejenigen aus dem Reich mit etwa 11.000 Menschen. Alle Juden müssen Zwangsarbeit leisten.

---

4 *Rumbula 1941*. Virtuelle Ausstellung des lettischen Okkupationsmusems; http://okupacijasmuzejs.lv/rumbula/en/, eingesehen am 28.11.2019.

Im Sommer 1943 befiehlt Himmler die Auflösung des Ghettos. Etwa 2.000 Kinder und Geschwächte werden nach Auschwitz deportiert, die arbeitsfähigen Häftlinge ins Konzentrationslager Kaiserwald im Norden der Stadt überführt. Als die Rote Armee naht, müssen die Häftlinge aus Kaiserwald die Massengräber in Biķernieki und Rumbula öffnen und die Leichen verbrennen. Anschließend werden sie ermordet. Ab August deportieren die Deutschen die arbeitsfähigen Häftlinge ins Konzentrationslager Stutthof bei Danzig. Wer ihnen zu schwach scheint, wird getötet. Bei der Einnahme Rigas im Oktober 1944 findet die Rote Armee die Lager geräumt vor. Nur etwa 600 lettische und ausländische Juden überleben den Holocaust in Lettland.[5]

Das deutsche Besatzungspersonal und tausende Letten fliehen bei Kriegsende in das Gebiet des Deutschen Reiches. Ab 1945 fahnden die Alliierten dort in den Kriegsgefangenen- und Flüchtlingslagern nach Tätern, doch viele entkommen nach Amerika oder Australien oder tauchen in der Bundesrepublik unter. In den 1970er Jahren stehen mehrere deutsche Täter von Rumbula vor Gericht. Einige werden freigesprochen, andere erhalten Haftstrafen. Viktors Arājs wird 1979 zu lebenslanger Haft verurteilt. Die Aussagen von Frida Michelson und anderen Rumbula-Überlebenden werden im Verfahren herangezogen. Arājs stirbt 1988 im Gefängnis.

Lettland gerät nach dem Krieg abermals unter sowjetische Besatzung. Direkt nach der Einnahme Rigas 1944 beginnt eine Kommission die Orte deutscher Verbrechen zu untersuchen. Die Ermittler öffnen Gräber, befragen Zeugen. Ihre Ergebnisse

5 1.200-1.500 lettische Juden überleben in nationalsozialistischen Lagern außerhalb Lettlands. Ich danke Ilya Lensky und Margers Vestermanis für diesen und weitere Hinweise.

werden jedoch kaum zur juristischen Aufarbeitung genutzt. Gerichte verurteilen hunderte Letten wegen Kollaboration zu Lagerhaft in Sibirien oder zum Tode. Jedoch geschieht dies nicht in rechtsstaatlichen Verfahren. 1946 wird in Riga Friedrich Jeckeln öffentlichkeitswirksam nach seiner Verurteilung gehängt.

Die sowjetische Presse berichtet über die deutschen Verbrechen, ohne deren antisemitischen Charakter zu thematisieren. Ein öffentliches Gedenken an die jüdischen Opfer ist weitestgehend unmöglich. Juden in der Sowjetunion sind politischer Verfolgung ausgesetzt; Holocaustüberlebende werden der Kollaboration mit den Deutschen beschuldigt, führende Persönlichkeiten verhaftet und ermordet. Überlebende, die in Rumbula der Getöteten gedenken, finden den Ort vernachlässigt vor. Trotz der Repressionen beginnen jüdische Aktivisten mit der Erforschung des Holocaust in Lettland und organisieren Gedenkveranstaltungen. Auch Frida Michelson nimmt daran teil. 1964 errichten die Aktivisten ein Denkmal in Rumbula.

1991 erlangt Lettland die Unabhängigkeit wieder und es beginnt eine verstärkte Auseinandersetzung mit dem Holocaust. Diese wird oft durch externe Akteure eingeleitet und ruft in der Gesellschaft Diskussionen über die lettische Mittäterschaft am Mord an den Juden hervor.[6] In Rumbula und Biķernieki werden in den frühen 2000er Jahren Gedenkstätten errichtet.

---

6 Bērziņš, Didzis; Oppermann, Paula: Latvia. The Rumbula Memorial. History and Present, Center for Judaic Studies at the University of Latvia: Methodological Materials "Holocaust Commemoration in the Baltics", Riga 2016, S. 20-31, hier S. 30. Pettai, Eva-Clarita: Establishing "Holocaust Memory" – A Comparison of Estonia and Latvia, in: Rathkolb, Oliver; Sooman, Imbi (Hg.): Geschichtspolitik im erweiterten Ostseeraum und ihre aktuellen Symptome – Historical Memory Culture in the Enlarged Baltic Sea Region and its Symptoms Today (Zeitgeschichte im Kontext 4), Wien 2004, S. 159-173.

Staaten wie Deutschland und Israel beteiligen sich daran. Die Erinnerung an den Holocaust in Lettland ist nach wie vor durch die sowjetische Okkupation überschattet. Der Wald von Rumbula ist jedoch inzwischen zu einem der wichtigsten Erinnerungsorte des Landes geworden.[7]

Wien, 2019 / 2020

7 Dieser Beitrag basiert auf einem Text für die Ausstellung „Massenerschießungen. Der Holocaust zwischen Ostsee und Schwarzem Meer 1941-1944" der Stiftungen Topographie des Terrors und Denkmal für die ermordeten Juden Europas, eröffnet in Berlin im September 2016.

Anmerkungen

Der Beginn der Tragödie

1 Nechama (auch Necha) Ēdelšteina / Edelstein, geb. Fride (*1913), war Näherin und wohnte damals in Riga in der Jumaras iela 2-2a. Lettisches Nationalarchiv (Latvijas Nacionālais arhīvs) / Lettisches Historisches Staatsarchiv (Latvijas Valsts vēstures arhīvs, im Folgenden: LVVA), Sammlung 2942, Aktenverzeichnis 1, Akte 5887, Blatt 40 f., 73 f., 83 f.

2 Līvāni: Kleinstadt im Südosten Lettlands, etwa 170 km von Riga entfernt.

3 Jūrmala: (lett. wörtl. „Meeresrand" bzw. „Strand"), Ende des 19. Jhs. entstandener Strandkurort, bestehend aus mehreren eingemeindeten ehem. Fischerdörfern, der sich westl. von Riga über rund 30 km entlang der Küste der Rigaer Bucht (Rigascher Meerbusen) erstreckt. (Anm. d. Üb.)

4 Seit September 1939 wohnte / war Frida Fride in Riga in der Kr. Barona iela 55-19 gemeldet. Zuvor war sie in Riga an folgenden Adressen polizeilich gemeldet: Jumaras iela 2-3, Kr. Barona iela 13/15-5, Dzirnavu iela 112-4, Merķeļa iela 10-26, Kurmanova iela 11-12, Lielā Grēcinieku iela 26-4 sowie in Jūrmala und anderswo (LVVA, Sammlung 2942, Aktenverzeichnis 1, Akte 4153, Blatt 145 f.; Akte 5887, Blatt 71 f.; Akte 5893, Blatt 211 f.; Akte 9827, Blatt 107 f.; Akte 12026, Blatt 187 f.).

5 Šaloms (auch Soloms) Frids, geboren 1911, war Schuster und wohnte bis 1939 in der Jumaras iela 2, Wohnung 3, in Riga. Vgl. Lettisches Historisches Staatsarchiv (Latvijas Valsts Vēstures arhīvs, im Folgenden LVVA), Sammlung 2942, Aktenverzeichnis 1, Akte 5887, Blatt 42.

6 Sāra (auch Sora) Fride, geb. 1904, arbeitete als Näherin und wohnte seit September 1939 gemeinsam mit ihrer Schwester Frida in der Krišjāņa Barona iela 55, Wohnung 19. Vgl. LVVA, Sammlung 2942, Aktenverzeichnis 1, Akte 12026, Blatt 187 f.

Varakļāni

7 Varakļāni: Stadt im damaligen Landkreis Rēzekne, ca. 200 km südöstlich von Riga. Laut der letzten Volkszählung von 1935 waren 952 bzw. 57 % der 1.661 Einwohner von Varakļāni Juden – damals der höchste jüdische Bevölkerungsanteil in einer lettischen Stadt.

8 Der Bahnhof Stirniene liegt auf der Strecke Krustpils-Rēzekne und ist ca. 8 km von Varakļāni entfernt.

9 Dass Lettland seit dem 17.6.1940 – also seit genau einem Jahr – von der UdSSR okkupiert war und acht Tage vor Kriegsbeginn, um den 14.6.1941, mehr als 14.000 lettische Staatsbürger (unter ihnen überproportional viele Juden), also fast 1 % der damaligen Bevölkerung, in einer konzertierten Aktion des NKWD aus ihren Häusern verschleppt und nach Sibirien deportiert wurden, thematisiert F. M. nicht. Zu berücksichtigen ist, dass die Erinnerungen in der Lettischen SSR, also innerhalb der Sowjetunion, niedergeschrieben wurden – und die rechtswidrigen (Massen-)Deportationen dort bis zum Zerfall der UdSSR ein absolutes Tabu waren. (Anm. d. Üb.)

Die Rigaer Präfektur / Zwangsarbeit

10 rot-weiß-rot: Das NS-Okkupationsregime untersagte die Verwendung jeglicher lettischer Nationalsymbolik und das Tragen rot-weiß-roter Armbinden war seit dem 25.7.1941 untersagt.

11 Schutzmann wurden die Polizisten genannt und ebenfalls die Kollaborateure, die in den besetzten Ländern in den von den Nazis gebildeten Polizeieinheiten dienten. Im lettischen Volksmund wurde der Begriff »šucmanis« für alle bewaffneten einheimischen Personen verwendet, die während der NS-Okkupation Dienst taten: Selbstschutzleute (aizsargi, pašaizsardzībnieki), Hilfspolizisten (palīgpolicisti), Polizisten (policisti) u. a.

12 Wahrscheinlich ist die Lielupe (Kurländische Aa) gemeint. (Anm. d. Üb.)

13 Ein Eintrag im Hausbuch des Hauses Krišjāņa Barona iela 55 besagt, dass Frīda Fride am 22.8.1941 die Wohnung Nr. 19 bezogen habe und seit dem 22. d. M. dort auch polizeilich gemeldet sei. Zuvor „war sie zu

Feldarbeiten in den Zuckerrüben verschickt" (LVVA, Sammlung 2942, Aktenverzeichnis 1, Akte 12026, Blatt 205 f.)

14 Sonja Bobrowa (Soņa Bobrova), geb. Tagere (1909-1941) war Pharmazeutin. Mit ihrem Mann Meiers Bobrow (*1912) und der gemeinsamen Tochter Hava Bobrowa (1938-1941) bewohnte sie seit Februar 1940 die Wohnung Nr. 21 in der Bruņinieku (damals Aizsargu) iela 79 (LVVA, Sammlung 2942, Aktenverzeichnis 1, Akte 4166, Blatt 126 f.; Akte 12091, Blatt 140 f.).

15 Die Große Choral-Synagoge in der Gogoļa iela 25 (Ecke Dzirnavu iela) wurde 1871 im Renaissancestil nach einem Entwurf von Paul von Hardenack errichtet. Sie war die größte und schönste der insgesamt rund 30 Rigaer Synagogen. Sie wurde am 4. Juli 1941 von lettischen Tätern unter deutscher Aufsicht abgebrannt, die darin eingeschlossenen Menschen kamen um. 1993 wurde in ihren Ruinen – nur noch die Grundmauern sind erhalten – eine Gedenkstätte errichtet. Seit 2007 steht dort auch ein Denkmal für die lettischen Staatsbürger, die Juden versteckt oder anderweitig gerettet haben. (Anm. d. Üb.)

16 Pērkonkrusts (lett. „Donnerkreuz"; neben Ugunskrusts „Feuerkreuz" eine der Bezeichnungen für die traditionell in der lett. Ornamentik vorkommende Swastika): Politische Organisation bzw. Partei, die 1933 aus der im November 1931 gegründeten Ugunskrusts-Organisation hervorgegangen ist. Sie wurde 1934 verboten. (Anm. d. Üb.)

17 Chewra Kadischa (althebr.: heilige Bruderschaft bzw. Gesellschaft): Organisation, die sich um die Ausrichtung der Beerdigungen entsprechend der altjüdischen Riten und Traditionen kümmert. / Beerdigungsgesellschaften innerhalb der jüdischen Gemeinden, die sich der rituellen Bestattung Verstorbener widmen.

18 Laut der letzten Volkszählung vor dem Zweiten Weltkrieg von 1935 waren 7379 Juden in der Stadt gemeldet, was einem Anteil von 12,9 % an der Einwohnerschaft entsprach. Ca. 5.000 Juden wurden 1941 im Zuge mehrerer „Aktionen" ermordet; das größte Massaker wurde im Dezember in den Dünen von Šķēde verübt. 1942 gab es im Ghetto von Liepāja noch ca. 800 Juden. Im Herbst 1943 wurden die übrigen Ghettoinsassen ins KZ Kaiserwald nach Riga überstellt.

19 Unterschiedlichen Quellen zufolge waren in dem am 15.7.1941 dort eingerichteten Ghetto 14.000 bzw. (im September 1941) 23.048 Juden aus Stadt und Umgebung interniert. Das Große Ghetto wurde am 1.5.1942 im Rahmen einer sogenannten „Aktion" liquidiert, das Kleine Ghetto, in dem Arbeitsfähige interniert waren, bestand bis zum 28.10.1943. Fast alle Ghettoinsassen wurden ermordet und die wenigen Überlebenden ins KZ Kaiserwald nach Riga überstellt.

20 „judenrein", „judenfrei": Erstmals Ende des 19. Jahrhunderts verwendete antisemitische Termini, die von den Nazis aufgegriffen wurden. (Anm. d. Üb.)

Ghetto

21 (Wald von) Biķernieki (Biķernieku mežs): Am östlichen Stadtrand Rigas gelegener Stadtwald, wo bereits im Juli 1941 einheimische Handlanger der Nazis die ersten Gruppen von Juden erschossen. Laut jüngsten Forschungsergebnissen wurden im Wald von Biķernieki insgesamt rund 35.00 Menschen ermordet – sowjetische Aktivisten und Kriegsgefangene, Angehörige der Widerstandsbewegung gegen die Nazis und rund 20.000 lettische sowie aus ganz Europa ins „Ostland" deportierte Juden; laut der Protokolle des Gerichtsverfahrens von 1946 sollen es mehr als 46.000 Menschen gewesen sein. 2001 wurde auf dem Gelände eine Holocaust-Gedenkstätte angelegt.

22 Den jeweiligen örtlichen Judenräten standen von den Machthabern bestimmte Juden vor. Aufgabe der J. war es, dafür zu sorgen, dass alle Anordnungen befolgt wurden, die sich auf Juden bezogen; außerdem hatten sie im Ghetto für Tausende von Juden, die aus ihren Häusern vertrieben bzw. dorthin zwangsumgesiedelt worden waren, Wohnfläche bereitzustellen, die medizinische Versorgung zu gewährleisten und auf Befehl der deutschen Okkupanten / entsprechend dem Bedarf der Okkupationsmacht Arbeitertrupps zu organisieren. Der Rigaer Judenrat, dessen offizielle Bezeichnung „Judenkomitee" (Žīdu komiteja) lautete, wurde noch vor Errichtung des Ghettos im August 1941 gebildet und von dem Rechtsanwalt Mihails Eljašovs (1900-1941) geleitet. Fast alle seine Mitglieder wurden zusammen mit den übrigen Ghettoinsassen ermordet.

23 Marija Lamberte, geb. Pinkovska, Jg. 1899, lebte von Dezember 1940 bis August 1944 mit ihrer Familie in der Krišjāņa Barona iela 55-18 (LVVA, Sammlung 2942, Aktenverzeichnis 1, Akte 12026, Blatt 196-198).

24 1936 wurde die Kurmanova iela in Jumaras (auch Jumāras) iela umbenannt; seit 1961 heißt sie Ernesta Birznieka-Upīša iela.

25 Frida Michelson arbeitete als Zugehfrau in der Elizabetes 91/93-2, wo seit Oktober 1936 Sonja Bobrowas Bruder, der Kaufmann Dāvids Tagers (1904-1941), seine Frau Šeina Tagere, geborene Kagane (*1906) und deren gemeinsamer Sohn Abrams Tagers (*1934) gewohnt hatten. Am 4. August 1941 war Dāvids Tagers aus dem Hausbuch ausgetragen worden, weil er im Gefängnis inhaftiert war. Sonja Bobrowas Mutter Estere Freida Tagere, geborene Manoima (1873-1941) wurde am 01.10.1941 aus dem Hausbuch ausgetragen, als sie innerhalb des Ghettos in die Ludzas iela 37-9 gezogen war (LVVA, Sammlung 2942, Aktenverzeichnis 1, Akte 7009, Blatt 134 f. u. 241 f.).

26 ausveis: lettisierte Form des deutschen Begriffs „Ausweis".

27 Die Errichtung des Rigaer Ghettos wurde am 23.8.1941 bekannt gegeben. Die Rigaer Juden hatten bis zum 25.10.1941, 18 Uhr ins Ghetto umzusiedeln.

28 Die ursprüngliche Grenze des Rigaer Ghettos (Großes Ghetto / Lielais geto) verlief entlang folgender Straßen (heutige Straßennamen): Lāčplēša – Jēkabpils – Katoļu – Lazdonas – Lielā Kalna – Lauvas – Ebreju – Maskavas – Jersikas – Maskavas iela.

29 Aus den für das Rigaer Ghetto vorgesehenen Gebäuden mussten ca. 7.000 Nichtjuden in andere Wohnungen innerhalb Rigas umgesiedelt werden. (Ezergailis, Andrejs: Holokausts vācu okupētajā Latvijā: 1941-1944. – Riga 1999, S. 393).

30 Am 20.11.1941 betrug die Einwohnerzahl des Rigaer Ghettos 29.602 Personen.

31 Tēvija (Vaterland): Von Juli 1941 bis April 1945 in Riga (ab Oktober 1944 im sogenannten Kurland-Kessel) auf Lettisch erscheinende Tageszeitung für das Territorium der vormaligen Republik Lettland und wichtiges Propagandaorgan der deutschen Besatzer.

32 Das Warschauer Ghetto, in dem zwischen 1940 und 1943 400.000 bis 500.000 Juden lebten, war hinsichtlich seiner Größe einzigartig. Die NS-Okkupationsmacht brauchte mehrere Monate, um den Aufstand niederzuschlagen, der am 19.4.1943 dort begonnen hatte.

33 Am 21.9.1941 zieht Sonja Bobrowa mit ihren Angehörigen von der Bruņinieku iela 79-21 in die Ludzas iela 37-9; in ihre ehemalige Wohnung wiederum zieht die Familie Vlasov ein, die zuvor in der Ludzas iela 37-9 gewohnt hatte (LVVA, Sammlung 2942, Aktenverzeichnis 1, Akte 12091, Blatt 140 f. und 181 f.).

34 Auszug aus: „Anordnung über die Bildung eines Ghettos in Riga und den Umgang mit Juden“: „… 2. Das Betreten des Ghettos ist jedem Nichtjuden bei strengster Strafe verboten. Das Betreten ist nur mit Genehmigung des Gebietskommissars Riga-Stadt erlaubt. 3. Außerhalb des Ghettos ist jeder Umgang mit Juden verboten. Wer hiergegen vorsätzlich oder fahrlässig verstößt, wird mit Gefängnis, in schweren Fällen mit Zuchthaus bestraft. 4. Bei jedem Versuch, Verkehr mit Juden über oder durch den Zaun des Ghettos in irgendeiner Weise aufzunehmen, haben die Wachposten Anweisung, ohne vorherigen Anruf von der Schusswaffe Gebrauch zu machen. …“ Erschienen in: „Deutsche Zeitung im Ostland“ v. 24.10.1941, S. 11 (Bekanntmachungen); die lettische Übersetzung erschien am selben Tag auf S. 2 der Tageszeitung „Tēvija“. (Anm. d. Üb.)

Die erste Aktion

35 Das Haus Ludzas iela 37, in dem Frida und Sonja mit ihrer Familie wohnten, befindet sich jenseits der Daugavpils iela (etwa auf halber Strecke bis zur Mazā Kalna iela).

36 Termingefängnis (lett. Termiņcietums): Justizverwahrungsanstalt in der Laktas iela 2/4 (heute Brasas cietums / Brasa-Gefängnis) für vorübergehend Verhaftete.

Die zweite Aktion

37 Kvadrāts: 1924 in der Maskavas iela 322 gegründete Fabrik für Gummierzeugnisse, 1940 umbenannt in Sarkanais Kvadrāts (Rotes Quadrat).

38 Schma Jisrael: (althebr.: „Höre, Israel!"), Beginn des Gebets des Volkes Israel (5. Mose 6,4).

39 Für die Ermordung der Juden in Rumbula wurden sowjetische Waffen benutzt, die auf Einzelschussabgabe eingestellt waren, um Munition zu sparen, doch aus der Ferne klangen die einzelnen Schüsse aus den parallel verwendeten Waffen wie Dauerfeuer.

Untergetaucht in Riga

40 Sprengstraße: historischer Name (1. Hälfte d. 19. Jhs.; seitdem bis 1885: Sprenkstraße) der heutigen Avotu iela (deren erster Abschnitt zwischen der heutigen Aleksandra Čaka iela und der Lāčplēša iela hieß bis 1885 Große Fuhrmannstraße).

41 Von Frida als Šprengu iela bezeichnete Straße.

42 Mesusa (hebr., eigentl. „Türpfosten") bezeichnet eine Schriftkapsel, die am Türpfosten der Wohnung angebracht ist und in der sich auf einem Stück Pergament zwei Verse aus dem Schma Jisrael befinden (5. Mose 6, 9 und 11, 20).

43 Schlimázl (jiddisch aus dt. „schlimm" und hebr. „masal" = Glück): „Pechvogel, Unglücksrabe, geborener Verlierer". (Anm. d. Üb.)

44 Von 1942 bis 1944 hieß die heutige Brīvības iela Ādolfa Hitlera iela bzw. Adolf-Hitler-Straße, danach bis 1991 Ļeņina iela (Leninstraße).

45 Bis September 1939 wohnte Frida Fride in der Krišjāņa Barona iela 13/15-5 und war dort polizeilich gemeldet (LVVA, Sammlung 2942, Aktenverzeichnis 1, Akte 5887, Blatt 71 f.).

46 Aizsargi: „Heimwehr", paramilitärische Organisation, bestand bereits während der Unabhängigkeit.

47 Adventisten: protestantische Konfession, die in den 1830er Jahren in den USA entstand. Die Adventisten erwarten Christi zweite Ankunft (lat. adventus) und das Tausendjährige Friedensreich. Die Anhänger des größten Zweigs der Bewegung, die Siebter-Tag-Adventisten, sind überzeugt, dass diese Ereignisse und damit der Tag des Gerichts Gottes unmittelbar bevorstehen.

48 Čiekurkalns: 1924 eingemeindeter Bezirk von Riga, früher ein Arbeiter- und Industrievorort; der historische Name war Schreyenbusch.

Pesla

49 vgl. Psalm 34,2: „Preiset mit mir den HERRN und lasst uns miteinander seinen Namen erhöhen." (Anm. d. Üb.)

50 Šķirotava: wörtl. „Sortiererei" d. h. Rangierbahnhof; ursprünglich als solcher angelegter Bahnknotenpunkt, der später um ein Fahrgastgleis erweitert wurde. (Anm. d. Üb.)

Überwintern in Riga

51 Alexandra Klebais (Jg. 1906) und ihre Schwester Margrieta (Jg. 1900) wohnten seit 1934 in der Wohnung Artilērijas iela 17-9/10. Ihr Vater Mārtiņš / Martin (*1868) zog nach dem Tod ihrer Mutter Kristīne / Christine Klebais, geborene Zonne / Sonne (1873-1941) am 3.7.1941 bei ihnen ein. Vilhelms Fridrihs Klebaiss / Wilhelm Friedrich Klebais (*1910), der jüngste der drei Geschwister, hatte im November 1939 der Aufforderung „Heim ins Reich" Folge geleistet und sich repatriieren lassen (LVVA, Sammlung 2942, Aktenverzeichnis 1, Akte 654, Blatt 145-147 und 189 f.).

52 Pārdaugava: südlich des Flusses Daugava (Düna) gelegener Teil Rigas.

53 Eine der Schwestern hieß Emma Eichenberg, geb. 1884. (LVVA, Sammlung 2942, Aktenverzeichnis 1, Akte 655, Blatt 67 f. und 93 f.).

Letzte Prüfungen

54 Die Rote Armee drang am 16.7.1944 auf lettisches Gebiet vor. Die ersten Einheiten der Baltischen Front unter Iwan Bagramjan (1897-1982) nahmen unter zähen Gefechten Jelgava, Dobele und Tukums ein und stießen am 30. Juli bis zum Rigaschen Meerbusen (bei Klapkalnciems) vor, um die in Kurland verbliebenen Reste der Nordgruppen einzukesseln („Kurland-Kessel"). Der deutsche Gegenangriff zwang die Rote Armee, sich von der Ostsee / Bucht und / bzw. Tukums zurückzuziehen, wodurch ein Korridor entstand, über den die Deutschen ihre Truppenverbände evakuieren konnten, die in Estland, Nordostlettland und Riga verblieben waren.

Die Jahre nach dem Krieg

55 Die Rote Armee wurde am 26.2.1946 in Sowjetskaja Armija (Sowjetarmee) umbenannt. (Anm. d. Üb.)

56 Bei den beiden Aktionen am 30.11.1941 und 8.12.1941 in Rumbula rund 27.800 Menschen (einschließlich der aus Deutschland nach Lettland deportierten Juden, die am 30.11.1941 ermordet wurden) sowie rund 300 sowjetische Kriegsgefangene für „Erdarbeiten" ermordet. Einzelne Menschengruppen wurden auch später während der NS-Okkupation in Rumbula ermordet. Anders als Frida Michelson schreibt, überlebten noch fünf andere Personen die Erschießungsaktion am 8.12.1941.

57 Ein verbreiteter lettischer Vor- und Zuname.

58 1950 wohnten alle drei Schwestern in dem Haus Artilērijas iela 6: Frida in Wohnung Nr. 5 und beide Schwestern in Wohnung Nr. 8 (Latvijas Nacionālais arhīvs / Latvijas Valsts arhīvs [Lettisches Nationalarchiv / Lettisches Staatsarchiv, fortan LVA], Sammlung 1986, Aktenverzeichnis 2, Akte P-1550, Blatt 18 f.).

59 Mordechai Michelson wurde am 30.10.1950 verhaftet (LVA, Sammlung 1986, Aktenverzeichnis 2, Akte P-1550, Blatt 1, 9, 12, 223 u. 229).

60 Das NKWD/KGB-Gebäude, das sogenannte Stūra māja (Eckhaus), befand sich in der Ļeņina (heute Brīvības) iela Ecke Frīdriha Engelsa (heute Stabu) iela. Heute hat hier u. a. eine Gedenkstätte ihren Sitz. (Anm. d. Üb.)

61 Rabbi Leib Spitz floh 1946 ins Ausland (LVA, Sammlung 1986, Aktenverzeichnis 2, Akte P-1530, Blatt 22-24, 45, 149).

62 Šloms Cemels (Jg. 1908) wurde am 3.3.1950 verhaftet. Während seines Verhörs am 8./9.3.1950 erwähnte Cemels erstmals den Namen M. Michelson. Am 27.9.1950 wurde Š. Cemels zu zehn Jahren Besserungsarbeitslager und Beschlagnahmung des Eigentums verurteilt (LVA, Sammlung 1986, Aktenverzeichnis 2, Akte P-1530, Blatt 9, 27, 148, 151).

63 Stalin starb am 5.3.1953.

Ernst Israel Bornstein
Die lange Nacht
Ein Bericht aus sieben Lagern
Mit einem Vorwort von Charlotte Knobloch
271 Seiten
Klappenbroschur
ISBN 978-3-86393-092-9

17 Jahre ist Ernst Israel Bornstein alt, als er nach dem Überfall auf Polen mit seiner Familie erst in das jüdische Ghetto seiner Heimatstadt verbracht und 1941 zur Zwangsarbeit verschleppt wird. Vier Jahre lang wurde er in sieben verschiedenen Arbeits- und Vernichtungslagern geschunden und gequält. Knapp nur überlebte er Hunger, Krankheit, die körperliche und seelische Folter. Seine Leidensstationen waren die Konzentrationslager Grünheide, Markstadt, Fünfteichen, Großrosen, Flossenbürg, Leonberg, Mühldorf. Er erlebte die Befreiung am 30. April 1945 in Bayern. Nach dem Krieg studierte und promovierte er in München zum Dr. med. dent. danach zum Dr. med. Er war u. a. Mitglied des Vorstands der Israelitischen Kultusgemeinde München.

H. G. Adler, Hermann Langbein, Ella Lingens-Reiner
Auschwitz – Zeugnisse und Berichte
Mit einer Einführung von Katharina Stengel
7. Auflage

310 Seiten
Broschur
ISBN 978-3-86393-060-8

Die 1962 von den Herausgebern zusammengestellten »Zeugnisse und Berichte aus Auschwitz« sind eine der umfassendsten Dokumentationen der Wirklichkeit im größten nationalsozialistischen Vernichtungslager: Sie dokumentierten die zermürbende Arbeit, den Kampf um das Überleben, die Grausamkeit, Folter und Tod. Aber auch Zeugnisse von Widerstand und Selbstbehauptung.

www.europaeische-verlagsanstalt.de